张邦炜 著

宋代皇亲与政治

郑州大学出版社

图书在版编目(CIP)数据

宋代皇亲与政治/张邦炜著. — 郑州：郑州大学出版社，2021.10
ISBN 978-7-5645-8152-7

Ⅰ.①宋… Ⅱ.①张… Ⅲ.①政治制度史—研究—中国—宋代 Ⅳ.D691.2

中国版本图书馆 CIP 数据核字（2021）第 172999 号

宋代皇亲与政治
SONGDAI HUANGQIN YU ZHENGZHI

策划编辑	郜　毅	封面设计	陆红强
责任编辑	孙保营	版式设计	九章文化
责任校对	胥丽光	责任监制	凌　青　李瑞卿

出版发行	郑州大学出版社有限公司（http://www.zzup.cn）
地　　址	郑州市大学路40号（450052）
出 版 人	孙保营
发行电话	0371-66966070
经　　销	全国新华书店
印　　刷	鸿博昊天科技有限公司
开　　本	889mm×1 092mm　1/32
印　　张	14.25
字　　数	292千字
版　　次	2021年10月第1版
印　　次	2021年10月第1次印刷
书　　号	ISBN 978-7-5645-8152-7　　定　价　68.00元

本书如有印装质量问题，请与本社联系调换。

目录

导　言 ………………………………… 001
　一　皇亲国戚的认识价值何在 ………… 001
　二　宋代究竟有无"内乱" …………… 005
　三　"家天下"统治应当如何理解 …… 009
　四　宋代是否形成"内朝" …………… 018

第一章　宋代宗室与政治

第一节　宋代有没有宗室之祸 ………… 027
　一　烛影之疑及其相关事件 …………… 027
　二　玄武门之变与烛影之疑的比较 …… 034
　三　宗室之间的矛盾 …………………… 043
　四　宗室中的皇帝迷 …………………… 051

第二节　宋代对宗室的防范 …………… 059
　一　宗室待遇较优厚 …………………… 059
　二　宗室任职受限制 …………………… 067

三　皇子不径直封王 …………… 083
　　四　亲王仅问安侍膳 …………… 089
　　五　宗室法与常人法 …………… 095
第三节　宋代的公主和驸马 …………… 106
　　一　帝姬——公主的另一称呼 …… 106
　　二　公主在政治上贵而不骄 …… 109
　　三　驸马极少出任要职 …………… 118
　　四　公主在家庭内恪守"妇道" …… 130
　　五　公主在生活上比较节俭 …… 137

第二章　宋代后妃与政治

第一节　宋代的后宫制度 …………… 146
　　一　后宫等级森严 …………… 147
　　二　后妃出身复杂 …………… 157
　　三　垂帘太后颇多 …………… 167
第二节　宋代后妃之"贤" …………… 172
　　一　后妃较少插手朝政 …………… 173
　　二　后妃之争少于唐代 …………… 182
　　三　后妃大多不私外家 …………… 191
　　四　垂帘太后心在社稷 …………… 196

第三节　宋代无武韦之事 …………… 206
　一　刘皇后并非武则天第二 …………… 206
　二　宫禁制度较严密 …………… 218
　三　后妃实力有限 …………… 227

第三章　宋代外戚与政治

第一节　宋代无王莽之"患" …………… 238
　一　钱惟演与张尧佐：众矢之的 …………… 238
　二　外戚宰相：韩忠彦和郑居中 …………… 243
　三　钱端礼的宰相梦 …………… 248
　四　"假杨国忠"韩侂胄 …………… 253
　五　贾似道——外戚起家的权臣 …………… 264
第二节　宋代的待外戚之法 …………… 276
　一　优遇与防范相结合 …………… 277
　二　关键在于不给实权 …………… 285
　三　外戚不预政 …………… 293
　四　戚里应守法 …………… 298

第四章　宋代宦官与政治

第一节　北宋的宦官问题 …………… 311
　一　宦官广泛参政 …………… 311

二　宦官参政原因何在 …… 319
　　三　宦官卷入政争 …… 329
　　四　为什么北宋无"阉祸" …… 335
　　五　士大夫与宦官对立 …… 349
第二节　南宋宦官权势的削弱 …… 357
　　一　明受之变不可不戒 …… 357
　　二　前后两省合而为一 …… 364
　　三　宦官不管军但干政 …… 380

余　论 …… 390
　　一　宋代既无内朝又无内乱 …… 390
　　二　观念的束缚与制度的约束 …… 392
　　三　士大夫——皇亲国戚的克星 …… 400
　　四　皇权并非不受任何限制 …… 407
　　五　赵家天下乎官人世界乎 …… 413

附录一　大事年表 …… 421
附录二　参考文献 …… 427
初版后记 …… 441
再版后记 …… 445

导　言

本书拟从政治史尤其是政治制度史的角度，对宋代的皇亲做一番力所能及的审视。所谓皇亲，除皇帝的配偶（后妃）而外，还包括皇帝的血亲（宗室）和姻亲（外戚）。通俗地说，便是皇帝的妻室、儿女、岳父、女婿、舅子、老表、亲家、连襟。至于宦官，虽然只是皇帝的家奴，但他们依附于皇室，而皇室如果离开这批家奴也将无法生存，两者相依为命，密不可分。何况某些宦官甚至与皇族结成拟血缘关系。宋代的宦官问题由于不如汉、唐、明三朝突出，往往被忽视。出于这些考虑，本书把宦官作为考察对象之一。导言重在提出问题，不在获得结论。问题主要有以下四个。

一　皇亲国戚的认识价值何在

提起宋代的皇亲国戚，人们立刻想到的大概是《杨家将》里的八贤王、《狸猫换太子》中的刘皇后。由于《杨家将》等历史故事千百年来在民间广为流传，八贤王等人物给人们留下的印象很深。其实这些故事和人物与其历史原貌与原型相去甚远。然而在当前通行的历史读物中，八贤王、刘皇后则要么尽行回避，要么一笔带过。显然不够真实的民间故事浓墨重彩，大体符合事实的历史读物轻描淡写，两者形成了十分鲜明的对比。究其原因，除历史读物受篇幅限制而外，恐怕还有观念上的缘故。"既然是皇亲国戚，就应该赶下历史舞台"，这一片面认识可能已是往事。但"皇亲国戚之类难以登大雅之堂，只能聊作茶余饭后的谈资"，这种似是而非的看法并未成为过去。假如只是简单地复述那些宫廷琐事，的确没有多少意思，但也应当承认，无论从社会史、经济史还是从文化史、政治史的角度看，这一社会群体都在不同程度上具有一定的认识价值。

就社会史来说，家族作为社会的基础和浓缩体，无疑是个重要论题。包括宋代在内的整个中国封建时代，等级最高的家族非皇族莫属，其认识价值自不待言。难怪常言道："家族小社会，社会大家族。""皇帝大家长，家长小皇帝。"尽管18世纪法国的启蒙学者卢梭在《社会契约论》中为了摒弃封建君主专制，猛烈抨击"以国政比拟家政，以君主比拟家长这一谬误"，然而"家国相通"确实是中国封建时代无法回避的事实。皇族与素族相同之中又有不同。如素族以祖宗为中心，其成员在家族中地位的高低以辈份为准绳，而皇族成员的尊卑一般是以与当朝皇帝血缘关系的远近为标准，其中心不是祖宗，而是当朝皇帝。普通人家的家长、族长无非是家庭、家族的首领而已，他们较多地置身于家庭、家族之中。而皇帝既代表皇族，更代表朝廷，常常凌驾于皇族之上、游离于皇族之外。

如果从社会史上讲，皇族作为家族的代表，典型性较

差,那么就经济史来说,皇族的费用肯定是一笔不可小视的财政开支。嘉祐六年(1061),苏轼曾浩叹:

> 外有不得已之二虏,内有得已而不已之后宫。后宫之费不下一敌国。[1]

他把宋朝给予辽朝、西夏数额巨大的岁币和后宫之费一概视为沉重的财政负担,认为其差别仅仅在于前者或许无可奈何,后者越发莫名其妙。宋元之际的史学大师马端临在《文献通考》卷24《国用考二·历代国用》里,将"养兵""宗俸""冗官""郊赉"看作宋代财政的四大拖累。四项当中,"宗俸""郊赉"两项都属于皇族费用。何况皇族费用刚性较强:

> 天子之财,天子用之,有司不得而吝。[2]

谁要加以抵制,总得有些胆量。而皇族的费用又部分来自皇帝直接掌握的内库。宋人往往将当时的户部、内库与汉朝的大农、少府相提并论,如朱熹说:

> 今之户部、内藏,正如汉之大农、少府钱。大农则

---

[1] 苏轼:《东坡七集·东坡后集》卷9《御试制科策》。
[2] 黄淮、杨士奇编:《历代名臣奏议》卷74《内治》"庆历元年孙沔上奏"。

国家经常之费，少府则人主之私钱。[1]

追本溯源，宋代的内库与汉朝的少府确有瓜葛。然而宋代的内库不再只是皇帝的"私钱"，同时又是"国家经常之费"[2]的主要来源之一。其收入之多、支出之广、作用之大、在整个国家财政中地位之高，远非汉朝的少府可比。可以毫不夸张地说，宋代内库的情况不明，宋代的经济至少可说是财政状况势必扑朔迷离。

就文化史来说，宋真宗号称"屡以学术勖宗子"。岂止宋真宗一人而已，宋朝历代皇帝几乎莫不如此，以致"宗子好学者颇多"[3]，从他们当中涌现出一批文化人。在清人厉鹗辑撰的《宋诗纪事》里，入选的宗室诗作者有赵楷等78人。在近人唐圭璋编纂的《全宋词》中，收录有赵令畤等34位宗室词作者的作品。南宋时期宗室的文化素养又高于北宋，不仅有赵善誉、赵汝谈等著名经学家，而且有赵孟頫、赵孟坚等一代书画名家。赵汝愚的《诸臣奏议》、赵汝适的《诸蕃志》、赵彦卫的《云麓漫钞》等史学著作，付梓之后即被一代又一代的学人反复加以研究、不断予以征引[4]。在宋代

---

[1] 黎靖德编：《朱子语类》卷111《朱子八·论财》。
[2] 参看李伟国：《论宋代内库的地位和作用》，载《宋辽金史论丛》第1辑。
[3] 脱脱等：《宋史》卷245《宗室传二·镇王元偓传》、卷244《宗室传一·魏王廷美传》。
[4] 参看倪士毅：《宋代宗室士大夫在学术上和文艺上的成就》，1992年中国宋史研究会年会论文。

的外戚中,"性喜文史""习熟典故""通音律""好为诗"者不乏其人。如宋太宗的驸马李遵勖与西昆派诗人过从甚密,"师杨亿为文""与刘筠相友善",不仅"通释氏学",而且"好为文词"[1],有《间宴集》《外馆芳题》等书籍问世。又如宋高宗吴皇后的侄子吴琚曾师事名重一时的学者陈傅良,棋琴书画无所不能,诗词歌赋无所不精,有《云壑集》等著作刊行,深受范成大、陆游等著名诗人敬重。还应当指出,宋代设有专门教育宗室的机构,主要是侧重于教育近亲的宗室宫学和侧重于教育宗室疏属的宗学[2]。

如果从文化史上讲,宫学、宗学毕竟只是贵族学校,其社会作用有限,那么就政治史来说,日本学者宫崎市定认为宋代的皇族是唯一的贵族,"财产和地位的世袭只限于天子一家"[3],未必完全确切。但皇族无疑是封建时代最为显贵的政治性家族,它与生俱来便同政治结下不解之缘,与封建王朝同命运、共兴衰、相始终。而"家天下"统治又是中国封建政治的一大特色,皇亲国戚的认识价值显然较大。由于已进入本书主题,下面要讲得详细些。

二 宋代究竟有无"内乱"

宋代"积弱不振",实属不刊之论。但它毕竟在历史上

---

[1]《宋史》卷464《外戚传中·李遵勖传》。
[2] 参看宋晞:《宋代的宗学》,见《宋史研究集》第9辑。
[3] 宫崎市定:《宋元的经济状况》,载《宫崎市定论文选集》上册。

延续了300多年之久,并且经济发达、文化繁荣。眼下,人们对宋代社会经济的发展状况,认识已经比较充分。邓广铭先生一再强调,宋代社会经济所达到的高度"在中国整个封建社会历史时期之内,可以说是空前绝后的"[1]。"绝后"二字似可斟酌,"空前"一语则是事实。至于宋代的政治,其情形又如何呢?清初大学问家顾炎武断言:

> 宋世典常不立,政事丛脞,一代之制,殊不足言。[2]

或许是这一说法的影响所致,有的研究者至今仍然把宋代政治看作一团糟。如当代史学名家钱穆在《中国历代政治得失》一书中,指责宋代"有事而无政,有形势推迁而无制度建立",是中国政治史上"最没有建树的一环"[3]。照此说来,宋代的经济基础与上层建筑的不协调程度竟严重到这般地步,人们当然困惑不解。

与宋代政治一团糟的看法相反,从当时到近代不少学者都认为宋代政治有可取之处,其中宋代"无内乱"的说法比较普遍。早在北宋后期,理学家程颐就将"百年无内乱"列为宋代"超越古今者五事"之首。他说:

---

[1] 邓广铭:《谈谈有关宋史研究的几个问题》,见邓广铭、漆侠:《两宋政治经济问题》。
[2] 顾炎武:《日知录》卷15《宋朝家法》。
[3] 钱穆:《中国历代政治得失》第74页。

> 自三代而后，本朝有超越古今者五事。如百年无内乱；四圣百年；受命之日，市不易肆；百年未尝诛杀大臣；至诚以待夷狄。[1]

所谓"内乱"，一词多义。程颐此处显然不是指乱伦行为[2]，也不是笼统地指相对于外患的内乱，而是专指统治集团内部，特别是皇亲国戚之间的争权篡位。与程颐大致同时的理学家邵雍也说：

> 本朝五事自唐虞而下所未有者：一、革命之日，市不易肆；二、克服天下在即位后；三、未尝杀一无罪；四、百年方四叶；五、百年无心腹患。

他临死前还庆幸地写下：

> 生于太平世，长于太平世，老于太平世，死于太平世。[3]

邵雍的"未尝杀一无罪"一语及"太平世"三字固然属于过

---

[1] 程颢、程颐：《二程集·河南程氏遗书》卷15《伊川先生语一·入关语录》。
[2] 窦仪等：《宋刑统》卷1《名例律》同《唐律疏议》一样，把乱伦行为称为"内乱"，列入"十恶"，其具体含义为："奸小功以上亲、父祖妾，及与和者。"
[3] 邵伯温：《邵氏闻见录》卷18、卷20。

甚之词，但他的"百年无心腹患"与程颐的"百年无内乱"则是同义语。在不少问题上与理学家看法相左的南宋思想家叶适，同样肯定宋代（至少北宋前期）的情况是：

> 天下无女宠、无宦官、无外戚、无权臣、无奸臣，随其萌蘖，寻即除治。[1]

如果说宋人的上述议论不免有抬高本朝之嫌，那么元朝官修《宋史》亦作如是观：

> 宋三百余年，外无汉王氏之患，内无唐武、韦之祸，岂不卓然而可尚哉！[2]

此后，明人张溥在《宋史纪事本末·叙》中认为，宋代有四大"法高前代"之处，即"礼臣下、崇道学、后妃仁贤、宗室柔睦。"能否笼统地说宋代"崇道学"，"崇道学"是否值得赞扬，这里姑且置而不论。但"后妃仁贤、宗室柔睦"则是"无内乱"的具体化。近人蔡东藩在其不应简单地视为小说而应视为通俗历史读物的《宋史演义》中，一开头便说：

> 宋朝的善政却有数种：第一种是整肃宫闱，没有女

---

[1]《历代名臣奏议》卷54《治道》"宋孝宗时叶适应诏上言"。
[2]《宋史》卷242《后妃传序》。

祸；第二种是抑制宦官，没有阉祸；第三种是睦好懿亲，没有宗室祸；第四种是防闲戚里，没有外戚祸……不但汉、唐未能相比，就是夏、商、周三代恐怕还逊他一等。

他把"内乱"分为四种，并且认为宋代一概没有，可以说是替程颐的宋代"无内乱"之说做了注释。已故著名历史学家柳诒徵也认为：

> 惟宋无女主、外戚、宗王、强藩之祸，宦寺虽为祸而亦不多。

并在这句话下面加了着重号，提醒读者注意。他同时又强调：宋代"虽间有女主垂帘、宦者得势之时，要皆视两汉、晋、唐为不侔"[1]。所谓"不侔"者，不能等量齐观之谓也。

人云亦云，学人所忌。何况宋代究竟有无"内乱"，前人语焉不详，仍旧是个问题。即使有了答案，还得寻根究底，探究其原因。

三 "家天下"统治应当如何理解

前面已经提到，"家天下"统治是中国封建政治的一大

---

[1] 柳诒徵：《中国文化史》中册第223页。

特色，不免使人想到《礼记·礼运》对所谓"大同之世"与"小康之世"的描述。岂止于此而已，"官天下"与"家天下"常常被古人作为一对反义词，他们说过不少这类大同小异的话：

> 五帝官天下，三王家天下，家以传子，官以传贤。[1]

所谓"家天下"即"私天下"，而"官"在这里不是指官职、官吏，其含义是公有。无怪乎程颐索性把"官天下"直截了当地称为"公天下"，他说：

> 五帝公天下，故与贤；三王家天下，故与子。[2]

所谓"三王"，是指夏禹、商汤、周文王。至于"五帝"，虽然众说纷纭，但无非是指伏羲、炎帝、黄帝、尧、舜一类传说时代的人物。"官天下"或"公天下"反映了原始社会的情形，可是带有理想的成分。而"家天下"或"私天下"则比较如实地显示了进入阶级社会以后的状况。

什么叫"家天下"？全慰天先生认为，与其"从一个皇家与皇帝去看中国，毋宁从千万家及其家长去看中国，更能把握住它的本质"。他强调"家天下"的意思应当是"天下

---

[1] 班固：《汉书》卷77《盖宽饶传》。
[2] 《二程集·河南程氏粹言》卷1《论政篇》。

由千千万万家组成"[1]。此说可谓入木三分，但"家天下"的本义毕竟是"以天下为私家之物而传子孙"[2]，帝王与其血亲、姻亲乃至亲信共同拥有天下，宗室、外戚、宦官在国家政权中占有特殊地位。

很清楚，所谓"家天下"，具体到宋代，即天下由赵氏一家一姓统治。因此，"天下者，祖宗之天下"[3]简直成了宋代士大夫的口头禅。如宋仁宗即位之初，参知政事王曾上奏说：

> 天下者，太祖、太宗、先帝之天下也，非陛下之天下也。[4]

这类说法虽有藐视当朝皇上之嫌，但毕竟承认了天下是赵氏一姓的"私家之物"，与"家天下"统治精神大体相符。

然而，早在先秦时代就有立君为民之说，如《慎子·威德》称：

> 立天子以为天下，非立天下以为天子也。

《吕氏春秋·贵公》说：

---

[1] 吴晗、费孝通等：《皇权与绅权》第106页。
[2] 陈澔：《礼记集说》卷4《礼运》。
[3] 徐梦莘：《三朝北盟会编》卷186绍兴八年十一月二十五日"胡铨上书"。
[4] 朱熹：《五朝名臣言行录》卷5之1《丞相沂国王文正公（曾）》。

> 天下,非一人之天下也,天下之天下也。

这种天子应当"不私一姓"[1]的观念也被宋代士大夫普遍接受。他们不断告诫皇帝"治国莫先于公"[2]、"天下事非一家之私"[3]。如靖康年间,翰林学士许翰理直气壮地对宋钦宗讲:

> 虽天子不得而私也,而后天下之大公立。[4]

宋高宗时,监察御史方庭实在奏疏中斩钉截铁地说:

> 天下者,中国之天下,祖宗之天下,群臣、万姓、三军之天下,非陛下之天下。[5]

就连提倡等级名分的理学家朱熹也认为:

> 天下者,天下之天下,非一人之私有。[6]

类似说法太多,不胜枚举。

---

[1] 《汉书》卷85《谷永传》。
[2] 司马光:《司马文正公集》卷28《二先札子》。
[3] 吕邦耀:《续宋宰辅编年录》卷8"端平二年郑清之独相"。
[4] 《历代名臣奏议》卷213《法令》"宋钦宗时翰林学士许翰上奏"。
[5] 不著撰人:《中兴两朝圣政》卷24绍兴八年十二月癸酉。
[6] 朱熹:《四书集注·孟子》卷5《万章章句上》。

许翰等人的这些说法似乎有悖于"家天下"统治精神，并且对当朝皇帝大不恭敬。可是有两点值得注意。

第一，许翰等人并未因此受到惩处，反而被视为忠臣。讲到封建时代的君臣关系，人们往往一言以蔽之："君要臣死，臣不得不死。"如此认识封建主义，未免过于简单，有必要加以澄清。早在先秦时期，孔子便强调臣子应当"以道事君"。他认为君臣关系是相互的："君使臣以礼，臣事君以忠。"[1]孟子讲得更具体一些：

> 君之视臣如手足，则臣视君如腹心；君之视臣如犬马，则臣视君如国人；君之视臣如土芥，则臣视君如寇雠。

朱熹对此深表赞同并阐释道：

> 土芥则践踏之而已矣，斩艾之而已矣，其贱恶之又甚矣。寇雠之报，不亦宜乎！[2]

在宋代，最高统治者这样要求士大夫："人臣之事君，不可以有二心。"[3]士大夫也普遍认为："臣事君犹子事父。"[4]有

---

[1]《论语》卷6《先进第十一》、卷2《八佾第三》。
[2]《四书集注·孟子》卷8《离娄章句下》。
[3] 李心传：《建炎以来系年要录》（以下省称《系年要录》）卷150绍兴十三年九月甲子。
[4] 不著撰人：《宋史全文》卷24隆兴元年五月辛亥。

的甚至信誓旦旦：

> 宁作赵氏鬼，不为他邦臣。

但"忠臣不事两君"[1]并不等于一味屈从皇上，甘心做皇上的哈巴狗。假如一味屈从，那就不是忠臣，而是令人作呕的佞臣。他们认为，臣下既要"爱君如爱父"，更要"爱国如爱家，爱民如爱子"。何况"爱君则必爱国，爱国则必爱民"[2]，"爱君""爱国""爱民"三者是一致的。在他们的心目中，忠臣应当是：

> 从义而不从君，从道而不从父，使君不陷于非义，父不入于非道……君有不义，不从也……父有不义，不从也。[3]

有的大臣公然表示："愿为良臣，不愿为忠臣。"[4]其实就是"从义而不从君"的意思，不过态度更为激烈而已。在士大夫看来，皇上不可能一贯正确，也会有过失。如南宋学者陈

---

[1]《宋史》卷447《忠义传二·杨邦乂传》、卷446《忠义传一·刘韐传》。
[2] 罗从彦：《罗豫章集》卷9《议论要语》。
[3] 范祖禹：《唐鉴》卷3 贞观十六年"臣祖禹曰"。
[4] 李焘：《续资治通鉴长编》（以下省称《长编》）卷429 元祐四年六月甲辰。

傅良说:

> 人非舜尧,安能每事尽善?而人臣之善谏其君者,则每因事而纳之于善焉。[1]

朱熹更是直截了当地讲:

> 士大夫当以面折廷争为职。[2]

宋代的皇帝又大多不太专横。如宋太祖常常因"偶有误失,史必书之"而发愁。宋太宗号称"孜孜求谏,渴闻忠言",他告诉宰相:

> 朕若有过,卿勿面从。

宋真宗刚即位便下诏,要求大臣"直言极谏,抗疏以闻"。[3]有人当面奉承宋孝宗:

> 陛下圣明,事无过举。

---

[1] 陈傅良:《永嘉先生八面锋》卷12。
[2] 《朱子语类》卷132《本朝六·中兴至今日人物下》。
[3] 《罗豫章集》卷1《遵尧录一·太祖》、卷2《遵尧录二·太宗》、卷3《遵尧录三·真宗》。

宋孝宗立即加以反驳：

> 朕虽无大过，岂无小失？[1]

宋孝宗对士大夫们说：

> 朕意正欲群臣言事，如其不言，是负朕也。[2]

他们往往将这句古语奉为圭臬：

> 逆吾者是吾师，顺吾者是吾贼。[3]

因而许翰等"逆吾者"一概有忠臣之称。

再者，岂止许翰等人，宋代的皇帝几乎对"治国莫先于公"这条原则都表示首肯。不但一向受到较高评价的宋太祖对宰相赵普的天下不是皇帝最大，而是道理最大之说深表赞同，并引用古语教训家人：

> 以一人治天下，不以天下奉一人。[4]

---

[1] 不著撰人：《两朝纲目备要》卷29乾道二年十月乙亥。
[2] 《宋史全文》卷25乾道六年六月丁卯。
[3] 江少虞：《宋朝事实类苑》卷2《祖宗圣训·太宗皇帝》。
[4] 《永乐大典》卷12306引《长编》。

连宋高宗也曾向大臣表白:

> 治天下蔽以一言,曰公而已,朕亦安得而私![1]

至于号称一代英主的宋孝宗则多次表示要狠斗私心:

> 人有一点私心,法便不可行。[2]

据说,他"圣德日新",是由于懂得:

> 天下是天下之天下。[3]

如果说许翰等人被视为忠臣不足为怪,那么宋太祖等最高统治者讲的这些仿佛与"家天下"统治精神相违背的话则不易理解。于是,有学者把不能分割的"家天下"和"君天下"分割开来,认为战国以前是"家天下"、秦代以后是"君天下",显然有些牵强。"家天下"统治贯穿整个中国封建时代,这一早已家喻户晓的共同认识恐怕不容怀疑。

"家天下"统治到底应当如何理解?要弄清这个问题,不能忘记封建国家的本质及其政治职能和社会职能。国家无

---

[1]《系年要录》卷46绍兴元年八月辛卯。
[2]《中兴两朝圣政》卷60淳熙十年十月丁未。
[3] 张端义:《贵耳集》卷上。

非是统治阶级的组织,不过是"独自代表整个社会的那个阶级的国家"。关于其政治职能,恩格斯强调:"国家无非是一个阶级弹压另一个阶级的机器。"关于其社会职能,恩格斯指出:国家"是和人民大众分离的公共权力"[1]。依据这些论断,结合有关史实,"家天下"统治将不难理解,并且完全能够找到它在宋代整个政治制度中的位置。

四 宋代是否形成"内朝"

"家天下"统治的基本特征是"家以传子"、皇位世袭。这一点在漫长的中国封建时代始终未曾改变。除此之外,分封亲属拱卫王室和利用内朝限制外朝也相当充分地体现了"家天下"统治。分封早已名实不尽相符,因此才出现了秦代以后不是"家天下",而是"君天下"这一牵强的说法。但历代大多形成"内朝"。所谓内朝,又称中朝、内廷或内庭,其含义有两种。

一种含义是指地点。笼统地说,宫廷之内叫内朝;具体地讲,则因时代不同而异。元人陈澔注《礼记集说》卷6《玉藻》称:

> 天子、诸侯皆三朝,外朝在库门之外,治朝在路门之外,内朝在路门之内,亦曰燕朝也。

---

[1]《马克思恩格斯选集》第3卷第486页、第336页,第4卷第114页。

据说这是汉代以前的情形。此后,唐代以承天门为外朝,太极殿为中朝,两仪殿为内朝[1]。而宋代通常是以文德殿为外朝,垂拱殿为内朝[2]。

另一种含义是指机构或人员。《韩非子》卷4《孤愤》注说得比较笼统:

> 外谓百官也,内谓君之左右也。

《汉书》卷77《刘辅传》孟康注讲得比较具体:

> 中朝,内朝也。大司马、左右前后将军、侍中、常侍、散骑、诸吏为中朝。丞相以下至六百石为外朝也。

他是就西汉时期、武帝以后的情形而言。

这里所要讨论的不是第一种含义上的内朝,而是第二种含义上的内朝,它正式出现于汉武帝时。外戚霍光在汉昭帝时,以大司马、大将军、领尚书事的身份主持内朝,内朝权力明显增长。霍光公然对丞相田千秋说:"今光治内,君侯治外。"田千秋的回答是:"唯将军留意。"他对于朝政"终不肯有所言"。更有甚者,废昌邑王、立汉宣帝这

---

[1] 据王应麟:《玉海》附《小学绀珠》卷9《制度类·四朝》。
[2] 据宋敏求:《春明退朝录》卷中。参看周宝珠:《宋代东京研究》图四《北宋东京宫城图》。

样的头等国家大事，完全由霍光一手包办，丞相杨敞事前一无所知，事后"惊惧，不知所言，汗出洽背，徒唯唯而已"[1]。可见，内朝哪里只是分割外朝权力而已，简直是凌驾于以宰相为首的外朝之上了。因此，宋元之际的学者王应麟认为："两汉政出于二""重中朝而轻外朝"[2]。

至于内朝的组成人员，钱穆指出："内朝用私臣，非宗室则必属外戚。"[3]"用私臣"一语无疑是中肯之论，但"非宗室则必属外戚"这一概括并不周延。历代内朝的组成人员除宗室、外戚而外，至少还有后妃、公主、宦官。因此出现了"宗室内朝""外戚内朝""后妃内朝""公主内朝""宦官内朝"等各种称呼。

从上述情况看，内朝作为皇帝用来分割外朝权力的工具，具有两个主要特征：一是由皇帝的亲属或亲信组成；二是凌驾于外朝之上。内朝与外朝相比，更能显示中国封建政治的"家天下"统治这一特色。问题在于，宋代是否形成内朝？据当时人讲，宋代不少皇帝是这样处理朝政的：

> 每事付之外庭，采于公论，左右便嬖，绝不预政。不唯不听其言，又切禁之。而金缯酒食之赐则不吝啬也。[4]

[1]《汉书》卷66《车千秋传》《杨敞传》。
[2]《玉海》附《通鉴答问》卷5《蔡义为丞相》、卷3《申屠嘉责邓通》。
[3] 钱穆：《国史大纲》第115页。
[4] 陈傅良：《止斋集》卷26《中书舍人供职后初对札子》。"每事"原作"无事"，形近而误，据《历代名臣奏议》卷69《法祖》改。

"每""绝""切"这些字眼显然属于渲染之词,但宋代的皇帝比较尊重外朝大臣,不太重用亲属,常常见于记载。如士大夫要求宋真宗"细务委任大臣百司",宋真宗称赞道:

> 此颇识大体!

不仅如此,他一再强调"中书事无不总",并向宰辅大臣表白:

> 军国之事无巨细,必与卿等议之,朕未尝专断。[1]

假如宋真宗果真"未尝专断",那么宋孝宗则号称"赫然独断"。可是,据陈俊卿讲,在他担任同知枢密院事、参知政事期间,对宋孝宗的圣旨,"苟有愚见,必皆密奏",其结果是"多蒙开纳,为之中止"。陈俊卿出任宰相兼枢密使以后,更是向宋孝宗公开表明,他将如此对待圣旨:

> 有未允公议者,容臣卷藏,不示同列,即时缴奏,或次日面纳。

宋孝宗对此表示赞同:

---

[1]《长编》卷76大中祥符四年十二月戊申、卷48咸平四年三月丁酉、卷49咸平四年六月庚申。

> 卿能如此，朕复何忧！

岂止陈俊卿一人而已，宰相梁克家依法抵制圣旨，同样受到宋孝宗夸奖：

> 卿等如此守法，极好！[1]

宋孝宗的亲信请求法外开恩，宋孝宗的答复是：

> 降旨不妨，恐外庭不肯放行。

而外朝官员则表示：

> 纵降旨来，定当缴了。[2]

可见，宋代外朝权力不小，当时的宰执大臣绝非"徒唯唯而已"，与西汉的田千秋、杨敞等人不可同日而语。尽管情况大体如此，但宋代究竟有无内朝，不宜轻易下结论，仍然有必要深究。

以上四个问题，第一个谈了一孔之见，后三个悬而未决。下面将围绕着这三个问题，分别从宗室、后妃、外戚、

---

[1]《中兴两朝圣政》卷47乾道四年七月、卷52乾道九年八月癸酉。
[2]《贵耳集》卷上。

宦官等四个方面求解，然后在余论里加以归纳并试图得出答案。此外，还有两点需要事先说明：第一，以下的考察不可能面面俱到，它着重探讨的只是那些自以为富有时代特色而前人又研究较少的问题；第二，本书虽然以宋代的皇亲国戚为探讨对象，但将尽量瞻前顾后并左顾右盼，力求避免静止地就宋代论宋代、孤立地就皇亲论皇亲，以便展示历史的纵向发展和横向联系。心想如此，未必事成。但愿这一愿望不致完全落空。

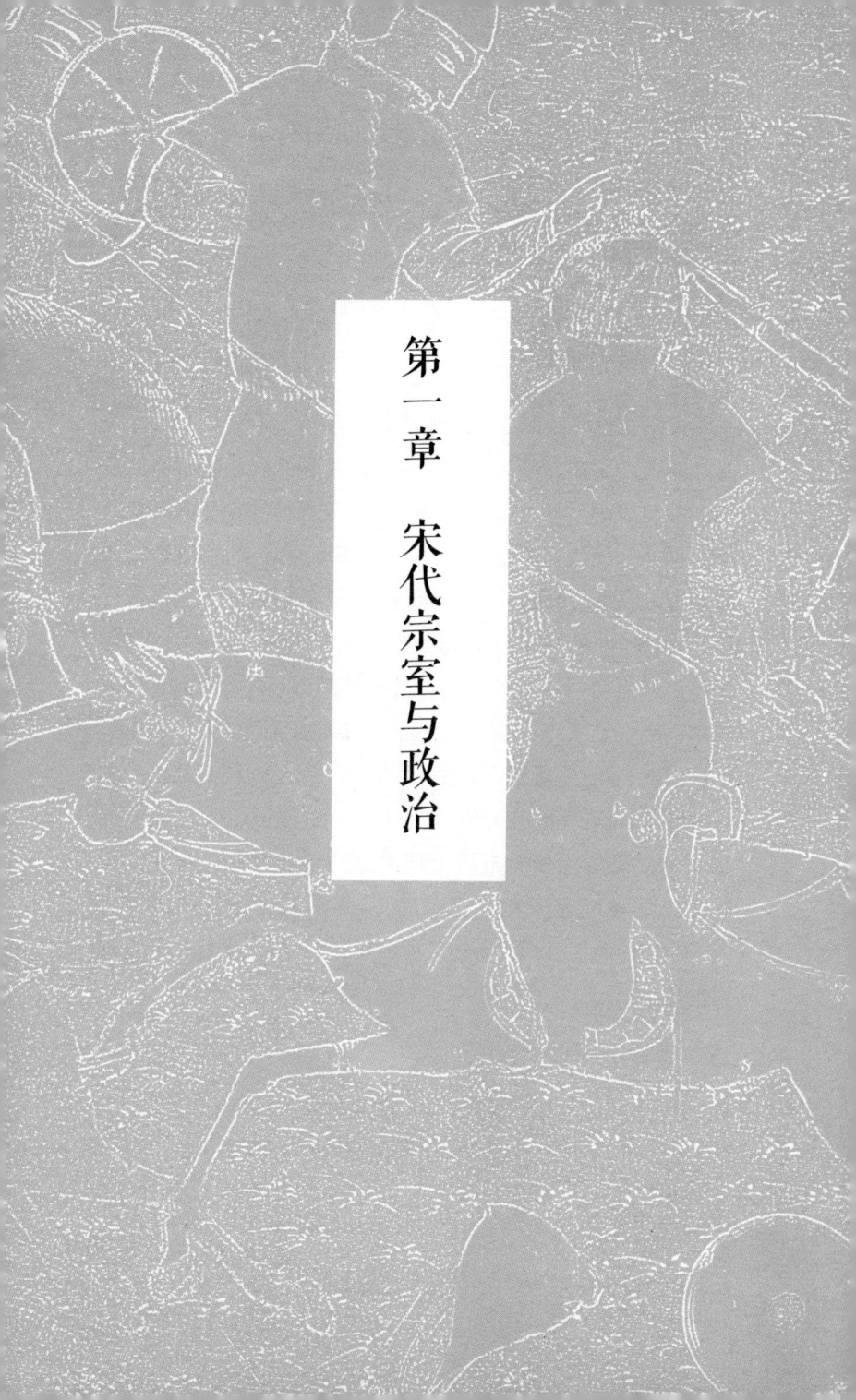

第一章 宋代宗室与政治

宗室又称皇族，亦称公族。"自古篡弑，多出于公族。"[1]封建时代，宗室之间为争夺一顶皇冠而相互残杀的事屡见不鲜。如北魏的14个皇帝，竟有5个死于自己的儿子或母亲之手。据此，清代史家赵翼称："后魏多家庭之变。"南朝时期的刘宋，宗室之间更是"诛夷骨肉，惟恐不尽"[2]。隋炀帝兄弟5人都是一母所生，并无嫡庶之别，依然相互残杀。隋炀帝在将其哥哥杨勇处死之后，又先软禁、后害死了他的3个弟弟。难怪在骨肉相煎中败下阵来的某些所谓"天枝之秀"，不禁喟然长叹："愿后世莫生王侯家！"[3]这既是封建统治阶级争权夺利本性的充分暴露，又是对封建王朝所提倡的上慈下孝、兄友弟悌等封建伦理道德的绝妙讽刺。可是，程颐等人居然断言宋代"无内乱"，蔡东藩进一步认为宋代"没有宗室祸"。此说与史实是否相符？这正是下面将要探讨的问题。

---

[1]《二程集·河南程氏粹言》卷1《论书篇》。
[2] 赵翼:《廿二史札记》卷15《后魏多家庭之变》、卷11《宋子孙屠戮之惨》。
[3]《朱子语类》卷136《历代三》。

第一节 宋代有没有宗室之祸

宗室之祸是个产生在封建时代的概念,它大致可以分为两类。一类是同姓诸侯王起兵反叛朝廷,西汉时期的七国之乱就很典型,西晋时期的八王之乱基本上也属于这种类型;另一类是宗室骨肉之间在朝廷内部争夺皇位,唐代的玄武门之变便是一个具有代表性的事例。此外如五代时期,儿子杀老子而自立为帝者有之,像后梁郢王朱友珪;弟弟杀哥哥而自立为帝者亦有之,如后梁末帝朱友贞。第一种类型的宗室之祸,宋代显然没有;至于第二种类型,人们或许会说,"烛影之疑"不就是吗?下面先从此说起,再由此及彼。

一 烛影之疑及其相关事件

"烛影之疑"是指人们怀疑宋太宗赵光义的皇位来自篡夺。宋太祖赵匡胤死得太突然,何况宫中之事又隐秘难知。南宋史家李焘在《长编》卷17中,纠集北宋僧人文莹《湘山野录》等有关资料并略加辨析。依据《长编》的记载,宋太祖之死的经过大致如下:开宝九年(976)十月上旬,宋太祖得病。十九日晚上,他召其弟、晋王兼开封尹赵光义进宫，秘密单独嘱咐后事。就连宋太祖身边的人员也只能远远地望见烛影之下，赵光义不时离开座位，好像有所谦让躲避。稍后，宋太祖一面拿着柱斧戳地板，一面高声对赵光义说："好为之。"第二天四鼓时分，宋太祖死于万岁殿，终年49岁。宋太祖宋皇后连忙叫宦官王继恩去召其子、贵州防御使赵德芳入宫。王继恩自以为"太祖传国晋王之志素定"，他公然违抗宋皇后旨意，直趋开封府，去唤赵光义。赵光义的幕僚程德玄早已等候在府门前，王继恩与程德玄连忙一同去见赵光义。赵光义这时竟犹豫起来，声称要同家人商议。他一去许久，王继恩焦急地催促道：

事久，将为它人有矣。

当时天上正下着大雪，三人冒雪步行到宫门前。王继恩准备只身一人先进宫禀报，程德玄不赞成：

便应直前，何待之有！

于是，三人一同闯入宫中。宋皇后得知王继恩回到宫中，急忙问：

德芳来耶？

得到的回答竟然是：

晋王至矣！

宋皇后见到赵光义，不禁愕然失色，慌忙叫"官家"，并哀求道：

吾母子之命，皆托于官家。

赵光义边掉泪边回答：

共保富贵，勿忧也。

十月二十一日，赵光义即位，并在万岁殿接见群臣。他在哥哥灵柩前，哭得死去活来。

"烛影斧声，千古之疑。"宋太祖之死的疑问太多。他素来体格健壮，此前并无病史，怎么可能只活到49岁？他得的究竟是什么病？怎么一病就死？赵光义为什么能够事先料定哥哥二十日清晨必死无疑？宋太祖没有留下传位遗诏[1]，宋皇后的意思是让赵德芳继位。王继恩的催促、赵光

---

[1] 此说出自张荫麟、邓广铭先生。张荫麟先生《宋太宗继统考实》指出："太宗即位并无正式传授之法令依据。"邓广铭先生《宋太祖太宗授受辩》认为："不是真有太祖遗诏。"有学者质疑此说，其依据是《宋会要辑稿》礼29之1载有《太祖遗制》、《宋大诏令集》卷7收入《开宝遗制》。其实所谓《太祖遗制》或《开宝遗制》同"金匮之盟"一样不可信。笔者对此拟另文讨论。

义的闯宫以及宋皇后的惊恐,都表明赵光义的皇位很可能是抢来的。赵光义在当年十二月把年号改为太平兴国,这又是一件违反常规的事。按照历史上的惯例,本朝新君即位应当到第二年才改年号。无怪乎不少研究者认为,宋太宗的皇位分明来自篡夺。[1]

赵光义继承皇位,据说有个合法依据,叫"金匮之盟"。据司马光《涑水记闻》卷1记载,事情的经过是这样的:建隆二年(961)六月初二,杜太后病危,宋太祖服侍在侧,寸步不离。杜太后临终前,又把赵普召到跟前。她一再问宋太祖:

> 汝自知所以得天下乎?

宋太祖回答道:

> 此皆祖考与太后之余庆也。

杜太后认为不对,而是由于后周"使幼儿主天下"。她接着告诫宋太祖,死后一定要把皇位传给赵光义,然后由赵光义

---

[1] 参看邓广铭:《宋太祖太宗皇位授受问题辨析》,载《真理杂志》第1卷第2期;吴天墀:《烛影斧声传疑》,载《史学季刊》第1卷第2期;谷霁光:《宋代继承问题商榷》,载《清华学报》第13卷第1期。这类论文较多,恕不一一列举。

传给弟弟赵光美（后改名廷美），再由赵光美传给宋太祖的儿子赵德昭。宋太祖马上表示：

>敢不如母教！

杜太后叫赵普当场写下誓书，由宋太祖装入金匮，令宫人妥善收藏。赵光义一直不知道有什么"金匮之盟"。事隔20年之后，到太平兴国六年（981）九月，他才从赵普的一封密奏中得知此事。赵光义打开金匮，读过誓书，如获至宝，对赵普的态度立即改变。于是，赵普再次出任宰相。

"金匮之盟"与"烛影之疑"向来被人们视为宋初两大历史疑案，其中不合情理之处同样不少。杜太后死时，宋太祖刚刚34岁，母亲怎么可能说儿子要死？当时，宋太祖的两个儿子赵德昭、赵德芳已经长成，"使幼儿主天下"的情况不可能发生，吸取后周教训无从谈起。杜太后临终，赵光义居然不在身边，显然是个破绽。赵光义即位后，赵普便回到开封，任太子少保。如果确有"金匮之盟"，他随时可以向赵光义讲明，为什么要等到6年之后再说？因此，不少研究者认为"金匮之盟"不可信，是赵光义伙同赵普编造出来的。赵光义编造"金匮之盟"出于政治需要，是为了证明他继承皇位合理合法、名正言顺。而赵普则出于个人考虑，目的在于讨好赵光义，以便重新得势。结果，赵光义、赵普的需求都得到满足，皆大欢喜。

不仅如此，宋太宗赵光义即位之后，又接连发生了以下五件事。

第一件是武功郡王赵德昭在太平兴国四年（979）八月死去。当时，宋太宗北征幽州（治今北京市），一度下落不明。一天夜里，军士们鼓噪着要拥立宋太祖的儿子赵德昭为皇帝。宋太宗对此颇为不满。班师回朝后，他迟迟没有按照惯例对参战将士论功行赏。赵德昭问及此事，宋太宗火冒三丈，颇有深意地说：

> 待汝自为之，未晚也。[1]

赵德昭回府后，立即自刎而死。宋太宗抱着赵德昭的遗体，失声痛哭：

> 痴儿何至此耶！

后来，宋太宗向大臣解释，赵德昭之死是由于爱吃肥猪肉。肥肉居然可以吃死人，这简直是一大奇闻。

第二件是山南西道节度使赵德芳在太平兴国六年（981）三月死去。他在一天夜里，骤然而死，年仅23岁。宋太宗把他追封为岐王，但这毕竟是件十分可疑的事。至此，宋太祖的儿子全部死掉。在历史故事《杨家将》里，"八贤王"赵德芳竟出现于宋真宗、宋仁宗之世，显然与历史事实不

---

[1] 司马光:《涑水记闻》卷2。

符，何况赵德芳并非排行老八。

第三件是秦王兼开封尹赵廷美在雍熙元年（984）正月贬死于房州（治今湖北房县）。赵廷美是宋太祖、宋太宗的同胞兄弟，他眼看两个侄子相继死去，已经预感到前景不妙。不出所料，宋太宗的亲信柴禹锡等人在太平兴国七年（982）三月控告赵廷美图谋不轨，赵廷美因此被贬为西京留守。赵普在皇位继承问题上反对兄终弟及，主张父死子继，他曾经对宋太宗说：

>太祖已误，陛下岂容再误邪？[1]

继柴禹锡等人之后，赵普又火上加油，控告赵廷美与宰相卢多逊狼狈为奸。太平兴国七年五月，赵廷美降封涪陵县公，房州安置。赵廷美终因忧郁成疾，死于房州。宋太宗把赵廷美追封为涪陵王，同时又说赵廷美是陈国夫人耿氏所生，一口咬定不是他的同母弟。这分明是在说谎。

第四件是楚王赵元佐在雍熙二年（985）九月被废为庶人。赵元佐是宋太宗的长子，自幼深受父亲钟爱。当叔父赵廷美遭到贬逐，他愤愤不平，"独申救之"。宋太宗断然拒绝，赵元佐从此失去父爱。赵廷美在房州死去的噩耗传来，赵元佐"遂感心疾"[2]，也就是得了精神分裂症。他动辄发

---

[1]《宋史》卷244《宗室传一·魏王廷美传》。
[2]《长编》卷26雍熙二年九月庚戌。

怒，因纵火焚烧宫殿而被废为庶人。苏辙《龙川别志》卷上则认为赵元佐并未患精神分裂症：

> 楚王元佐，太宗之长子，将立为嗣，坚辞不肯，欲立太祖之子，由此遂废，故当时以为狂，而实非狂也。

第五件是宋太祖的遗孀宋皇后在至道元年（995）四月死去。大概是由于她八年前曾经准备迎立赵德芳做皇帝，宋太宗仍耿耿于怀，决定不按照皇后的礼仪安葬。翰林学士王禹偁在同僚中发牢骚："后尝母天下，当遵用旧礼。"[1]这句话传到宋太宗耳朵里，他心里很不高兴，借故将王禹偁贬往外地。看来，宋皇后当年的惊慌和忧虑并非无缘无故，而宋太宗这时早已把他即位前许下的诺言"共保富贵"忘得一干二净。无怪乎直到今天，还有一折名叫《贺后骂殿》的京剧为宋皇后鸣不平。按照史实，"贺后"当作"宋后"。

不少研究者将上述五件事同"烛影之疑"联系起来加以分析，越发怀疑宋太宗的皇位是抢来的。

二 玄武门之变与烛影之疑的比较

宋朝建立仅17年就出现了"烛影之疑"，而此前的唐朝刚建立9年便发生了"玄武门之变"。玄武门之变发生于唐

---

[1]《长编》卷37至道元年五月。

高祖武德九年（626）六月，秦王李世民在长安宫城玄武门杀掉他的大哥、太子李建成和四弟、齐王李元吉，从而夺得了皇位继承权。有比较才有鉴别。如果将玄武门之变与烛影之疑加以比较，不难发现无论就历史事实来说还是以社会影响而论，两者都不尽相同。

就历史事实来说，对于玄武门之变，众口一词，而烛影之疑则众说纷纭。前者在封建史家看来，其性质为"以弟杀兄，以藩王杀太子而夺其位"[1]，没有任何疑问。至于后者，明清时期就有不少人站出来替宋太宗辩护，如张溥断言："烛斧之疑，事所必无。"[2]在当代的研究者中，也有不少人认为宋太祖并非死于暗杀，他的死与宋太宗丝毫不相干。推测宋太祖死于酒精中毒者有之[3]，主张宋太祖死于脑溢血者亦有之[4]。总之，烛影斧声毕竟是个千古之谜。

以社会影响而论，玄武门之变无疑相当大，而烛影之疑则十分有限。前者是一场公开的大规模的武装冲突和流血事件，当时就闹得满城血雨腥风，后来又因"推刃同气"而"贻讥千古"[5]。后者内情难详，当时人大多虔诚地相信金匮之盟，赞美杜太后的深谋远虑，歌颂宋太祖的"公"而忘

---

[1]《唐鉴》卷1武德九年六月"臣祖禹曰"。
[2] 陈邦瞻：《宋史纪事本末》卷1《金匮之盟》"张溥曰"。
[3] 参看荒木敏一：《宋太祖酒癖考》，载《史林》第38卷第5期。
[4] 参看刘洪涛：《从赵宋宗室的家族病释"烛影斧声"之谜》，载《南开学报》1989年第6期。
[5] 司马光：《资治通鉴》卷191武德九年六月癸亥"臣光曰"。

私。如嘉祐年间，翰林学士胡宿说：

> 太祖皇帝感昭宪太后（杜太后）遗言，舍魏王（赵德昭）而立太宗。其神武英断，自开辟以来，未之有也。[1]

大约同时，知谏院范镇也说：

> 太祖舍其子而立太宗，此天下之大公也。[2]

直到宋高宗时，参知政事张守仍赞不绝口：

> 艺祖（太祖）诸子，不闻失德，而传位太宗，过尧、舜远甚。[3]

诸如此类，不胜枚举。总之，把烛影之疑确定为篡夺事件，在很大程度上是后世学者探赜索隐的结果。

如果把玄武门之变与烛影之疑这两个事件发生以后的情形加以比较，差别更为明显。差别主要有以下两条。

第一，唐代在玄武门之变以后，政变仍然比较频繁。宋

---

[1] 朱熹：《三朝名臣言行录》卷4之1《枢密胡文恭公（宿）》。
[2] 《东坡七集·东坡集》卷39《范景仁墓志铭》。
[3] 《宋史》卷33《孝宗本纪一》。

代在烛影之疑以后，大体无宗室之祸。

唐代的情况，以神龙元年（705）正月到开元元年（713）七月为例。在这短短八年半的时间里，就有七次政变发生。这七次政变大多是皇亲国戚之间的争权篡位，有的明显属于宗室之间的相互残杀。[1]如景龙元年（707）七月，太子李重俊带兵攻打玄武门，兵败被杀；景云元年（710）七八月间，谯王李重福在洛阳图谋反叛朝廷，被处死。

至于宋代，如果说烛影之疑颇有五代时期子弑父、弟篡兄之遗风，那么这一遗风在此后虽不说荡然无存，但实在少见。人们或许会以赵世居之狱与雪川之变为证，反驳烛影之疑以后，大体无宗室之祸这个说法。其实，只要稍加分析，不难发现这两个事件都不足为据。

赵世居是宋太祖的后裔，交游甚广，在他结交的朋友中有一个方技之士叫李士宁。李士宁在宋英宗时同王安石过从甚密，在宋神宗时做过王安石的门客。熙宁七年（1074）四月，王安石第一次罢相以后，参知政事吕惠卿为了保住自己的地位并企图官升一级做宰相，他生怕王安石东山再起，恢复宰相职位，"凡可以害王氏者无不为"[2]。出于这个目的，吕惠卿在熙宁八年（1075）正月一手制造了赵世居之狱。其理由是李士宁曾散播"世居当受天命"的谣言，又赠送了赵

---

[1] 参看《唐玄宗安定皇位的政策和姚崇的关系》，见《汪籛隋唐史论稿》。
[2] 《宋史》卷471《奸臣传一·吕惠卿传》。

世居一把光芒四射的宝刀并"以金涂双龙缠之"[1]。仅仅依据这两条捕风捉影的罪证,李士宁遭流放,赵世居被赐死。关于这个事件的性质,宋人邵博指出:

> 熙宁中,宗室世居,狱连士宁,吕惠卿初叛荆公(王安石),欲深文之,以侵荆公。[2]

邵博虽然不乏派系门户之见,然而这一判断应当说是准确的。很清楚,赵世居之狱根本不是什么宗室之祸,只不过是封建官僚钩心斗角的表现。

雪川是湖州(今属浙江)的别称。宋理宗宝庆元年(1225)正月,湖州人潘壬、潘丙两兄弟诈称拥有20万精兵,起兵讨伐权臣史弥远,并拥立济王赵竑为皇帝。他们率领数十名太湖渔民,深夜进入湖州城,四处寻找赵竑。赵竑"闻变,易敝衣,匿水窦中"。潘氏兄弟终于找到赵竑,将他"拥至州治""以黄袍加之"。赵竑"号泣不从",潘氏兄弟"胁之以兵"。赵竑只得询问:"汝能勿伤太后、官家否?"他在得到了肯定的回答后,勉强应允。第二天一早,赵竑一面"帅州兵剿之"[3],一面派人报告朝廷。史弥远调遣的军队到达湖州时,雪川之变早已平定。史弥远又专门派人到湖州,名义上

---

[1]《涑水记闻》卷16、王铚:《默记》卷下。
[2] 邵博:《邵氏闻见后录》卷17。
[3] 周密:《齐东野语》卷14《巴陵本末》。

是替赵竑治病，其实是假传圣旨，逼迫赵竑自杀。而宋理宗得到的报告却是赵竑病故。赵竑死后，降封巴陵县公。不少士大夫当即站出来替赵竑喊冤叫屈，如直学士院真德秀说：

> 霅川之变，非济王本志，前有避匿之迹，后闻讨捕之谋，情状本末，灼然可考。[1]

事实十分清楚，霅川之变不是赵竑称兵作乱，图谋篡夺皇位。在士大夫们的强烈要求下，九年之后，赵竑的冤案终于在端平元年（1234）得以平反。同时，士大夫们又指出："济邸之殁，非陛下之本心。"[2]霅川之变显然也不是宋理宗趁机残害骨肉。总之，无论从哪个角度看，霅川之变都不应当视为宗室之祸。

第二，唐代在玄武门之变以后，出现过四次内禅，大致都是子逼其父，父不得已。宋代在烛影之疑以后，也发生过四次内禅，大多出于禅让者本人自愿。内禅的含义是皇帝在生前把皇位传给儿子或养子。

唐代的四次内禅是唐高祖传位唐太宗、唐睿宗传位唐玄宗、唐玄宗传位唐肃宗、唐顺宗传位唐宪宗。前两次是子逼其父，父不得已，第三次也是这样，又不仅仅是这样。照封建时代的人们看来，唐肃宗在至德元年（756）七月，即位

---

[1]《宋史》卷437《儒林传七·真德秀传》。
[2]《齐东野语》卷14《巴陵本末》。

于灵武（治今宁夏灵武西南），其性质为"于干戈之际，夺父位而代之"。从唐代的元结、杜甫到宋代的苏轼、黄庭坚都有诗文指责唐肃宗，认为"其不孝之恶，上通于天"[1]。至于唐顺宗之废、唐宪宗之立，分明是大宦官俱文珍所策动的一场宫廷政变。

宋代的四次内禅是宋徽宗传位宋钦宗、宋高宗传位宋孝宗、宋孝宗传位宋光宗、宋光宗传位宋宁宗。宋徽宗退位是由于金军在宣和七年（1125）十月南下攻打北宋，他眼看大祸临头，在当年十二月，慌忙宣布退位，南逃镇江避难，把这副烂摊子丢给了他的儿子宋钦宗。宋高宗自称"久有禅位之意"[2]，是因为他皇帝做久了，对朝政感到厌倦，也与宋金战事又起有关。特别是绍兴三十一年（1161）十一月，宋军采石大捷之后，朝野上下主战情绪高涨，对金妥协退让的宋高宗很难完全控制局面。他于是在第二年六月，传位于其养子宋孝宗。宋孝宗退位，主要有两个因素：一是宋高宗在淳熙十四年（1187）十月死去，宋孝宗对养父的栽培感恩图报，一定要行三年之丧，无心处理军国大事。二是金世宗在淳熙十六年（1189）正月死去，年仅22岁的金章宗继位，可是按照宋金"隆兴和议"，63岁的宋孝宗还得把金章宗尊称为叔父。宋孝宗的自尊心很强，当然不愿意，于是在当年二月禅位其子宋光宗。这三次内禅虽然原因并不一样，但都是出

---

[1] 洪迈：《容斋随笔》五笔卷2《诸公论唐肃宗》。
[2] 《宋史》卷33《孝宗本纪一》。

于禅让者自愿。只有最后一次内禅与前三次的情况不同，下面多说几句。

宋光宗传位宋宁宗，史称"绍熙内禅"[1]。其经过是这样的：宋光宗即位不久，便患精神分裂症，"政治日昏，孝养日怠"[2]。他不仅时常不能上朝，而且喜怒无常，甚至突然下令要取某人首级。宋光宗同做了太上皇的父亲宋孝宗关系紧张，长期拒不前去看望。在封建时代，皇上与太上皇关系紧张，不免酿成政治风波。士大夫们因此忧心如焚。中书舍人陈傅良恳请宋光宗去看望宋孝宗，以致死死地拉住他的衣襟，紧紧地跟随着他，直到御屏后面。李皇后怒斥道：

这里甚去处？你秀才们要斫了驴头！

陈傅良"遂大恸于殿下"，他说：

子谏父不听，则号泣而随之。[3]

士大夫们尤其感到气愤的是，宋孝宗死时，宋光宗公然拒绝出面主持丧礼。于是，他们酝酿着废掉这个得了精神病的皇帝。宰相留正等大臣多次联名上奏，请求立嘉王赵扩为太子并暂

---

[1] 参看袁征：《绍熙废立初探》，载《学林漫录》第10辑。
[2] 《宋史》卷36《光宗本纪》。
[3] 叶绍翁：《四朝闻见录》甲集《光皇命驾北内》。

时管理朝政。宋光宗终于在奏疏上,很不耐烦地批了八个字:

> 历事岁久,念欲退闲。

这分明是话中有话。留正"得之,始惧"。[1]大概是由于《孟子·万章》篇里有这样的说法,"异姓之卿"应当如此行事:

> 君有过则谏,反覆之而不听,则去。

留正在一天夜里,慌忙逃出临安城。朝中无宰相,局势更混乱。知枢密院事赵汝愚为了稳定局势,通过外戚、宦官,经过多次游说,总算说服了宋高宗吴皇后。绍熙五年(1194)七月,吴皇后以太皇太后的身份垂帘,公布了她决定让宋光宗退位、由嘉王赵扩登基的指挥[2]:

> 皇帝以疾,未能执丧,曾有御笔,欲自退闲,皇子嘉王扩可即皇帝位。尊皇帝为太上皇,皇后为太上皇后。

嘉王赵扩即宋宁宗再三推辞:

> 恐负不孝名。

---

[1]《两朝纲目备要》卷3绍熙五年六月丁未"留正等请立太子"。
[2] 指挥是宋代的一种法律文书。

赵汝愚好言相劝：

> 天子当以安社稷、定国家为孝。今中外忧乱，万一变生，置太上皇何地！

并加以强制："众扶入素幄，披黄袍。"[1] 宋宁宗尚未就座，赵汝愚已率领文武百官向新皇上一拜再拜。总之，绍熙内禅尽管并非出自宋光宗本意，但有他的御笔作为口实，又是由身为太皇太后的宋高宗吴皇后最后拍板并当众公布。显而易见，此事绝非宋宁宗"抢班夺权"，与唐代四次内禅完全是两回事。

上面的话讲得不少，归纳起来不外是：烛影斧声毕竟是个千古之谜，即便此事确属篡夺事件，此后再无类似事件发生。可见，蔡东藩的宋代"没有宗室祸"之说，与历史事实基本相符。如果说得准确些，似乎可以这样讲，宋代大体无宗室之祸。

三 宗室之间的矛盾

需要指出的是，所谓宋代大体无宗室之祸，并不是说宋代宗室之间无矛盾、无斗争。相反，围绕着皇位继承问题，宗室内部的钩心斗角，父子、兄弟、叔侄之间的相互猜忌，

---

[1]《宋史》卷37《宁宗本纪一》。

在某些时候甚至相当激烈。

如果说宋太祖号称"友爱兄弟,旷古未有"[1],或许是事实,那么前面已经讲到宋太宗唯恐其兄弟、侄子危及其皇位,不惜下毒手。甚至连自己所立的太子,也成了他猜疑的对象。据《长编》卷38记载,至道元年(995)八月,宋太宗立其第三子赵恒为太子,当时开封的情形颇为热烈:

京师之人见太子,喜跃曰:"真社稷之主也。"

宋太宗听说这一情形,居然大动肝火:

四海心属太子,欲置我何地?

参知政事寇准劝告道:"得社稷之主,乃万世之福。"[2]上自后妃,下至宫女,都前往祝贺,宋太宗才转怒为喜。

此后,宗室之间相互猜忌的事仍然不时发生。如靖康元年(1126)正月,金军大兵压境,做了太上皇的宋徽宗逃往南方,据说是由于"有怀奸之臣离间",传言宋徽宗"将复辟于镇江",因而宋徽宗、宋钦宗"父子致有疑心"[3]。知枢

---

[1]《长编》卷22太平兴国六年九月丙午。
[2]《长编》卷38至道元年八月壬辰。
[3] 陈公辅:《上钦宗乞迎奉上皇笃其孝心》,见赵汝愚:《诸臣奏议》卷10《君道门·慈孝上》。

密院事李纲调解于其间，两父子的关系才有所好转。

北宋灭亡以后，一时天下大乱。宋太祖的六世孙赵子崧在淮宁府（治今河南省周口市淮阳区），"与门人傅亮等歃血为盟，以幸非常"。他依据"太祖之后当再有天下"这一流传较广的说法，在讨伐金军的檄文中写道：

> 艺祖造邦，千龄而符景运；皇天佑宋，六叶而生眇躬。

"眇躬"是封建帝王的自称，赵子崧试图自立为帝之意跃然纸上。这在当时的混乱局面下，是件完全可以理解的事。何况一当南宋建立，赵子崧立即"皇惧归命"[1]。可是，宋高宗后来看到这篇檄文，发现"檄文颇涉不逊"，顿时"震怒"[2]，借故将赵子崧贬死于南雄州（治今广东南雄）。

如果说宋高宗与赵子崧血缘关系较远，那么宋钦宗则是其哥哥。"绍兴和议"达成之后，宋高宗的母亲宋徽宗韦贤妃得以返回临安。韦贤妃临行时，宋钦宗卧于车前，央求她转告宋高宗：

> 第与吾南归，但得为太乙官使足矣，无他望于九哥（宋高宗）也。

---

[1] 王明清：《挥麈录》余话卷1《帝王自有真》。
[2] 《宋史》卷247《宗室传四·子崧传》。

所谓太乙官使，不过是个有职无权的祠禄官。韦贤妃认为宋钦宗返回南宋的要求，宋高宗理当予以满足。她当即应允并发誓：

> 吾先归，苟不迎若，有瞽吾目。[1]

"念徽钦若返，此身何属？"韦贤妃回到临安不久，便把宋高宗的居心看透，此事简直无法启齿。她后来眼睛碰巧瞎了，当时人从封建迷信观念出发，认为其原因在于她发了誓不算数。而宋高宗此后从来没有向金朝提出过遣返宋钦宗的要求。宋孝宗对其养父宋高宗"能尽宫廷之孝"，以致后来元朝史官大加称赞："孝宗之为'孝'，其无愧焉。"[2]可是，只要稍有不周之处，宋高宗便对宋孝宗口出怨言：

> 朕老不死，为人所厌！[3]

这类事例太多，不必一一列举。仅由以上数例，即可看出宋代某些宗室之间相互猜疑何等严重。

如果平时还只是猜疑而已，那么在皇帝退位或太后卷帘前后，宗室之间的矛盾往往发展成为尖锐的斗争。由于各种

---

[1]《朝野遗记·以誓瞽目》，见陶宗仪编：《说郛》卷29。
[2]《宋史》卷35《孝宗本纪》"赞曰"。
[3] 田汝成：《西湖游览志余》卷2《帝王都会》。

政治力量的介入，这种斗争又变得相当错综复杂。

就北宋的情况来说，如宋太宗病危期间，出现过是由太子赵恒（宋真宗）即位，还是另立楚王赵元佐或宋太祖之孙赵惟吉的问题；宋神宗死时，发生过是由其子延安郡王赵煦（宋哲宗）即位，还是让其弟雍王赵颢或曹王赵頵上台的矛盾；宋哲宗死时，出现过是由其弟简王赵似或申王赵佖或端王赵佶（宋徽宗）即位的问题；宋徽宗退位时，发生过是由其长子定王赵桓（宋钦宗）或三子郓王赵楷继位的问题。下面仅以宋神宗死时的情形为例。

延安郡王赵煦是宋神宗当时还活着的年纪最大的儿子，又有宋神宗的母亲宋英宗高皇后支持，由他继承皇位本来不应当成为问题。但在元丰八年（1085）二三月间，宋神宗临死时，却经历了一场立子与立弟之争。赵煦年仅八岁，宋神宗的同母弟雍王赵颢、曹王赵頵对他们的这位侄子是否能胜任皇帝表示怀疑。次相蔡确、职方员外郎邢恕更是公开主张立弟，打算立雍王或曹王为皇帝，并企图通过高皇后的侄子高公绘、高公纪，说动高皇后，以实现这一打算。邢恕对二高说：

> 上疾不可讳，延安（郡王）冲幼，宜早有定论，雍、曹（二王）皆贤王也。

二高惊恐万状，连忙回答：

> 此何言？君欲祸吾家邪！[1]

蔡、邢二人见势不妙，掉过头来诬陷高皇后及首相王珪，准备另立雍王为帝。一天，蔡确与王珪商议皇位继承问题，他"屡以语迫（王）珪，幸其应对或有差误，即以（王）珪为首诛"。蔡确事先吩咐知开封府蔡京，"领壮士，待变于外廷"，他对蔡京说：

> 大臣共议建储，若有异议者，当以壮士入，斩之。

可是，王珪那天"口吃，连称是字数声"，接着才慢吞吞地说：

> 上自有子，复何议！

蔡、邢二人找不到王珪的岔子，无计可施。当大臣向雍王、曹王宣布：

> 已得旨，立延安郡王为皇太子。

二王无可奈何，雍王只得表示：

> 天下幸甚！

---

[1]《宋史》卷471《奸臣传一·邢恕传》。

宫中才"安堵如故"[1]。宋神宗弥留之际，高皇后悄悄叫宦官按照赵煦的身材秘密制作黄袍，并叮咛他：

> 勿令人知也！[2]

可见，当时宫廷内部的斗争多么尖锐。

就南宋的情况来说，如宋高宗在位后期，发生过是立其养子普安郡王赵伯琮（宋孝宗）或恩平郡王赵伯玖为太子的矛盾；宋孝宗在位后期，出现过是立其二子庆王赵恺或三子恭王赵惇（宋光宗）为太子的问题；宋光宗退位时，发生过是由其子嘉王赵扩（宋宁宗）或侄子吴兴郡王赵抦继位的矛盾；宋宁宗病危期间，出现过是由其养子济国公赵竑或成国公赵昀（宋理宗）继位的问题。下面仅以宋孝宗在位后期的情形为例。

乾道三年（1167）七月，太子邓王赵愭病故后，是立庆王赵恺还是恭王赵惇为太子，便成为问题。赵恺排行老二，据说又"性宽慈"，并且太上皇宋高宗"雅爱之"[3]。赵惇虽然排行老三，但他的儿子是皇嫡长孙，而当朝皇帝宋孝宗又认为他"英武类己"[4]，有意把他立为太子，并且得到了宰相虞允文的支持。经过一番磋商，决定立赵惇为太子。赵恺对

---

[1]《长编》卷351元丰八年二月癸巳。
[2] 朱弁：《曲洧旧闻》卷2。
[3]《宋史》卷246《宗室传三·魏王恺传》。
[4]《宋史》卷36《光宗本纪》。

于太子,早已垂涎三尺。宋高宗为了避免发生意外,在立太子的头天晚上,留他"燕宿禁内"。第二天,他得知赵惇做了太子,立刻埋怨宋高宗:

> 翁翁留恺,却使三哥越次做太子。

宋高宗安慰他:

> 儿谓官家好做,做时烦恼去。

而赵惇刚做太子,便"意望内禅",急于做皇帝。他请求宋高宗吴皇后向宋孝宗通融,吴皇后因此劝告宋孝宗:

> 官家也好早取乐,放下与儿曹。

宋孝宗回答道:

> 臣久欲尔,但孩儿尚小,未经历,故不能与之。

赵惇这时年龄已不小,他对"孩儿尚小"之说颇为不满,夸张地说:

> 臣发已白,尚以为童。[1]

---

[1]《西湖游览志余》卷2《帝王都会》。

可见，在宗室内部，围绕着皇位转移问题，父子、兄弟之间的矛盾何等错综复杂。

难怪每当皇帝退位或太后卷帘前后，人们生怕政局动荡，气氛往往格外紧张。如宋仁宗死时，曹皇后不免心神不定，以致训斥其左右：

此际宫门岂可夜开！[1]

"人存政举，人亡政息。"宋英宗高皇后死时，翰林学士范祖禹忧心忡忡，他上疏宋哲宗，认为：

（此）乃小人乘间伺隙之时也，故不可不预防之。[2]

可是值得注意的是，所有这些宗室之间围绕着皇位继承问题所发生的矛盾和斗争都未酿成大乱，紧张的气氛很快缓和下来，宋代最高权力的转移总的来说比较平稳。正是从这个意义上，我们说宋代大体无宗室之祸。

四 宗室中的皇帝迷

宗室之祸历代难免，而宋代居然能够大体避免。人们不

---

[1]《长编》卷198 嘉祐八年三月辛未。
[2] 范祖禹：《范太史集》卷25《听政札子》。

禁要问：原因何在？如果像张溥那样，将其原因一概归结为宋代"宗室柔睦"，未免太不全面。在宋代的宗室中，固然有"柔睦"得来不愿意做皇帝的，但同时也有觊觎皇位者，有的简直是不折不扣的皇帝迷。

在宋代的宗室中，有的不愿意做皇帝，这并不奇怪。淳熙末年，老于世故的左谕德尤袤对即将登基的宋光宗，把个中奥妙说破：

> 利害之端，常伏于思虑之所不到；疑间之萌，每开于堤防之所不及……大权所在，天下之所争趋，甚可惧也。[1]

看来，此前的宋英宗对于这一奥妙，早已心领神会。宋仁宗死去，他即将继位，可是"犹坚卧，不肯入肩舆"。他的叔伯兄长、豫章郡王赵宗谔斥责道：

> 汝为人臣子，岂得坚拒君父之命而终不受邪？我非不能与众执汝，强置于肩舆，恐使汝遂失臣子之义，陷于恶名耳！[2]

宋英宗只得身不由己地上了轿子。当宋仁宗曹皇后传达宋仁

---

[1] 李心传：《建炎以来朝野杂记》（以下省称《朝野杂记》）乙集卷2《上德二·乙酉传位录》。
[2] 《涑水记闻》卷9。

宗遗诏，命令他做皇帝，他竟惊叫起来：

某不敢为！某不敢为！

边叫边向后跑。要不是大臣把他抓住，"或解其发，或被以御服"[1]，他就溜之乎也。宋英宗尽管勉强登基，但却被吓出一场大病。靖海节度使、知大宗正事赵仲湜是宋太宗的玄孙，在北宋灭亡之际，显然有资格做皇帝。可是，当军士拥立他为帝时，他如此一再拒绝：

仗剑以却黄袍，晓其徒曰："自有真主。"其徒犹未退，则以所仗剑自断其发。其徒又未退堂则欲自伏剑以死。

军士们只得同赵仲湜相约，如"逾月而真主不出"，则赵仲湜"当即大位"。他"阳许而阴实款其期"，一得知南宋建立，立即投奔宋高宗。赵仲湜"尝自赞其容"：

性比山麋，貌同野叟。随圆就方，似无为有。惟忠惟孝，不污不苟。皓月清风，良朋益友。湛然灵台，确乎不朽。[2]

---

[1]《长编》卷198嘉祐八年四月壬申。
[2]《四朝闻见录》甲集《恭孝仪王大节》。

以抒发其淡于权势的心境。绍熙末年，宋高宗吴皇后叫宋宁宗即位，宋宁宗"惊惶欲走"。吴皇后叫人把他拉住，他连声说：

告大妈妈，臣做不得，做不得！

吴皇后吩咐左右：

取黄袍来，我自与他着。

又掉着眼泪对宋宁宗说：

我见你公公，又见你大爹爹，见你爷，今又却见你。

宋宁宗见吴皇后"意坚且怒，遂衣黄袍"，但嘴里还在轻声地说"做不得"[1]。宋宁宗的这番举动，不应当完全视为虚情假意。

值得注意的是，宋代宗室中的觊觎皇位者毕竟比不愿意做皇帝的要多。除了前面讲到的赵颢、赵恺等人而外，北宋时期至少还可以举出赵元俨、赵允弼和赵楷三个例子。

例一：荆王赵元俨（985—1044）是宋太宗的第八子，人称"八大王"。他很可能是《杨家将》中"八贤王"的历

---

[1]《四朝闻见录》甲集《宪圣拥立》。

史原型。《宋史》本传称赞他"寡嗜欲""绝人事",其实不然。宋真宗病危期间,他看到太子年仅12岁,又"自以属尊望重",竟然"以问疾,留禁中,累日不肯出"。其居心不可测,以致"执政患之"。宰执大臣绞尽脑汁,心生一计,才吓得他"上马去"[1]。

例二:北海郡王赵允弼(1008—1070)是宋太宗的孙子。《宋史》本传说他以"友爱"著称,"为宗属推敬",分明是溢美之词。宋英宗即位之际,他自以为"最尊属,心颇不平,且有语",牢骚满腹地说:

> 岂有团练使为天子者,何不立尊行?

所谓"团练使"指的是宋英宗,而"尊行"指的就是他自己。如果说赵元俨是死皮赖脸想做皇帝,那么赵允弼简直是公开扬言要做皇帝。顾命大臣韩琦立即以"先帝有诏"相答,并斥责道:

> 大王,人臣也,不得无礼![2]

这次皇位转移才算安然无事。

---

[1]《五朝名臣言行录》卷5之2《丞相李文定公(迪)》。据这一资料记载,设计吓走赵元俨的是宰相李迪,显然是张冠李戴。这时李迪已罢相,设计之人很可能是参知政事王曾。
[2] 韩琦:《韩魏公集》卷20《遗事》。

例三：郓王赵楷（生卒年不可考）是宋徽宗的第三子。如果说赵允弼只是在口头上讲讲，那么赵楷则在行动上摆出一副誓与其大哥宋钦宗一决雌雄的架势。赵楷敢于争夺皇位，自以为有两个有利条件：一是母亲王贵妃"有宠"，因此他从来处处特殊，甚至可以"出入禁省，不复限朝暮"；二是本人才华出众，政和八年（1118）"廷策进士，唱名第一"[1]。宋钦宗即位时，赵楷在数十名宦官的簇拥下，企图闯入宫中，争夺皇位。把守宫门的步军都虞候何灌"仗剑拒之"，赵楷连忙说：

太尉岂不识楷耶？

何灌指着宝剑回答道：

灌虽识大王，但此物不识耳！[2]

并质问赵楷："大事已定，王何所受命而来？"[3]赵楷无言可对，只得惶恐而退。他的图谋未能得逞。

南宋时期宗室中的觊觎皇位者，同样不乏其人，赵抦、赵竑便是其例。

例一：吴兴郡王赵抦（？—1207）虽然只是宋光宗的

---

[1]《宋史》卷246《宗室传三·郓王楷传》。
[2]《挥麈录》余话卷1《祐陵召东宫》。
[3]《宋史》卷357《何灌传》。

侄子，但"性早慧"，宋光宗"爱之"[1]。光宗退位时，"外议皆谓立尔"。当时有"扫阁"的习俗，宋人对此有解释：

> 皇子即位于内，则市人排旧邸以入，争持所遗，谓之"扫阁"，故必先为之备。

赵抦已经做好了防止"扫阁"，以便登基的准备。可是，身为太皇太后的宋高宗吴皇后决定由宋光宗的儿子嘉王赵扩继位，她对赵抦说：

> 我思量万事当从长。嘉王长也，且教他做。他做了，你却做，自有祖宗例。

赵抦"色变"[2]，马上就很不高兴地走了。

例二：济国公赵竑（？—1225）尽管不是宋宁宗的亲生儿子，但因宋宁宗的儿子全都早年夭折，他被立为皇子。赵竑对权臣史弥远颇为不满，扬言一旦即位，一定把他发配岭南。史弥远得知此情，怀恨在心，打算抢先下手。他在宋宁宗死时，终于说服杨皇后，拥立成国公赵昀为皇帝。赵竑对此，事前一无所知，焦急地等待着登基，"跂足以需宣召"，可是，宣召之人"久而不至"，他不免心中产生疑虑。

---

[1]《宋史》卷246《宗室传三·魏王恺传》。
[2]《四朝闻见录》丁集《宁皇即位》。

到他奉命进宫,"每过宫门,禁卫拒其从者"。听候宣读遗诏,赵竑"仍就旧班",他大为吃惊:

> 今日之事,我岂当仍在此班?

殿前都指挥使夏震骗他:

> 未宣制以前当在此,宣制后乃即位耳!

殊不知,遗诏的内容居然是立赵昀为皇帝。新皇帝即位,赵竑"不肯拜",夏震"捽其首下拜"[1]。可见,赵竑确有可同情之处,后来的霅川之变又并不是他发动的,但他毕竟是个十足的皇帝迷。

以上这些事例说明,在宋代的宗室当中,觊觎皇位者为数并不少。只是他们的愿望很难变为现实,并未酿成大乱而已。之所以难以酿成大乱,宋代对宗室防范较严密是个重要原因。其具体情况,留待下节论述。

---

[1]《宋史》卷246《宗室传三·镇王竑传》

第二节 宋代对宗室的防范

在宋人看来,从前各个朝代之所以发生宗室之祸,其原因在于对宗室"宠之太过,任之太重"[1]。宋太祖号称忠厚开国,当时宗室人数不多,宗室制度尚未形成。宋太宗在对一切有可能危及其皇位的至亲骨肉都借故加以剪除的同时,逐步建立制度,限制宗室权势,防止宗室作乱。此后制度趋于严密,先后颁布《宗室座右铭》《宗室善恶宝戒》《宗室六箴》等劝诫性文书,"意在规谏宗室之良也"[2],并且推行一整套"宗室法"。朝廷对于宗室"旦司暮察,惟恐以富贵自快"[3],防范相当严格[4]。

一 宗室待遇较优厚

宋代对待宗室一般只授予虚衔,不给以实权。至和元年

---

[1]《二程集·河南程氏粹言》卷1《论书篇》。
[2]《玉海》卷130《官制·宗戚》。
[3] 吕祖谦:《历代制度详说》卷14《宗室》。
[4] 参看倪士毅:《赵宋宗室中之士大夫》,载《杭州大学学报》1984年增刊;汪圣铎:《宋朝宗室制度考略》,载《文史》第33辑;贾志扬:《宋朝宗室的历史意义》,载邓广铭、漆侠主编:《国际宋史研讨会论文选集》。其中汪文篇幅较长,且较详尽。倪文承蒙何忠礼教授提供。

(1054),知谏院范镇用"赋以重禄,别无职业"八个字概括宋代对待宗室的基本原则,并喟然长叹:

> 祖宗后裔,岂无贤才?而一概废而不用,深可惜也。[1]

宋孝宗认为处置宗室的最好办法莫过于"高爵厚禄,使之就闲"。宋光宗时官至宰相的留正对此大加称赞:

> 优之以爵禄而不责以事权,亲亲之义,恩莫厚焉。[2]

赞赏这条原则的当时人,至少还有南宋中期的学问家吕祖谦。他说:

> 若夫祖宗则可谓盛美,虽有同气至亲,列之高爵,置之重位,而未尝任之以事也。[3]

足见宋代对待宗室的基本原则可以分为"优之以爵禄"和"不责以事权"两个方面。

先讲"优之以爵禄"。北宋初期的情况是:

---

[1] 范镇:《上仁宗乞宗子以次补外》,见《诸臣奏议》卷32《帝系门·宗室》。
[2] 《中兴两朝圣政》卷59淳熙八年二月己亥。
[3] 《历代制度详说》卷14《宗室·详说》。

> 诸王子初授官,即为诸卫将军,余以父官及族属亲疏差等。

天禧元年(1017),鉴于"皇族渐多而授官未有定制",宋真宗将宗室授官制度规范化为:

> 宣祖(指宋太祖的父亲赵弘殷)、太祖孙初荫授诸卫将军,曾孙授右侍禁,玄孙授右班殿直。内父爵高则听从高荫,其事缘特旨者不以为例。[1]

对于这项制度,有两点值得注意。

第一,右侍禁、右班殿直是无执掌的低级武阶官即小使臣。小使臣包括从较高级的东头供奉官(后改称从义郎)到较低级的三班借职(后改称承信郎),共8阶。现据《宋史》卷169《职官志九·叙迁之制》作表1-1,表中的旧官是政和二年(1112)以前的名称,新

表1-1 宋代新旧官职对照表

旧官	新官
东头供奉官	从义郎
西头供奉官	秉义郎
左侍禁	忠训郎
右侍禁	忠翊郎
左班殿直	成忠郎
右班殿直	保义郎
三班奉职	承节郎
三班借职	承信郎

---

[1]《长编》卷89天禧元年二月壬午。

官则是政和二年所改。

而诸卫将军则属于地位高于小使臣的环卫官。按照《宋史》卷169《职官志九·叙迁之制》的记载，宗室环卫官分为14阶，其迁转顺序为：太子右内率府副率、太子右监门卫[1]率府率、右千牛卫将军、右监门卫大将军、遥郡刺史、遥郡团练使、刺史、团练使、防御使、观察使、节度观察留后（后改称承宣使）、左右卫上将军节度使、节度使同中书门下平章事、节度使兼侍中。《文献通考》卷58《职官考十二·左右领军卫》称：

> 环卫官，无定员，无职事，皆命宗室为之。

这个"皆"字未必确切，但"无职事"是事实。宋孝宗指出，其性质"正如文臣馆阁耳"[2]，虽然荣耀，并无实权。环卫官又称南班官，南宋人洪迈在《容斋随笔》卷10《南班宗室》中说：

> 南班宗室，自来只以本官奉朝请。

所谓"奉朝请"，即参加朝会，如此而已。因此，朱熹把节

---

[1] "卫"字据龚延明：《宋史职官志补正》补。
[2]《朝野杂记》甲集卷10《环卫官》。

度使、观察使一类的环卫官叫作"闲称呼"[1]。当然，环卫官也并非毫无实际意义，至少可以据此领取俸禄。

第二，按照规定，"宗室子孙七岁始赐名授官"，但事实上"在襁褓者已有恩泽"[2]。宋仁宗景祐二年（1035）又把宗室子孙初授官一律改为南班官，不再授予右侍禁、右班殿直。据北宋人高承《事物纪原》卷5《南班》记载，当时的情况是：

> 近属自初除小将军，七迁至节度使，遂为定制。

这一规定岂止太优厚，简直是冗滥，在士大夫中间自然反应强烈。枢密副使吴奎对宋英宗说：

> 祖宗时，宗室皆近亲，然初授止于殿直、侍禁、供奉官，不如今之过也。朝廷必为无穷计，当有所裁损。

宋英宗"然之"[3]。

宋英宗"有性气，要改作"[4]，可惜在位不到5年便去世。他改革宗室授官制度的打算，到他的儿子宋神宗时才变为现实。宋神宗在熙宁二年（1069）十一月，下诏"别

---

[1]《朱子语类》卷128《本朝二·法制》。
[2]《宋会要辑稿》（以下省称《宋会要》）帝系4之6。
[3] 李攸：《宋朝事实》卷8《玉牒》。
[4]《朱子语类》卷130《本朝四·自熙宁至靖康用人》。

其亲疏，异其等杀"[1]，将宗室划分为3个层次，并分别做出了不同的规定：

> 宣祖、太祖、太宗之子皆择其后一人为宗，令世世封公，补环卫之官，以奉祭祀，不以服属尽故杀其恩礼。
> 祖宗袒免亲未赐名授官者，除右班殿直，年十五与请受，二十许出官。
> 袒免（以外）亲更不赐名授官，只许令应举。[2]

这次改革既得利益受到损害较大的是宗室袒免以外亲即五服以外的远亲，他们把怨气撒向参知政事王安石，在路途上拦住王安石叫喊：

> 均是宗庙子孙，且告相公，看祖宗面。

王安石理直气壮地厉声回答：

> 祖宗亲尽，亦须祧迁，何况贤辈！

他们才"皆散去"[3]。其实，改革宗室授官制度并不是王安石

---

[1]《宋朝事实》卷8《玉牒》。
[2] 杨仲良:《皇宋通鉴长编纪事本末》卷67《裁定宗室授官》。"以外"二字据《宋朝事实》卷8《玉牒》补。
[3] 陆游:《老学庵笔记》卷2。

一个人的主张，就连不少反对王安石变法的士大夫也赞成。他们认为：

> 荆公（王安石）行一切不恤之政，独于此事，未为不然。

苏轼更是用"深计远虑，割爱为民"[1] 8个字给予高度评价。这项改革因而得以坚持，到宋徽宗崇宁初年，宗室无官者达1500多人。南宋时期，宗室无官者更多，宗室贫乏的问题更为严重。"逐什百之利，为懋迁之计，与商贾皂隶为伍"[2]者有之；"贫而不能娶"，只得"娶倡女为妻"者亦有之。宋高宗不禁叹息：

> 宗子不肖，至于如此！[3]

难怪人们把宗室中的"昏谬者"叫作"泼撒太尉"[4]。

应当指出，即便在熙宁以后，无论是宗室近亲还是疏属，都在不同程度上享受着各种优待。宗室近亲几乎无一不被授予较高的官职，虽然往往无实权，但俸禄比一般官员优

---

[1]《齐东野语》卷8《宗子请给》。
[2]《宋会要》帝系6之13。
[3]《系年要录》卷153绍兴十五年正月辛未。
[4] 辗然子：《拊掌录》，见《说郛》卷32。

厚。单就月俸来说，皇亲与非皇亲便往往同官不同俸。现依据《宋史》卷171《职官志十一·奉禄匹帛》及《宋会要》职官57之2，举例列表比较如下（表1-2）。

表1-2 宋代皇亲与非皇亲月俸对照表

官 阶	皇 亲	非皇亲
观察使	300贯	200贯
诸卫大将军遥领刺史	80贯	50贯
诸卫大将军	60贯	25贯
诸卫将军	50、40、30贯三等	20贯
率府率	20贯	13贯
率府副率	15贯	13贯

至于正式俸禄以外的各种额外附加，宗室有官者更是大大多于普通官员，详情可参看汪圣铎先生《宋朝宗室制度考略》附表。宗室疏属虽然无官者较多，但有"请给"（补贴）。如按照宋哲宗绍圣二年（1095）的规定，"宗室袒免外，两世祖父、父俱亡而无官，虽有官而未厘务，各贫乏者"，其补贴的数量为"每口月支钱二贯、米一硕，十二口以下给屋二间""人口虽多，钱不过二十贯，米不过六硕"[1]。这些补贴即使全部兑现，数量也不算多，因而当时存在着宗室贫乏的问题。但宗室毕竟是"无戚疏少长，皆仰食县官"。宗室中的"无赖者"为了多得补贴，甚至采用如此卑劣的手段：

---

[1]《宋会要》帝系5之10。

纵其婢使与闾巷通，生子则认为己子而利其请给。此自古所无之弊例也。[1]

随着宗室人口越来越多，宗室开支总额越来越大，财政不堪重负。朱熹惊呼：

　　宗室俸给，一年多一年。骎骎四五十年后，何以当之？[2]

二　宗室任职受限制

再就"不责以事权"来说。"宗室不领职事"[3]，朝廷一般不给予宗室实权，这是从总体上讲。具体说来，宋代宗室担任实职的状况经历了三个阶段的变化。

第一阶段：大中祥符（1008—1016）以前。宗室虽不许参加科举考试，但可以被任命为地方行政长官。正如宋神宗时官至参知政事的张方平所说：

　　我国家祥符之前，皇亲尚出临郡。[4]

---

[1]《齐东野语》卷8《宗子请给》。
[2]《朱子语类》卷111《朱子八·论财》。
[3] 吴充：《（欧阳修）行状》，见欧阳修：《欧阳文忠公集》附录卷1。
[4] 张方平：《乐全集》卷10《刍荛论五·宗室论·皇族试用》。

但宋太宗在宋太祖时，担任开封尹长达16年并大权在握，是个特殊的例外。此后宗室出临州郡，多半徒拥虚名，往往并无实权。如宋太宗晚年，宋真宗一出任开封府尹，他的老师毕士安立即被任命为开封府判官。后来，毕士安拜相时，宋真宗对他说：

> 朕倚卿以辅相，岂特今日？[1]

从中不难看出，宋真宗当年出任开封尹，仅仅表明他已被确定为皇位继位人，而实权则掌握在毕士安手里。至于赵廷美之子赵德恭、赵德隆在雍熙元年（984），分别出判济州（治今山东巨野）、沂州（治今山东临沂），分明是虚有其名。宋太宗同时又派韩检、刘蒙叟"通判二州"，并公开下令由韩、刘两人"专郡政焉"[2]。大概是由于不能大权在握，宋真宗在咸平二年（999），叫其堂弟赵德恭、赵德彝分别出判虢州（治今河南灵宝）、滁州（今属安徽），他们并不乐意，上表予以谢绝。

第二阶段：大中祥符以后。宗室非但不许参加科举考试，而且不再出任地方官。用张方平的话来说，即"绝外授"[3]。宋仁宗时，侍御史何郯指出：

---

[1]《宋史》卷281《毕士安传》。
[2]《宋会要》帝系4之1。
[3]《乐全集》卷10《刍荛论五·宗室论·皇族试用》。

> 自先朝至今，宗室诸院尚未预领民事者。[1]

张方平在庆历年间说：

> 近事，诸皇族鲜出补外官，悉留京师，亦不厘务，为选儒学官，切磋讲习外，奉朝请而已。此朝廷亲亲之义，敦睦纠合，所以别于庶姓，不责以事。

又说：

> 国朝之制，不属宗室以吏事，悉留京师，以奉朝请。[2]

张方平讲的所谓"近事"，就是这个阶段的情形。宗室"一概废而不用"，为之鸣不平者不止范镇一人。宰相韩琦的看法便与范镇大体一致，他请求先让无服宗室在外居住，然后再"试以外官"。这个建议没有被宋仁宗采纳，其理由是：

> 宗子素未谙民政，若补外官，但虑易致过失尔。

其实，这个原因是次要的，关键在于限制宗室权势。宋仁宗

---

[1]《历代名臣奏议》卷289《外戚》"皇祐元年何郯又奏"。
[2]《乐全集》卷38《宗室世袭墓志铭》《皇从弟永嘉郡王（允迪）墓志铭》。

不便把话说穿,自然言之无理,韩琦及参知政事赵概当即予以反驳。韩琦说:

> 陛下若命宗室习律令,久之,何患其不能从政也。

赵概说:

> 人臣子弟未必皆有过人之才,使之从政,尚能粗了局事,盖积习使然。宗室固多美才,若择而任之,庶几渐知为政之方也。

宋仁宗才敷衍了一句:

> 五七年渐当以外官试之。[1]

终宋仁宗之世,这一许诺并未变为事实。

第三阶段:熙宁二年(1069)以后。五服以外的宗室远亲可以通过科举考试获得差遣(实职)。此前,赵廷美的玄孙赵叔韶在皇祐元年(1049)六月,召试学士院中等,赐进士及第,其环卫官阶由率府副率越级晋升为右领军卫将军。宋仁宗高兴地对他说:

---

[1]《宋朝事实》卷8《玉牒》。

> 宗子好学者颇多,独尔以文章第进士,前此盖未有也。[1]

但这属于宗室召试,与亲室应举无干。宋代宗室中的第一位进士是赵德昭的玄孙赵令铄,南宋人王明清《挥麈录》前录卷1《神宗与令铄同年月日时生》称:

> 令铄进士及第,为本朝宗室登科第一。

朝廷允许宗室远亲应举并因此获得差遣,是从宋神宗熙宁二年十一月开始的。这是宋代宗室制度的一个重大变化,苏轼评论道:

> 自建隆以来,累圣执谦,不私其亲,干国治民,不及宗子,虽有文武异材,终身不试。神宗皇帝实始慨然欲出其英髦,与天下共之,故增立教养选举之法。[2]

从熙宁年间到元符年间,30多年中,宗室登科者共20余人。此后宗室登科者总的趋势是逐渐增多,绍兴十八年(1148)为17人,宝祐四年(1256)凡85人。

宗室参加科举考试,与庶姓相比,有两个不同之处,一

---

[1]《宋史》卷244《宗室传一·魏王廷美传》。
[2]《东坡七集·东坡奏议》卷10《荐宗室令畤状》。

是"取之太优",二是"用之有限"[1]。

所谓"取之太优",无非是说宗室远亲应举,不仅考试内容少,而且录取率高。宋代进士科考试的具体内容变化多端,详情请看何忠礼先生著《宋史选举志补正》附录三《宋代进士科省试试艺内容表》。下面仅以熙宁四年(1071)二月颁行的庶姓科举法为例,其考试内容为:

> 每试四场,初大经,次兼经,大义凡十道,次论一首,次策三道,礼部试即增二道。[2]

很清楚,庶姓考进士,既要考经义,又要考策论。宗室近亲因已授官,如果应举,照此办理。而宗室远亲因不授官,如果应举,或者只考策论,或者只考经义,考试内容比庶姓少一半。此情有熙宁五年(1072)五月颁布的宗室非袒免亲应举法为证:

> 宗室非袒免亲许应举者,试策三道,论一道,或大经议(当作"义")十道。初试黜其不成文理者,余令覆试。所取以五分为限,人数虽多,不得过五十人。累覆试不中,年长者当议量材录用。[3]

---

[1]《历代名臣奏议》卷77《宗室》"宋光宗时蔡戡上奏"。
[2]《宋史》卷155《选举志一·科目上》。"大经",《长编》卷220作"本经"。
[3]《长编》卷233熙宁五年五月辛巳。

可见，宗室远亲在科举考试中待遇相当优厚。其录取率为"五分"即五人取一人，以后虽多有改动，如改为七人取一人、十人取一人、七人取三人、七人取二人等等，但其登科的可能性无疑均远远大于庶姓。无怪乎当时人说：

> 国家三岁取士，于宗室特加优异，盖示亲睦。[1]

以致某些时候"皇族得官不可以数计"。北宋中期以后，"员多阙少"的矛盾常常相当尖锐。士大夫的职位"辄为宗室所夺"，他们一再请求朝廷"罢百十人之私恩，为亿万人之公利"[2]。宗室远亲应举，录取率虽然较高，但他们一旦名落孙山，便不再授官，于是"宗室无官者遂众"[3]，并且使得宋真宗以后开始出现的宗室贫乏问题更加严重。

所谓"用之有限"，是指朝廷对于宗室担任实职限制较多。宋人张邦基《墨庄漫录》卷1称：

> 国朝宗室例除环卫官，裕陵（宋神宗）始以非袒免补外官。

但在宗室有官者中，真正担任拥有实权的地方官者人数毕竟

---

[1]《宋会要》帝系6之18。
[2]《容斋随笔》三笔卷7《宗室补官》、卷13《宗室参选》。
[3]《宋朝事实》卷8《玉牒》。

较少。莫说别人，就连宋孝宗的哥哥赵伯圭的儿子赵师揆在淳熙八年（1181）正月，请求出任福建转运使，宋孝宗也不同意。他说：

> 伯圭不甚教子，各使之治生，何以为清白之传？且其下尚有三弟，若皆作郡，则近地州郡皆自家占了，何以用人？

宰相赵雄立即大加称赞：

> 凡好事，古所难者，尽出陛下之意。[1]

宋孝宗的儿子赵恺在乾道年间，虽然曾经出判宁国府（治今安徽宣城），但朝廷为了限制其权势，"一郡置三判府"。长史"与司马分治郡"，赵恺"受成"而已。他因此上奏，大发其牢骚：

> 臣被命判府，今专委长史、司马，是处臣无用之地。[2]

可见，即使在熙宁以后，朝廷对于宗室担任实职，仍掌握较

---

[1]《齐东野语》卷1《孝宗圣政》。
[2]《宋史》卷246《宗室传三·魏王恺传》。

严并加以限制。宗室在地方上大多担任添差官和宫观岳庙官。添差官管事较少,一般"虽有官而未厘务""到任不签书本职公事"[1],并且有限额。如绍兴三年(1133)正月的规定是:

> 宗室添差差遣,每州十县已上不得过十员,不及十县至五县去处,各随所管县分数目添差,三县已上五员,三县已下三员。诸县万户已上三员,万户已下二员。[2]

宫观岳庙官是一种有职无权的官职,据陈耆卿《嘉定赤城志》卷12《秩官》记载,台州(今属浙江)有宗室添差官3员、岳庙官5员。照此看来,宫观岳庙官也是宗室入仕为官的一条重要门路。

按照宋代的规定,宗室有不少官职不能担任。如北宋时一再重申"宗室不注沿边差遣"[3]。在宋人看来,四川属于沿边地区。据王明清《挥麈录》后录余话卷2《宗室入蜀自赵德夫始》记载,宋神宗在熙宁三年(1070)专门下诏:

> 宗室出官从政于外方,惟不许入蜀。

---

[1]《宋会要》帝系5之10、18。
[2]《宋会要》帝系6之2。
[3]《宋会要》帝系5之26。

绍兴年间，四川宣抚使郑刚中虽然是由秦桧推荐，但上任后"有忤秦之意"。秦桧与其亲信王晙商议对策，王晙建议：

> 不若遣一宗室有风力者，往制之。

赵不弃于是被秦桧任命为四川宣抚司总领官，成为宋代四川地区的第一位宗室地方官。据李心传《系年要录》卷35记载，宗室不许入蜀为官的限制早在建炎四年（1130）七月已经解除。又如"自熙丰以来，宗室不差试官"[1]的规定，到淳熙六年（1179）十一月，宋孝宗才接受吏部尚书周必大的建议，予以撤销。于是，赵汝愚在淳熙八年（1181）正月成为第一位宗室试官，并于绍熙四年（1193）出任知贡举。如果说上述规定无关紧要，那么以下两条限制相当重要。

一是宗室不领兵。张端义《贵耳集》卷上称：

> 本朝故事，宗室不领兵。

至于宋太宗在宋太祖时，担任开封尹期间，拥有一支军队，称开封府马步军司，设有正、副都指挥使等职务，其中膂力过人、能攻善守的勇士为数不少，那是北宋初年的事，当时制度还不严密。宋高宗在靖康元年（1126）闰十一月，被任命为河北兵马大元帅，并加紧扩充军队，那是在紧急情况下

---

[1]《朝野杂记》甲集卷13《宗室差试官》。

采取的应变措施。在通常情况下,"宗室不领兵"的原则执行得相当严格。因此,在绍兴三十一年(1161)九月,金朝60万大军南下攻打南宋,还在做建王的宋孝宗"不胜其愤",痛斥"退避"之计,"请率师为前驱"。病卧家中的直讲史浩一听说此事,自知责任重大,立即亲自前往建王府,劝告宋孝宗:

> 太子不可将兵。[1]

宋孝宗恍然大悟,不敢坚持带兵出征,只是跟随宋高宗前往建康(今江苏南京)。绍定三年(1230),李全率领重兵攻打淮东,形势十分危急,宗室赵善湘被宋理宗任命为江淮制置使,带兵前往抵御。他尽管战功卓著,但在士大夫当中,仍"有宗室不领兵之议"[2]。要不是宋理宗亲自出面辩护,赵善湘早已因遭到监察御史弹劾而受到惩处。

二是宗室不拜相。据《贵耳集》卷中记载:

> 祖宗典故,同姓可封王、不拜相,艺祖载诸太庙。

"同姓"两字太笼统,或许是"宗室"之误。至于"艺祖载诸太庙",恐怕也未必。但宗室不拜相这条原则是肯定存在

---

[1]《朝野杂记》乙集卷1《壬午内禅志》。
[2]《贵耳集》卷上。

的，宋高宗两次加以重申。一次在绍兴六年（1136）正月，宋高宗对宰相赵鼎说：

> 唐用宗室，至为宰相。本朝宗室虽有贤才，不过侍从而止，乃所以安全之也。[1]

什么叫"侍从"？南宋人赵升在《朝野类要》卷2《称谓·侍从》中有解释：

> 翰林学士、给事中、六尚书及侍郎是也。又中书舍人、左右史以次，谓之小侍从。又在外带诸阁学士、待制者，谓之在外侍从。

至于"安全"一语，则是王顾左右而言他，如果改为"防范"，只怕更确切。另一次在绍兴十四年（1144）十一月，宰相秦桧为了提拔顺从于他的宗室赵子厚，向宋高宗建议：

> 今日宗室不可不崇奖，令聚于朝。

宋高宗的答复是：

> 宗室中之贤者，如尝中科第及不生是非之人，可收

---

[1]《系年要录》卷97绍兴六年正月乙未。

置行在，如寺、监、秘书省皆可处之。祖宗以来，不用宗室作宰相，其虑甚远，可用至侍从而止。[1]

宋高宗一再强调宗室"可用至侍从而止"，其实宋朝开国之后，在一个相当长的时间内，并无宗室侍从。到宋徽宗宣和五年（1123），赵子崧任徽猷阁待制，才首开其例。此后，宗室侍从仍然为数不多，并且"宗室侍从亦未有卓然可称者"[2]。因此南宋人陈渊在奏疏中，不禁感慨：

（宗室）未尝大用，无赫赫功名，震耀海内。[3]

至于宗室宰相，《新唐书》卷131《宗室宰相传》赞曰："唐宰相以宗室进者九人。"对于此说，从南宋人王明清、王应麟到清初人顾炎武均提出异议。由于统计标准不尽一致，王明清在《挥麈录》后录卷3中指出应当是13人，王应麟在《困学纪闻》卷14《考史》中统计为15人，顾炎武在《日知录》卷9《宗室》中认为有11人。尽管众说不一，但《新唐书》的统计肯定有遗漏。就宗室宰相来说，宋代与唐代相差太远，只有宋宁宗朝宰相赵汝愚一人。

赵汝愚（1140—1196）字子直，寄籍饶州余干（在今江

---

[1]《系年要录》卷152绍兴十四年十一月壬申。
[2]《两朝纲目备要》卷2绍熙四年三月"赵汝愚同知枢密院事"。
[3] 陈渊：《默堂文集》卷14《论用宗子》。

西余干西北），乾道二年（1166）进士第一。他是宋太宗长子赵元佐的七世孙，与当朝皇帝的血缘关系相距甚远，严格说来，只是同姓。宋代有宗室"不得参预机政"[1]这条禁忌。所谓"机政，宰执职事之谓"[2]，不仅仅是指宰相，还包括参知政事及正、副枢密院长官。因此，当赵汝愚在绍熙四年（1193）三月，出任同知枢密院事，遭到反对。反对者的依据是：

高宗圣训，不用宗室以为宰执。

赵汝愚"家居力辞"[3]，不敢就职。宋光宗一再坚持，赵汝愚才走马上任。尽管他"不顾祸福，只以社稷国家为念"[4]，成功地组织了绍熙内禅，为赵宋王朝立下大功，从而在绍熙五年（1194）八月拜相，但仍然遭到反对。反对者的理由是：

国朝无宗室宰相。[5]

赵汝愚本人"亦自请"：

---

[1]《宋会要》职官73之21。
[2] 赵升：《朝野类要》卷2《称谓·机政》。
[3]《两朝纲目备要》卷2绍熙四年三月"赵汝愚同知枢密院事"。
[4] 李贽（一说当作吴从先）：《史纲评要》卷34《南宋纪》绍熙五年。
[5]《容斋随笔》三笔卷7《赵丞相除拜》。

> 名在属籍，不宜久司揆事。[1]

所谓"揆事"，即掌管政务，其引申义为总揽政务的人。赵汝愚的政敌韩侂胄一伙将他置于死地的手法是：

> 彼宗姓也，诬以谋危社稷，则一网打尽矣。[2]

并由正言李沐出面上奏：

> 汝愚以同姓居相位，非祖宗典故，方太上（指宋光宗）圣体不康之时，欲行周公故事。[3]

结果，赵汝愚任宰相仅半年即被贬黜，次年死于贬所衡州（治今湖南衡阳）。可见，"宗室不拜相"这条所谓"祖宗典故"在宋代何等深入人心，又执行得多么严格。

对于唐、宋两代的上述差别，宋人曾经加以揭示。他们一方面说：

> 唐时名臣，多出宗室。[4]

---

[1]《宋史》卷397《徐谊传》。
[2]《续宋宰辅编年录》卷3嘉定十七年"史弥远独相"。
[3]《齐东野语》卷3《绍熙内禅》。
[4]《长编》卷201治平元年五月辛亥。

另一方面说：

> （本朝）宗室在朝者少。

其原因在于朝廷"不以宗室与庶姓同进，是致在朝稀少"，有的宗室即使"最有士誉"，但却"尚沉下僚"[1]。后来，顾炎武指出：

> 汉、唐之制，皆以宗亲与庶姓参用，入为宰辅、出居牧伯者，无代不有。

而宋代的某些宗室则"名曰天枝，实为弃物"[2]。在宋代，对于这种状况，有的宗室不免牢骚满腹：

> 推恩异姓，种种优渥，而同姓则反薄其恩。[3]

而某些士大夫则赞不绝口：

> 皇家御极，但推至公，尊礼勋臣，谦抑宗族。[4]

---

[1]《止斋集》卷27《应诏荐宗室赵师渊状》。
[2]《日知录》卷9《宗室》。
[3]《齐东野语》卷19《嘉定宝玺》。
[4] 刘随：《上仁宗乞分王宗室壮观洪业》，见《诸臣奏议》卷32《帝系门·宗室》。

此言不无夸张之处，但宋代宗室担任实职确实受到种种限制。

三 皇子不径直封王

"君子之泽，五世而斩。"这句话见于《孟子》卷8《离娄下》。照此说来，皇族只要出了五服，便不是宗室，只是同姓。可是，宋代的情况是：

> 有服宗室为宗室，无服宗室为宗室子。[1]

宗室和宗室子又往往统称宗室，宗室与同姓常常混为一谈。可见，宋代宗室的范围相当广泛，已经由有服宗室扩大到无服宗室。

上面笼统讲宗室，下面说说宗室近亲。

"优之以爵禄而不责以事权"这条原则不仅适用于普通宗室，而且同样适用于皇帝的亲生儿子和同胞兄弟。

还是先说"优之以爵禄"。宋代确实如此，但不如前代优厚。其主要表现有三。

一是皇子一般不径直封王。唐代的封爵制度已是"设爵无土"，但皇子很少有不直接"以国王之"[2]者。宋代与此不同，据南宋史家李心传《朝野杂记》甲集卷12《皇子除官例》

---

[1] 陈宾：《桃源手听》，见《说郛》卷29。
[2] 欧阳修、宋祁：《新唐书》卷82《十一宗诸子传赞》。

记载：

> 祖宗故事，皇子初除防御使……太宗以后，或封王，或封国公……其间亦有封郡王、郡公者……神宗诸子初除皆节度使，封国公，稍迁郡王，加平章事……至出阁封王则始兼两镇，加司空。后皆因之。

正是根据上述情况，元代史家马端临指出：

> 皇子虽在所必王，然其迁转亦有次第，不遽封也。

南宋学者陈傅良对皇子不径直封王评价很高：

> 艺祖起百世之后，独追古意，自王礼杀而为防御使，非圣人能之乎！[1]

如前所述，防御使只不过是高于团练使、低于观察使的一种环卫官，既不驻本州，又无职掌。需要补充说明的是，按照《宋史》卷169《职官志九·爵》记载，宋代的封爵分为12等，现列表如下（表1-3）。[2]

---

[1] 马端临：《文献通考》卷277《封建考十八·宋诸王》。
[2] 表中的品位据孙逢吉：《职官分纪》卷50《总封爵》所载《元祐官品令》补入。

表1-3 宋代封爵等级表

等 级	封 号	官 阶
1	王	正一品
2	嗣 王	从一品
3	郡 王	从一品
4	国 公	从一品
5	郡 公	从一品
6	开国公	不 详
7	开国郡公	不 详
8	开国县公	从二品
9	开国侯	正三品
10	开国伯	正四品
11	开国子	正五品
12	开国男	从五品

二是亲王之后通常不封嗣王。用北宋人刘随的话来说，即：

> 亲王之子，不封郡王；亲王既没，不立嗣王。[1]

这是宋代的封爵制度又一个不同于唐代之处。据马端临《文献通考》卷277《封建考十八·宋诸王》记载，唐代的

---

[1] 刘随：《上仁宗乞分王宗室壮观洪业》，见《诸臣奏议》卷32《帝系门·宗室》。

状况是:

> 亲王则子孙袭封如故。虽所谓茅土食邑,多为虚名,然始受封之国与爵,则父殁子继,世世相承。

宋代的情形则是:

> 皇子之为王者,封爵仅止其身。而子孙无问嫡庶,不过承荫入仕,为环卫官,廉车节钺,以序而迁,如庶姓贵官荫子入仕之例。必须历任年深,齿德稍尊,方特封以王爵,而其祖、父所受之爵则不袭也。

马端临说"封爵仅止其身",这句话并不确切。李攸《宋朝事实》卷8《玉牒》称:

> 国朝旧制,诸王之后,用本宫最长一人,封公继袭。

但继袭者不封王,只封公,与唐代的差别仍然比较明显。这一差别的形成与经历了唐末五代这个中国历史上的又一次礼崩乐坏的大动荡时期有关。司马光说:

> 自唐末以来,三公以下不复承袭。

宋代某些统治者尽管认为此制"非古""欲复古礼"[1]，可是他们推行的制度再也不可能是所谓"古礼"了。北宋中期，一度出现过这样的局面：

> 宗姓几无一王。

宋仁宗为了改变这种局面，在庆历四年（1044）七月，第一次下诏封十王之后。十王是指宋太祖弟赵廷美、宋太祖子赵德昭、赵德芳以及宋太宗的7个儿子。当时，按照十王子封郡王、孙封国公的原则，封了郡王6人、国公3人、郡公1人，仍无嗣王。宋神宗认为"创业垂统，实自太祖"，他在熙宁元年（1068）八月，下诏"王太祖之后"[2]并世世勿绝，但也无非是将其曾孙赵从式封为安定郡王而已。因此，直到元丰年间，仍旧是：

> 嗣王虽著品令，然自国初以来未尝除授。[3]

可见，刘随所说"亲王既没，不立嗣王"，绝非虚言假语。宋英宗系外藩入继，他的生父不是宋仁宗，而是死后被追封为濮王的赵允让。宋神宗作为宋英宗之子，元丰七年（1084）

---

[1]《司马文正公集》卷42《宗室袭封议》。
[2]《玉海》卷130《宗戚》。
[3]《长编》卷344元丰七年三月癸丑。

三月将其叔父赵宗晖封为嗣濮王并规定世世勿绝。而宋孝宗、宋理宗又与宋英宗的情况相似,都是外藩入继。只是宋英宗系宗室近亲,而宋孝宗、宋理宗是宗室疏属。沿袭宋英宗之例,宋孝宗的父亲赵子偁、宋理宗的父亲赵希瓐死后分别被追封为秀王、荣王,并设置嗣秀王、嗣荣王这两个爵位。由于宋理宗曾一度被过继给宋孝宗的孙子赵竑,因而赵竑死后追封沂王,并设立嗣沂王这个爵位。总之,宋代嗣王出现较晚,并且只有嗣濮王、嗣秀王、嗣荣王、嗣沂王四种,何况他们又并非普通亲王之苗裔,而是皇帝生父或养父的后代。照此看来,刘随之说仍然不错。

三是亲王长期序位于宰相之下。宋太祖开宝六年(973)下诏规定,晋王(后来的宋太宗)位居宰相上。可是仅仅过了十年,这一位序便颠倒过来。太平兴国八年(983)十一月,宋太宗《令宰相立亲王上诏》称:

> 并建子弟,所以蕃屏王室;申命辅相,所以羽翼公朝。藩邸之任虽崇,钧衡之寄尤重。率分内外,须至等差。自今宰相序立,宜在亲王之上。[1]

宰相宋琪、李昉再三推辞:

> 汉法,丞相在诸侯王之下;唐制,元子非百执事

---

[1] 不著撰人:《宋大诏令集》卷70《宰相二十·尊礼》。

之列。

宋太宗不许,并说:

> 宰相之任,实总百揆,与群官礼绝。藩邸之设,止奉朝请而已。[1]

亲王序位宰相之下,从此成为有宋一代始终不曾改动的定制。

四 亲王仅问安侍膳

现在该说"不责以事权"了。与以汉、唐两朝为代表的前代相比,宋代宗室制度的这个特点相当明显。王府官、东宫官的设置与职能的变迁就是个突出的实例。

汉代亲王"大率置官、法度之类,与天子等",这种状况此后虽然略有改变,但直到唐代"亦尚有之"[2]。特别是唐代初年,唐高祖"以天下未定,广封宗室,以威天下"[3]。当时,亲王均开府置官属,并率领重兵,"各以所知遇为私人",以致"唐高祖若木偶之尸位于上,而无可如何"[4]。宋

---

[1] 钱若水等:《太宗实录》卷27太平兴国八年十一月甲寅。
[2] 《朱子语类》卷135《历代二》。
[3] 《文献通考》卷275《封建考十六·唐诸王》。
[4] 王夫之:《读通鉴论》卷20《唐高祖》。

代亲王"虽带都督之名,而实不行都督之事"[1],一般不再率领军队。《宋史》卷247《宗室传四·子崧传》称:

> 国家之制,无亲王(领兵)在外者。

宋太宗在做开封尹时,以亲王而领兵,但那发生在北宋初年,当时制度尚不严密。此后则有"太子不可将兵"的禁忌。

宋代不仅在这方面有别于唐代,而且唐、宋两代的王府官属,从数量上看,差距也相当大。据《宋史》卷162《职官志二》记载,宋代的亲王府通常是:傅"有其官而未尝除",长史、司马、咨议参军不常设,设翊善1员、王友2员、记室参军1员,教授"初无定员"。可是,依据《唐六典》卷29的记载加以统计,唐代亲王府的官吏多达66种、1040人。唐代中叶以后,尽管"王官益轻而员亦减矣"[2],但其机构之庞大,仍然为后来的宋代所望尘莫及。

唐代的亲王府尚且如此庞杂,东宫更是可想而知。依据《唐六典》卷26、27、28的记载加以统计,其官吏多达303种、2738人,"无定员"者尚未计算在内。唐代的东宫官"精选名士以居之""极为清望"。就连贞观年间官至中书令的马周,也曾发出过这样的浩叹:

---

[1]《文献通考》卷47《职官考一·官制总序》。
[2]《新唐书》卷49下《百官志四下·王府官》。

> 所恨资品妄高，不获历居此职。[1]

而宋代的东宫呢？据《宋史》卷162《职官志二》的记载加以统计，其官吏不过44种，并且有的"不常设"，有的"以他官兼"，有的"官存而无职司"。一言以蔽之，宋代"东宫官不常置"[2]。据《朱子语类》卷112《论官》记载，对于唐、宋两代东宫官的差别，朱熹做过较为具体的比较。照他看来，唐代的状况是：

> 《唐六典》载太子东宫官制甚详，如一小朝廷。置詹事以统众务，则犹朝廷之尚书省也。置左右二春坊以领众局，则犹朝廷之中书门下省也。左右春坊又皆设官，又各帅其属之意。崇文馆犹朝廷之馆阁，赞善大夫犹朝廷之谏议大夫。其官职一视朝廷而为之降杀。

宋代的情形则是：

> 今之东宫官属极苟简。左右春坊，旧制选贤德者为之，今遂用武弁之小有才者，其次惟有讲读数员而已。如赞善大夫诸官，又但为阶官，非实有职业。神宗以《唐六典》改官制，乃有疏略处，如东宫官属之不备是也。

---

[1] 刘昫等：《旧唐书》卷189上《儒学传上·敬播传》。
[2] 《文献通考》卷47《职官考一·官制总序》。

鉴于唐代东宫"如一小朝廷",而宋代东宫官属又如此"不备",朱熹"欲复太子官属如唐之旧"[1]。其实,早在朱熹之前,就有人提出类似建议。如嘉祐八年(1063),知谏院司马光在《乞令皇子伴读提举左右人札子》中,请求"多置皇子官属,博选天下有学行之士充之",并且认为"此诚国家之首务,圣哲之远图"[2]。然而朝廷对于这类建议,一般不予理睬。

宋代"皇子官属"何以如此"苟简"而不加以扩充?关键在于以加强集权、突出皇权为基本国策的宋代最高位统治者绝不允许亲王"置官法度与天子等",绝不允许东宫"如一小朝廷"。如果说前代曾经赋予皇子"蕃屏王室"的职能,那么宋代的亲王乃至太子则"不责以事权"。宋太宗说:

> 藩邸之设,止奉朝请。

可谓一语破的。与此类似的说法,反复见于宋代史籍:

> 大抵太子之职在于问安视膳而已。[3]
> 太子、诸王惟以讲经、读史为事,他无预焉。

---

[1]《朱子语类》卷136《历代三》。
[2]《司马文正公集》卷26《乞令皇子伴读提举左右人札子》。
[3] 王十朋:《梅溪集·奏议》卷3《除太子詹事上殿札子(第一首)》。

甚至不许亲王、太子参与议论时政,"若使议论时政,则是对子议父,古人谓之无礼"[1]。可见,亲王、太子的职能在宋代已由"蕃屏王室"转换为"问安视膳"。

正如宋人王十朋所说:太子"抚军监国,皆非得已事也"[2]。北宋在天禧末年,南宋在淳熙末年,尽管出于特殊缘故,决定由太子监国,但仍然遭到某些士大夫的反对。天禧末年太子监国是因为宋真宗病重,宰相丁谓反对这一非常之举,理由是:

> 即日上体平,朝廷何以处此?[3]

淳熙末年太子监国是由于宋孝宗要为其养父宋高宗行三年之丧,当时人陈亮支持太子监国,他上疏说:

> 东宫居曰监国,行曰抚军。陛下何不于此时命东宫为抚军大将军,使之尽护诸将,置长史、司马以专其劳?此肃宗命广平王之故事也。[4]

唐肃宗当年先任命其长子广平郡王李俶(后来的唐代宗)为天下兵马元帅,后来又叫他监国,但结果造成了李俶与其弟

---

[1]《历代名臣奏议》卷73《储嗣》"宋孝宗时林栗上疏"。
[2]《梅溪集·奏议》卷3《除太子詹事上殿札子(第一首)》。
[3]《长编》卷96天禧四年十一月庚午。
[4] 刘时举:《续宋编年资治通鉴》卷10淳熙十五年八月。

弟越王李系等兵戎相见、骨肉相残。或许与这一历史教训有关，人们大多把太子监国视为非分之举，而太子本人则有逼宫、篡位之嫌。因此宋孝宗"出此非常之举，诏下之日，国人大惊，中外相顾，讹言繁兴，不可禁止"[1]。太子侍读杨万里在上疏宋孝宗反对太子监国之后，又上书太子：

> 民无二主，国无二君。今陛下在上，而又置参决，是国有二君也。自古未有国二而不危者……唐太宗使太子承乾监国，旋以罪废。国朝天禧亦尝行之，若非寇准、王曾，几生大变。盖君父在上而太子监国，此古人不幸之事，非令典也。[2]

并且强调：

> 一履危机，悔之何及！与其悔之而无及，孰若辞之而不居乎？某愿殿下三辞五辞、十辞百辞而必不居也。[3]

太子读过上书，不禁"悚然"[4]。在宋孝宗的坚持下，太子监国以后，左谕德尤袤又劝告他：

---

[1] 杨万里:《诚斋集》卷62《上寿皇论东宫参决书》。
[2] 罗大经:《鹤林玉露》甲编卷6《太子参决》。
[3] 《诚斋集》卷62《上皇太子书》。
[4] 《宋史》卷433《儒林传三·杨万里传》。

>储副之位,止于侍膳问安,不交外事。抚军监国,自汉至今,多出权宜,事权不一,动有触碍。乞俟祔庙之后,便行恳辞,以彰殿下之令德。[1]

从中不难看出,抚军监国在宋代并非太子的正常职能,这对太子本人来说也是一件"动有触碍"的危险事。问题的要害在于"民无二主,国无二君",在皇权增强的宋代,太子绝对不能与"天子等"。

五 宗室法与常人法

在宋代,不仅宗室担任实职受到种种限制,而且朝廷要求他们遵守法律。北宋初期,宋太宗对儿子说:

>国家典宪,我不敢私![2]

后来,宋仁宗也强调:

>虽然宗室,可废国法乎?

他在皇祐五年(1053)九月,下诏规定:

---

[1]《宋史全文》卷27下淳熙十五年正月乙己。奉新死者之神主祭于祖庙,称祔祭。祭毕,仍奉神主还家,至大样(死后两周年),始入庙。
[2]《长编》卷26雍熙二年九月庚戌。

> 宗室犯奸私、不孝、赃罪，若法至除名勒停者，并不得叙用，仍永不许归宫。所犯不至除名勒停者，并临时取旨。

宋英宗声称："法禁当自贵始。"宋徽宗在政和六年（1116）九月手诏：

> 宗室犯罪，不以亲疏，有无官爵，罪犯轻重，从来循例，与常人同法。[1]

宗室犯罪"与常人同法"，宋代最高统治者的这类言辞不可尽信，具有较大的欺骗性。宗室在法律上享有特权，其主要表现有二。

一是审判程序特殊。宗室犯罪一般不是由司法机构或地方政府，而是由大宗正司或外宗正司审理。宋代宗室管理的机构有宗正寺和大宗正司。大宗正司虽然是在景祐三年（1036）七月才建立的，但其职权大于宗正寺。据《宋史》卷164《职官志四》记载，大宗正司的主要职责之一便是负责处理宗室的违法行为：

> 受其词讼而纠正其愆违，有罪则先劾以闻。法例不能决者，同上殿取裁。

---

[1]《宋会要》帝系4之9、17，5之28。

从"先劾以闻""上殿取裁"等语可以看出，大宗正司只有建议权而无决断权，决断权属于皇帝。西京（治今河南洛阳）、南京（治今河南商丘）外宗正司设置于崇宁元年（1102）十一月，简称西外、南外。南宋初年，几经转徙，西外迁至福州，南外迁至泉州。从绍兴三年（1133）到乾道七年（1171），南宋朝廷设立的绍兴府大宗正行司，其性质也属于外宗正司。外宗正司作为大宗正司的分支机构，处理宗室的违法行为是其职责之一，在南宋时期还要承担拘管违法宗室的责任。当时，"宗室作过"常常"押送外（宗正）司拘管"[1]。

二是往往从轻发落。如绍兴十七年（1147）二月，赵伯广"殴打百姓至死"，按照宋代的法律，"斗殴杀人者绞，以刃及故杀人者斩"[2]。但是由于他是宗室，便法外开恩，仅仅被处以"除名勒停，送宗正司拘管"。又如绍兴二十九年（1159）六月，赵公彉"令百姓殴人至死"，也因为他是宗室，便"特贷命"，只是被"押送大宗正司，庭训讫，拘管"[3]而已。由于重罪轻惩，宗室肆无忌惮，"椎牛酤酒，窝藏窃盗"，无所不为，甚至"群聚杀人"。难怪士大夫上疏请求朝廷：

---

[1]　编者佚名：《名公书判清明集》卷11《人品门·宗室》。
[2]　《宋刑统》卷21《斗讼律·斗殴故殴故杀》。
[3]　《宋会要》帝系6之19、30。

聚众杀人,则当重置于罪,不可以皇族而贷也。[1]

然而宗室犯罪"与常人同法",宋代最高统治者的这类言辞又不能简单地视为纯粹在骗人。宗室如果违法,同常人一样,要受到惩处,虽然轻重不同。如宋太宗时,开封尹、许王赵元僖遭到御史中丞弹劾,他愤愤不平,向其父皇告御状:

臣天子儿,以犯中丞故被鞫,愿赐宽宥。

宋太宗严厉地回答道:

此朝廷仪制,孰敢违之!朕若有过,臣下尚加纠摘。汝为开封尹,可不奉法邪?

这并不是空话,结果赵元僖被"论罚如式"[2]。在宋代的现实生活中,宗室因违法而受到惩处的事例俯拾即是。有被贬职的,如大中祥符八年(1015),荣王赵元俨的住所发生火灾,以致延烧殿庭,他的哥哥宋真宗将他降为端王。有被罚铜的,如皇祐四年(1052),循州刺史赵世清"以病马私易官马,计赃绢十六匹",他的叔祖宋仁宗亲自决定,"罚铜

---

[1]《系年要录》卷11建炎元年十二月甲子。
[2]《长编》卷29端拱元年闰五月丙申。

四十斤"[1]。有被罢官的，如庆历五年（1045），温州团练使赵从说"坐射杀亲事官"，被处以"削官爵，幽之别宅"，后"自到死"[2]。有被延期升迁的，如治平四年（1067），知大宗正事赵宗旦因其妻沈氏身着当时法律所禁的"销金衣，入禁中"，不仅"坐罚金"，而且"展磨勘二年"。有被长期监禁的，如池州团练使赵宗说"治平中坐内乱除名""囚（开封）新城外"，达二十余年，直至其死。有被从重发落的，如熙宁元年（1068），贵州防御使赵宗悫"借钱物不还""法止赎铜"，宋神宗决定给予降职处分。有儿子犯罪，父亲受罚的，如元丰六年（1083），知大宗正司、江夏郡王赵宗惠的儿子赵仲奚犯法，他上疏宋神宗，自责"有失教训，乞罢宗正司，居家待罪"，结果被惩以"赎铜二十斤"[3]。

尤其值得注意的是，宋代的宗室有个不同于常人之处，即按照宗室法，他们的行动受到某些常人所没有的特殊限制。如果说"宗室不得与内臣之家为亲"[4]、"宗室毋与胥吏通姻"[5]这类规定还不十分要紧，那么尚书右仆射蔡京在宋徽宗时所说：

---

[1]《宋会要》帝系4之9。
[2]《宋史》卷244《宗室传一·燕王德昭传》。
[3]《宋会要》帝系4之17、28、19，5之5。
[4]《长编》卷414元祐三年九月庚申。
[5]《续宋编年资治通鉴》卷14嘉定六年二月乙未。

> 宗室旧来在宫有出入之限，有不许外交之禁。[1]

这两项限制就相当重要了。下面分别略做介绍。

先说出入之限。宗室有不得擅自外出的规定，宋神宗的堂兄弟赵仲晊、赵仲全在熙宁元年（1068）便因"擅出外宅"而受到惩处。熙宁二年（1069）以后，宗室疏属虽然可以在外居住，但仍有一定的限制。宋神宗在熙宁十年（1077）六月下诏规定：

> 宗室非换官者，出入往还约束，并依在宫法，仍不得于街市下马。如出新城外，虽不经宿，亦禀大宗正司。

至于宗室近亲，限制更严。因此，蔡王赵似在崇宁三年（1104）二月，"私出宫门，步历廛市，与宗室相见饮食"，遭到士大夫的控告。宋徽宗看在赵似是其弟弟，年纪又小，决定"更不根治"，但将其左右人等"付有司推究"[2]。可见，宗室特别是宗室近亲被局限于狭窄的小天地里。不仅如此，即使在小天地也不允许他们成为自作威福的"小皇帝"。朝廷设置的宾客、翊善、王友一类的东宫官、王府官，其职责便是训导，对太子、亲王有一定的管教权。按照规定，"皇

---

[1]《宋朝事实》卷8《玉牒》。
[2]《宋会要》帝系4之18、31，2之17。

太子礼宾客如师傅"[1]；王友会见亲王，亲王应当答拜。不少东宫官、王府官对太子、亲王的要求相当严格。如宋太宗之子、兖王赵元杰"尝作假山，所费甚广"，人们"皆褒叹其美"，而翊善姚坦却说：

> 但见血山耳，安得假山？

赵元杰"惊问其故"，姚坦的回答是：

> 此假山皆民租税所为，非血山而何？

岂止于此，赵元杰"每有过失"，姚坦"未尝不尽言规正"，以致赵元杰"不喜"，装病不奉朝请。当宋太宗得知赵元杰的病因是姚坦约束较严而"不得自便"，顿时勃然大怒：

> 今王不能用规谏，而又诈疾！欲使朕逐去正人以自便，何可得也！

他还下令将赵元杰"杖之数十"[2]。又如宋孝宗在做普安郡王时，由于"好鞠戏"，以致"读书凡二三百遍，更念不得"。其养父宋高宗"甚以为忧"，因此"夜来睡不得"。他选择

---

[1]《长编》卷92天禧二年八月壬子。
[2]《宋朝事实类苑》卷2《祖宗圣训·太宗皇帝》。

"端厚静重"的著作佐郎陈俊卿兼任王府教授,以"辅导之"。陈俊卿"讲经辄寓规戒,正色特立"。在陈俊卿等人的严格要求下,宋孝宗改掉了坏毛病,进步很快。朱熹曾经赞叹,"孝宗小年极钝""后来却恁聪明"[1]。从中不难看出,东宫官、王府官对太子、亲王管教之严。

再说外交之禁。据李心传《系年要录》卷142记载,宋代有《宗室戚里不得出谒接见宾客条法》。北宋初期的情况是:

> 诸王邸散居都城,过从有禁,非朝谒从祠不得会见。[2]

宗室聚居之后,朝廷仍一再重申"不得出入接见宾客"。如宋高宗在绍兴三年(1133)四月下诏强调:

> 今后宗室南班官不许出谒及接见宾客,著为令。[3]

由于自宋初以来就有这一禁忌,因此卢多逊在太平兴国七年(982)被视为"不忠"并罢相的罪名是"交通秦王廷美"[4],而吕夷简在景祐二年(1035)一度被罢相的原因之一是"私

---

[1]《宋史》卷383《陈俊卿传》、《朱子语类》卷127《本朝一·孝宗朝》。
[2]《长编》卷117景祐二年九月己酉。
[3]《宋会要》帝系4之50、6之3。
[4]《宋史》卷264《卢多逊传》。

交荆王元俨"[1]。难怪宋仁宗在嘉祐年间向宰相韩琦询问宗室的情况时，韩琦的回答是：

> 宗室不接外人，臣等不知。[2]

宗室与统兵官交往，限制更为严格。据张端义《贵耳集》卷上记载：

> 祖宗典故，管军不受宗室书。

宋太宗的五世孙、嗣王赵仲御之子齐安郡王、判大宗正事赵士㒟在绍兴年间，就因触犯这一禁忌，受到颇为严厉的惩处。绍兴九年（1139）四月，他与岳飞在鄂州（治今湖北武昌）相识，并促膝恳谈。赵士㒟"数言事，忤秦桧"。绍兴十一年（1141）十一月，岳飞被诬下狱之后，他为岳飞大鸣不平：

> 中原未靖，祸及忠义，是忘二圣，不欲复中原也。臣以百口保飞无他。

秦桧"大怒"[3]，指使其爪牙上疏控告赵士㒟：

---

[1]《长编》卷116景祐二年二月庚辰。
[2]《欧阳文忠公集》卷119《奏事录·又三事》。
[3]《宋史》卷247《宗室传四·士㒟传》。

> 顷岳飞进兵于陈、蔡之间，乃密通书于士㒟，叙其悃愊，踪迹诡秘。（参知政事）范同顷为浙东宪，与士㒟通家往还。

结果，赵士㒟以"身为近属，在外则交结将帅，在内则交结执政"的罪名，被解除判大宗正司事的职务，贬往衢州（今属浙江）。次年三月，秦桧的党羽又上疏控告赵士㒟：

> 今居衢州，宾客日盈其门，谈论之间，无不诋讪时政，使陛下不许交通之旨，徒为虚文。

赵士㒟因此被押赴建州（治今福建建瓯）编管，直至死去。

赵士㒟之所以受到如此严厉的惩处，其重要原因在于所谓"窥伺国事""有不轨心"[1]。这里需要补充的是，宋代对宗室违法一般处理较轻，可是一旦涉及谋反，惩处相当严厉。因而熙宁年间，王永年与其岳父、宗室赵叔皮关系恶化，冤怨不解，其撒手锏便是控告赵叔皮声称"已有天命"，并"谋作乱"。要不是开封府判官吴几复"按验皆无状"[2]，赵叔皮早已呜呼哀哉。两宋之交，宗室赵叔向在京西地区组织义兵，抵御金军。稍后，有人"告叔向谋为乱"，宋高宗

---

[1]《系年要录》卷142绍兴十一年十一月丙午、卷144绍兴十二年三月辛亥。
[2]《涑水记闻》卷16。

立即命令提举御营使司一行事务刘光世"捕诛之"[1]。建炎二年（1128），宗室赵叔近被诬与叛兵通同作乱，御营前军统制张俊奉命带兵前往秀州（治今浙江省嘉兴市秀洲区），先"断其右臂"，赵叔近呼号："我宗室也！"士兵们斥责道：

> 汝既从逆，何云宗室？[2]

话音未落，赵叔近已人头落地。大概与惩处十分严厉有关，有的宗室"不以近属自居""执臣节愈恭"，有的"深自沉晦""阖门却绝人事"，甚至"谬语阳狂"[3]。他们不愿也不敢干预朝政。

总之，宋代的宗室既享有某些法律特权，又受到某些特殊限制。特别是宗室近亲，往往被局限在狭窄的小天地里，说他们被软禁或许言过其实，几乎与世隔绝则接近于事实。他们担任实职尚且受到种种限制，通常更是难以凌驾于宰相之上。宋代不存在"宗室内朝"是显而易见的。如果说唐代多次发生宗室之祸，关键在于太子、亲王大权在握，尤其是兵权在手，那么宋代的太子、亲王一般不掌握实权，特别是不管军，则是宋代大体无宗室之祸的一个相当重要的原因。

---

[1]《宋史》卷247《宗室传四·叔向传》。
[2]《挥麈录》三录卷2《赵叔近守秀州》。
[3]《宋史》卷244《宗室传一·秦王德芳传附秀王子偁传》、卷245《宗室传二·周王元俨传》。

第三节　宋代的公主和驸马

"宗女""宗妇""郡主""县主"等宗室妇女的名称散见于各种宋代史籍。以上两节所述，限于男性宗室，下面说说女性宗室。在女性宗室中，公主地位最高、最有代表性，其资料又较集中。鉴于其他宗室妇女资料较分散，本节仅以公主为例。宋代公主很少插手朝政，是个颇为引人注目的政治历史现象，但话还得从公主的封号和名称的变化说起。

一　帝姬——公主的另一称呼

宋代"皇女称公主，姊妹称长公主，诸姑称大长公主"[1]。皇帝照例要授予公主封号。在初封时，封号大多选用美名，像福康、寿康、庆寿、宝寿之类。到进封时，封号改用郡国名，如秦国、陈国、荆国、魏国等等。这些封号仅仅表示荣誉，并无实际权力意义，公主同她们的"封地"没有任何关系。皇帝的姑母与姑祖尽管都称大长公主，但是其封号通常又有一国与两国之分。如宋太宗的女儿燕国长公主是宋仁宗的姑母，宋仁宗即位后进封燕国大长公主；宋英宗的

---

[1]　吴曾：《能改斋漫录》卷12《记事·公主称》。

女儿楚国大长公主是宋哲宗的姑祖,宋哲宗即位后加封韩、魏国大长公主。

帝王的女儿,西周时期称王姬,战国以后叫公主。王姬的称呼,与西周王朝的姓氏有关。至于战国以后为什么叫公主,有两种不同的说法。一种说法是来自秦国旧俗,北宋人刘攽持此说:

> 公主之称,本出秦旧,男为公子,女为公主。古者大夫妻称主,故以公配之。[1]

另一种说法是主为主婚之意,天子嫁女由公即同姓诸侯主婚。此说来源于《春秋公羊传》庄公元年:

> 天子嫁女于诸侯,必使诸侯同姓者主之。诸侯嫁女于大夫,必使大夫同姓者主之。

宋高宗时曾任尚书左丞的叶梦得持此说:

> 帝女谓之公主,盖婚礼必称主人,天子不可与群臣敌,故以同姓诸侯主之。主者,言主婚尔……自六朝后,诸王之女皆封县主;隋以后,又有称郡主者。自是遂循以为故事,则主非主婚之名,盖尊之。[2]

---

[1] 陈耀文:《天中记》卷12《公主》。
[2] 叶梦得:《石林燕语》卷5。

宋神宗在熙宁初年,打算更改公主名称,可是"当时群臣不克奉承"。宋徽宗在政和三年(1113年)闰四月,遵照先父遗意,颁布《改公主名称御笔手诏》:

> 稽考前王,周称王姬,见于诗雅。姬虽同姓,法古立制,宜莫如周。今帝天下,而以主封臣,可改公主为帝姬、郡主为宗姬、县主为族姬。仍以美名二字易其国号,内两国者以四字。[1]

唐宋时期,郡主是太子之女的称呼,而县主则是亲王之女的名称。这道手诏一下,公主、长公主、大长公主一律改称帝姬、长帝姬、大长帝姬。宋高宗即位以后,不少大臣认为,公主改称帝姬既"无据",又"有妨嫌"。在他们看来,就姓氏来说,宋朝皇族"非姬姓也,不可以为称"。就含义来说,"姬乃姬侍之姬,此尤不可者。岂有至尊之女而下称姬侍乎"?就避讳来说,"主字不当避忌"。"凡是主字一切除去,是以民间有无主之说。"就谐音来说,"姬者饥也,亦用度不足之谶",很不吉利。他们上疏宋高宗,请求"改正,依祖宗故事"[2]。建炎元年(1127)六月,宋高宗接受大臣建议,下诏"复帝姬为公主"[3]。此后终南宋一代,公主的称呼无更改。

---

[1]《宋大诏令集》卷40《皇女五·杂诏》。
[2]《宋会要》帝系8之1。
[3]《系年要录》卷6建炎元年六月甲子。

交代了公主的封号和名称的变化之后，进入本节主题，将话题转向政治。

二 公主在政治上贵而不骄

尽人皆知，封建时代男尊女卑，妇女是受压迫、被蹂躏的卑贱者。但公主与普通妇女不能同日而语，她们由于有个做皇上的"好"爸爸，成为权势大、气焰盛的高贵者。这些金枝玉叶不仅在生活上骄奢淫逸，而且在重男轻女的封建社会里炙手可热，使男事女；在夫主妻从的封建家庭内，有恃无恐，以妻制夫。尽管早就有人从歧视妇女的封建道德观念出发，对这一社会现象，不断地予以斥责："以阴乘阳违天，以妇陵夫违人。""违乾坤之道，失阳唱之义。"[1]可是，斥责无济于事，现实无法改变。历代公主的骄横实在是中国封建时代的一大社会痼疾，唐代的公主更是以放纵不羁、不守礼法著称。

对于唐代公主的骄横及其父皇的纵容，宋太宗很鄙视。他在雍熙元年（984）二月，告诉宰相：

> 前代以来，皇子娶妇，皇女出降，固自有典礼，乃为奢僭，岂所宜也。唐太平公主置邑司，备官属；咸通、同昌恩泽隆厚，不可胜言；懿宗惑于邪说，穷奢极

---

[1] 范晔：《后汉书》卷62《荀爽荀悦传》。

侈；皆朕所鄙而不取者。当令礼官博士参酌奢俭之宜，著为永制，以示后世。[1]

宋太宗虽然是北宋的第二位皇帝，但在宋代基本国策形成过程中所起作用不亚于宋太祖。他关于限制公主权势、抑止公主骄奢的旨意，对于有宋一代，影响相当深刻。嘉祐年间，知谏院司马光向宋仁宗进谏：

陛下教子以义，宜以太宗皇帝为法。[2]

他把朝廷对待公主的基本方针概括为八个字："导之以德，约之以礼。"司马光认为对她们一要加强教育："朝夕教谕，纳诸善道。"二要加以约束："有恃恩任意，非法邀求，当少加裁抑，不可尽从。"[3]或许与这一方针得到贯彻有关，宋代的公主同唐代相比，骄横程度有所降低。

唐代某些最高统治者尽管要求公主"无鄙夫家，无忤时事"，但在当时妇女参政成风的历史大背景下[4]，公主大多不能遵行，相反某些公主还表现出极其强烈的权势欲。如唐高宗的女儿太平公主做过一场"女皇梦"，唐中宗的女儿安乐公主提出过"请为皇太女"的要求：

---

[1]《宋会要》帝系8之8。
[2]《司马文正公集》卷21《正家札子》。
[3]《司马文正公集》卷21《论公主宅内臣状》。
[4] 关于唐代妇女参政的情况和原因，请参看高世瑜：《唐代妇女》。

> 阿武子尚为天子，天子女有不可乎？[1]

所谓"阿武子"是对其祖母武则天的贱称。而宋代的"天子女"大多"志向冲淡"[2]，谁也没有如此"雄"心，她们基本上做到了"无忏时事"。岂止"无忏"而已，根本不能议论。宋代对于太子、亲王有这样一条要求："不当议论时政。"如果敢于议论，便是子议其父，忘德犯分，罪莫大焉。这条要求同样适用于公主。

公主"无忏时事"，为什么在唐代是句空话，在宋代变为现实？关键在于限制公主权势的制度，唐代不具体，宋代较严密。宋代公主的权势受到限制，其主要表现有以下四点。

第一，不开府，无邑司。宋太宗说：

> 唐太平公主置邑司，备官属。

其实，唐代并不限于太平公主一人。早在唐代开国期间，唐高祖的女儿平阳公主就曾经"置幕府"，并指挥着一支颇负盛名的"娘子军"。圣历年间，太平、长宁、安乐三位公主都曾经拥有军队。"神龙复辟"以后，"公主皆开府，置官属，视亲王"。唐中宗神龙二年（706），颁布敕令：

---

[1]《新唐书》卷83《诸帝公主传》。本节以下引文凡出自此传者不再一一注明。
[2]《宋史》卷248《公主传》。本节以下引文凡出自此传者不再一一注明。

> 公主府设官属,镇国太平公主仪比亲王,长宁、安乐唯不置长史,余并同亲王。宜城、新都、安定、金城等公主非皇后生,官员减半。

上节已经说过,唐代的亲王府按照编制,官吏多达66种、1040人。公主府不仅"仪比亲王",即使"官员减半",机构仍然庞大。景龙四年(710),虽然"停公主府",可是"依旧邑司",并且太平公主府不在"总停"之列[1]。直到唐代后期,公主邑司仍然有权行文。大中五年(851)八月,唐宣宗降敕:

> 今后公主除缘征封外,不得令邑司行文书,牒府县。[2]

可见,终有唐一代,公主邑司始终存在。什么叫邑司?元代学者胡三省有解释:

> 唐公主有邑司令、丞,掌其主家财货出入、田园征封之事。[3]

据《唐六典》卷29记载,公主邑司按照编制,不仅有令、丞,而且有录事、史、主簿、谒者、舍人、家吏,设置各级各类官吏19人。

---

[1]《文献通考》卷258《帝系考九·公主》。
[2] 王溥:《唐会要》卷6《公主杂录》。
[3]《资治通鉴》卷210景云二年九月庚辰"胡注"。

在宋代，宋太宗关于不许"公主置邑司、备官属"的旨意是兑现了的。马端临明确指出：

> （宋代）公主无邑司。[1]

既然已无邑司，更是不准开府，只能称宅，其编制比唐代缩小。宋人孙逢吉《职官分纪》卷32《公主邑司官》称：

> 国朝公主宅，惟置中使一人管勾。

大概是由于兖国公主系宋仁宗最宠爱的长女，兖国公主宅虽然不能同唐代的太平公主府相比，可是大大超过了当时的法定编制。嘉祐五年（1060）十月，台谏官纷纷上疏弹劾："主第内臣数多，且有不自谨者。"宋仁宗虽然"不欲深究其罪"，但兖国公主宅的10名官吏全部被贬逐。宋仁宗下诏"省员更制"：

> 自今勿置都监，别选内臣四十以上，三班院使臣五十以上无私罪者二人在宅勾当，内臣年五十以下二人为入位祗候，并不得与驸马都尉接坐。[2]

兖国公主宅的官吏由10名减少到4名。此后，公主宅的正常

---

[1]《文献通考》卷47《职官考一·官制总序》。
[2]《长编》卷192嘉祐五年十月庚申。

编制又有所缩减,因而孙逢吉才有"公主宅惟置中使一人管勾"之说。还应当指出,管勾公主宅的并不是公主的家臣,其职责是接受皇帝委托,管教约束公主。

第二,无官员任命权。唐代公主甚至有权任命官员。神龙年间,唐中宗的女儿宜城、长宁、安乐三位公主的"斜封官"便特别冗滥。所谓"斜封官","皆出屠贩,纳赀售官,降墨敕斜封授之"。其中,安乐公主由于受贿卖官,以致"侯王柄臣多出其门"。太平公主在唐玄宗即位之初,更是"时宰相七人,五出主门下""宰相皆其党"。

宋代公主不但无权任命官员,即使她们为自己的丈夫或子孙请求加官晋爵,也不免碰壁。宋真宗曾经对近臣说:

> 皇诸亲为族姻求恩,多过有希翼。朕念群臣戮力尽瘁,或远在边防,久历岁月,非功状显著,未尝进一资一级。此若尽遂其请,甚紊公道。[1]

咸平六年(1003),宋太祖的女儿秦国公主向堂弟宋真宗,为她的儿子王世隆"求正刺史",宋真宗断然予以拒绝:

> 正刺史系朝廷公议,不可![2]

大臣们称赞宋真宗:

---

[1]《宋会要》帝系8之23。
[2]《宋朝事实》卷8《玉牒》。

> 陛下推公御人,不以亲疏为异。[1]

绍兴四年（1134），宋哲宗的女儿吴国长公主向堂弟宋高宗，为丈夫潘正夫"乞除开府"，宋高宗照样"不许"。绍兴八年（1138）六月，吴国长公主再次入宫向宋高宗提起此事，宋高宗的回答是：

> 官爵岂可私许人，须与大臣商量。况今日多事，未暇及此。

宰相赵鼎赞许宋高宗公私分明：

> 陛下行家人礼于宫中，所以待长公主之礼，虽盛暑不废。至于官爵，则不以私予。此帝王之公也。[2]

绍兴九年（1139）十一月，赵鼎罢相后，潘正夫被授予开府仪同三司。此职为从一品寄禄官，简称开府，无实权。但给事中刘一止认为，这项任命"废祖宗之法，启侥幸于后人"。他上疏说：

> 上行法则下知所从，上废法则下亦莫之守矣。

---

[1]《宋会要》帝系8之23。
[2]《系年要录》卷120绍兴八年六月丙寅。

第一章 宋代宗室与政治 / 115

宋高宗连忙下诏声明潘正夫系宋哲宗近亲，情况特殊，宣布"后人不得援例"。宋仁宗的女儿秦鲁国大长公主到宋高宗时，已经是"行尊年高"，硕果仅存了。她作为曾祖姑，向侄曾孙宋高宗，为孙子钱端礼求官，宋高宗只得降指挥，授予钱端礼直秘阁。大臣们认为钱端礼"未有劳效，非所当得，传之四方，必有讥议"，向宋高宗提出了"乞赐追寝，以塞舆议"的建议。绍兴八年十二月，宋高宗又不得不下诏：钱端礼"除职指挥，更不施行"。可见，即使皇帝打算格外开恩，授予公主亲属官职，也会遇到障碍。因此，宋代出现了某些"公主之后未有显者"[1]的现象。

第三，无法外权利。唐代公主往往擅作威福。神龙年间，安乐公主"尝作诏"，请求其父皇唐中宗"署可"，唐中宗居然"笑从之"。景云年间，太平公主更是豪横到了这般地步：

> 朝廷大政事非关决不下，间不朝则宰相就第咨判，天子殆画可而已。

公主竟凌驾于宰相之上，称之为"公主内朝"，一点也不过分。

宋代公主不能像唐代那样胆大妄为。景德年间，宋太祖的女儿郑国长公主"肩舆之出，民有犯其前导者，即捕笞之"。宋真宗对其堂姐如此胡作非为，非常不满。他说：

---

[1]《宋会要》帝系8之34、22、12。

> 朕顷在东宫,有犯第,委之府县,未尝辄自笞掠。

宋真宗规定"自今如此类,未得决罚",并责成有关部门"严行禁约"[1]。大约同时,宋太祖的女儿晋国长公主声称其家"仆夫盗财",要求"特加重罪"。宋真宗的回答是:

> 有司自有常法,岂肯以卿故,乱天下法也。

晋国长公主"又请于私第决罚",宋真宗"亦不许"[2]。总之,宋朝统治者要求公主"贵而不骄",他们强调:

> 法者天下公器,若屡违诏令,虽天子之子亦不得而私![3]

可见,宋代公主要想在法定权利之外,谋取法外特权,是相当困难的。

第四,行动受束约。唐代公主往往交结大臣。神龙年间,宜城、长宁、安乐三位公主大权在握,以致"赇谒纷纷",与三教九流往还频繁。先天年间,太平公主更是"连结将相,专谋异计"[4],通过交结大臣,企图称兵作乱。

---

[1]《宋会要》帝系8之7。
[2]《宋朝事实类苑》卷3《祖宗圣训·真宗皇帝》。
[3]《司马文正公集》卷21《正家札子》。
[4]《旧唐书》卷183《太平公主传》。

宋代公主"家有宾客之禁，无由与士人相亲闻"，很难同大臣勾结起来窃弄权柄。公主及其配偶接见宾客，必须经过特许。如嘉祐年间，兖国公主的驸马李玮要求与宾客往还，宋仁宗要他"具凡所接宾客以闻"；绍兴年间，吴国长公主的驸马潘正夫要求与宾客见面，宋高宗特许他"至所居州军，与知通州官相见一次"。公主及其配偶违犯宾客之禁，通常要受到惩处。如元丰二年（1079），蜀国长公主的驸马王诜因"交结苏轼""与轼宴饮"[1]，被贬官。

宋代公主行动受约束，宾客之禁只是重要表现之一。此外，还有：公主外出，所过州县，"不得过有骚扰""不得伪冒支请官物，如违，计赃重作施行"[2]，等等。

三 驸马极少出任要职

探究公主的权势，不能不涉及驸马。按照唐代的制度，驸马作为公主的配偶，"皆除三品员外官，而不任以职事"[3]。可是，驸马"不任以职事"的制度在唐代执行得不太严格。如唐顺宗女汉阳公主的驸马郭鏦特拜右金吾将军，其理由是：

---

[1]《宋会要》帝系8之49、32、51。
[2]《宋会要》帝系8之32。
[3]《资治通鉴》卷214开元二十三年七月。

> 宰相荐其才，不当以外戚废。[1]

更有甚者，唐宣宗女广德公主的驸马于琮、唐懿宗女同昌公主的驸马韦保衡出任同平章事，成为"驸马宰相"。

宋代有"国朝故事主婿未尝居职"[2]之说，制度与唐代基本相同，但执行得比唐代严格。如宋太祖的女儿许国长公主的驸马魏咸信在大中祥符七年（1014），上表宋真宗"乞任用"，宋真宗加以拒绝，并对宰相向敏中说：

> 咸信联荣戚里，位居节制，复何望耶？[3]

右正言陈瓘在元符三年（1100）八月上疏对此予以肯定：

> 本朝矫唐之弊，驸马无有任权要者。[4]

同时应当看到，岂止驸马，宋代对一切宗室女婿的官职问题都有所照顾。据洪迈《容斋随笔》三笔卷16《郡县主婿官》记载，宋代有条规定：

---

[1]《新唐书》卷137《郭子仪传》。
[2]《宋史》卷250《王审琦传附王师约传》。
[3]《宋史》卷249《魏仁浦传附魏咸信传》。
[4] 陈瓘：《上徽宗乞罢王师约枢密都承旨》，见《诸臣奏议》卷35《帝系门·外戚下》。

> 宗室袒免亲女出嫁，如婿系白身人，得文解者为将仕郎，否则承节、承信郎，妻虽死，夫为官如故。

将仕郎为文散官，属从九品下阶。承节郎原名三班奉职，承信郎原名三班借职，均为从九品武阶官。洪迈指出："妻虽死"而"夫为官如故""恩厚于唐世多矣"。当然也有限制，如元祐六年（1091）五月规定：

> 娶宗室女得官者，毋过朝请大夫、皇城使。[1]

朝请大夫为寄禄官，属从六品；皇城使为武官阶，属正七品。当时人把这类官职叫作"裙带头官"。赵升《朝野类要》卷3《入仕·西官》称：

> 亲王南班之婿，号曰西官，即所谓郡马也，俗谓裙带头官。

至于驸马授官，宋代的制度是：

> 驸马都尉选尚公主、长公主，并除小将军，下降日，除刺史；选尚大长公主，即除大将军，下降日，除团练使。[2]

---

[1]《宋史》卷17《哲宗本纪一》。
[2]《宋会要》帝系8之53。

小将军、刺史、大将军、团练使，均为武官阶或环卫官，同上述裙带头官一样，是些并无实权的虚衔。但驸马的升迁一般要比武臣迅速，南宋人王栐《燕翼诒谋录》卷4称：

> 国朝武臣，正任十年一迁官。熙宁八年，特诏驸马都尉七年一迁官，仍著于令，非独示优，亦所以杜其非理干请也。元丰六年二月癸未，诏吏部七年磨勘，更不取旨。

规定大致如此，下面说一下宋代驸马担任官职的实际状况。宋代的公主共88人，包括宋太祖的妹妹秦国大长公主，她的父亲赵弘殷北宋建立后被尊为皇帝，史称宋宣祖。在宋代的公主中，因早死或出家而未婚者共58人，已婚者30人。现将这30位公主的驸马的主要任职状况列表如下（表1-4）。有3点需要说明：一是秦国大长公主在北宋开国以前初嫁米德福，宋徽宗女荣德帝姬在被金军俘获北去以后再嫁习古国王[1]，表中将这两件事略去；二是公主封号往往多次变动，

---

[1] 此说依据《宋史》卷248《公主传》："荣德帝姬至燕京，驸马曹晟卒，改适习古国王。"崔文印先生认为"《宋史》所云没有根据"（《靖康稗史笺证》前言，中华书局1988年版，第20页）。他力主荣德帝姬被迫再嫁的后夫不是习古国王，而是金朝鲁国王完颜昌，本名达兰，又作挞懒或达赉。完颜昌因谋反被诛后，荣德帝姬没入宫中，侍候金熙宗，封为夫人。其主要依据是野史《靖康稗史笺证》卷7《宋俘记》："金奴入达赉寨，天眷二年没入宫。"并注云："皇统二年封夫人"（第275页）。崔先生指出，所谓"金奴"系荣德帝姬的名字。同书卷3《开封府状》称："荣德帝姬二十五岁，即金奴"（第98页）。

表中以《宋史》卷248《公主传》的传主称号为准,并注明其初封号;三是驸马照例被授予不少不太重要的虚衔,表中把这些虚衔省掉。

表1-4 宋代附马担任官职一览表

公主父	公主封号	初封号	驸马	驸马主要任职状况				主要资料来源
				是否官至使相	是否出任地方官	是否担任军职	是否曾任枢密院官员	
宋宣祖	秦国大长公主	燕国	高怀德	官至节度使兼侍中	否	拜殿前副都点检,充关南副都部署	否	《宋史》卷250《高怀德传》
宋太祖	魏国大长公主	昭庆	王承衍	否	曾知大名	曾任都部署	否	《宋史》卷250《王审琦传附王承衍传》
	鲁国大长公主	延庆	石保吉	官至节度使同平章事	曾知河阳	曾任都部署	否	《宋史》卷250《石守信传附石保吉传》
	陈国大长公主	永庆	魏咸信	官至节度使同平章事	曾知澶、曹等州	曾任都部署	否	《宋史》卷249《魏仁浦传附魏咸信传》
宋太宗	徐国大长公主	蔡国	吴元扆	否	曾知郓、潞、澶等州	领泽、潞等7州军戎事	否	《宋史》卷257《吴廷祚传附吴元扆传》

续表

公主父	公主封号	初封号	驸马	驸马主要任职状况				主要资料来源
				是否官至使相	是否出任地方官	是否担任军职	是否曾任枢密院官员	
宋太宗	扬国大长公主	宣慈	柴宗庆	官至节度使同平章事	曾知澶、陕等州	否	否	《宋史》卷463《外戚传上·柴宗庆传》
	雍国大长公主	贤懿	王贻永	官至节度使兼侍中	曾知单、澶、定等州	否	累官枢密使	《宋史》卷464《外戚传中·王贻永传》
	荆、冀大长公主	万寿	李遵勖	否	曾知许州	否	否	《宋史》卷464《外戚传中·李遵勖传》
宋仁宗	周、陈国大长公主	福康	李玮	否	曾知卫州	否	否	《宋史》卷464《外戚传中·李用和传附李玮传》
	秦、鲁国大长公主	庆寿	钱景臻	否	否	否	否	
	兖国大长公主	永寿	曹诗	否	否	否	否	

续表

公主父	公主封号	初封号	驸马	驸马主要任职状况				主要资料来源
				是否官至使相	是否出任地方官	是否担任军职	是否曾任枢密院官员	
宋仁宗	燕、舒国大长公主	宝寿	郭献卿	否	否	否	否	
	魏、楚国大长公主	德宁	王师约	否	否	否	曾任枢密都承旨	《宋史》卷250《王审琦传附王师约传》
宋英宗	魏国大长公主	宝安	王诜	否	否	否	否	
	韩、魏国大长公主	寿康	张敦礼	否	否	否	否	
宋神宗	唐国长公主	淑寿	韩嘉彦	否	否	否	否	
	潭国长公主	康国	王遇	否	否	否	否	
	徐国长公主	庆国	潘意	否	否	否	否	

续表

公主父	公主封号	初封号	驸马	驸马主要任职状况				主要资料来源
				是否官至使相	是否出任地方官	是否担任军职	是否曾任枢密院官员	
宋哲宗	陈国公主	德康	石端礼	否	否	否	否	
	秦国长公主	康懿	潘正夫	官至开府	否	否	否	《宋会要》帝系8之34
宋徽宗	嘉德帝姬	德庆	曾夤	否	否	否	否	
	荣德帝姬	永庆	曹晟	否	否	否	否	
	安德帝姬	淑庆	宋邦光	否	否	否	否	
	茂德帝姬	延庆	蔡鞗	否	否	否	否	
	崇德帝姬	和庆	曹湜	否	否	否	否	
	成德帝姬	昌福	向子房	否	否	否	否	
	洵德帝姬	衍福	田丕	否	否	否	否	

第一章 宋代宗室与政治 / 125

续表

公主父	公主封号	初封号	驸马	驸马主要任职状况				主要资料来源
				是否官至使相	是否出任地方官	是否担任军职	是否曾任枢密院官员	
宋徽宗	显德帝姬	显福	刘文彦	否	否	否	否	
宋徽宗	顺德帝姬	顺福	向子扆	否	否	否	否	
宋理宗	周、汉国公主	瑞国	杨镇	否	否	曾任提举	否	《宋史》卷47《瀛国公本纪附二王本纪》

表中显示的状况，有四点值得注意。

一是朝廷不肯轻易授予驸马使相。此职虽属虚衔，但毕竟号称武臣之极。如天圣四年（1026）正月，柴宗庆"求为使相"，宰相王曾当即反对：

> 先朝石保吉、魏咸信皆历行阵有劳，晚年方除使相。且将相之任，岂容私请？

宋仁宗表示赞成并指示王曾：

> 卿等可召宗庆谕之。[1]

---

[1]《长编》卷104天圣四年正月甲辰。

柴宗庆官拜使相，是此后的事。在宋代的30位驸马中，官至使相者仅6人，只占驸马总数的20%。

二是朝廷对驸马出任地方官掌握比较紧。如大中祥符四年（1011）七月，柴宗庆提出这一请求，遭到宋真宗拒绝：

> 宗庆未尝更事，岂堪此选！[1]

在宋代的30位驸马中，曾出任地方官者仅8人，只占驸马总数的26.7%。驸马出任地方官，皇帝往往不放心。如大中祥符年间，王贻永知单州（今属山东），宋真宗一再告诫：

> 和众静治，卿所当先。[2]

驸马出任地方官常常并非全权负责。如柴宗庆在康定元年（1040）十一月出判济州（治今山东巨野），宋仁宗同时又"令京东转运使选通判一员以佐之"[3]。

三是朝廷对驸马担任军职掌握得更严。高怀德、杨镇担任军职分别是在北宋开国之初和南宋灭亡之时，并不典型。除此2人而外，担任军职者仅4人，在28位驸马中，只占14.3%。何况王承衍、石保吉、魏咸信在雍熙三年

---

[1]《长编》卷76大中祥符四年七月己丑。
[2]《宋史》卷464《外戚传中·王贻永传》。
[3]《长编》卷129康定元年十一月戊午。

(986)冬天,出任都部署,是一项应急措施。辽军在当年五月、十一月,一败宋将曹彬于歧沟关,再败刘廷让于君子馆,宋军"亡死者前后数万人""皆无复斗志"[1]。于是,宋太宗"悉命诸主婿镇要地"[2]。这在很大程度上是为了虚张声势。

四是朝廷对驸马出任枢密院官员在原则上加以禁止。其原因在于枢密院作为最高军事机关,权位太显赫。终有宋一代,仅2人而已,只占驸马总数的6.7%。王贻永在康定元年(1040)任同知枢密院事,以后又升任枢密使,有两个理由。首先,他在咸平六年(1003)与雍国大长公主结婚,公主第二年即景德元年(1004)便死去。按照当时的惯例:

> 驸马都尉宅,主薨,例皆复纳入官。[3]

王贻永是否另娶[4],虽不可考,但他早已照例将所赐第宅归还朝廷。因此,当时人说:

> 贻永名为帝婿,实已疏外。

---

[1]《长编》卷28雍熙四年正月丙戌。
[2]《宋史》卷249《魏仁浦传附魏咸信传》。
[3]《石林燕语》卷3。
[4] 高承:《事物纪原》卷9《主改适》称:"宋朝之公主薨,其夫亦不得复娶也。"

其次，王贻永"后三十年，乃历边任"[1]，并且功绩显著。尽管如此，由于宋代"外姻未有辅政者"，他生怕有人议论，其表现为：

> 在枢密仅十五年，常远权利，归第则杜门谢宾客，人服其谦静。[2]

并且主动请求卸任。宋仁宗终于在至和元年（1054）三月接受了他的请求。至于王师约在元符三年（1100）出任枢密都承旨，此职虽非枢密院长官，但负责传达皇帝命令并管理枢密院内部事务，仍然相当重要。当时尽管魏、楚国长公主早已在元丰八年（1085）死去，但王师约未曾照例归还赐第。右正言陈瓘抓住这个把柄，上奏朝廷：

> 师约赐第犹存而未历边任，岂可用贻永之例！[3]

王师约"未几复罢"[4]。

此外还应当指出，与唐代不同，驸马宰相在宋代简直不

---

[1]《历代名臣奏议》卷141《用人》。
[2] 徐自明：《宋宰辅编年录》卷5至和元年三月己巳"王贻永罢枢密使"。
[3] 陈瓘：《上徽宗乞罢王师约枢密都承旨》，见《诸臣奏议》卷35《帝系门·外戚下》。
[4]《宋史》卷250《王审琦传附王师约传》。

可想象，连驸马参知政事也没有一位。直到今天仍有这样一句俗话："皇帝女儿不愁嫁。"其实在历史上，未必如此。宋英宗说：

> 近世士人，乃畏尚主。[1]

读书人居然不愿意娶公主，将来政治前途受影响或许是个重要原因。而公主权势之所以有限，其关键之一在于驸马担任实职特别是要职受到种种限制。他们究竟有哪些官职不能担任，留待第三章《宋代外戚与政治》里再进一步讨论。

四 公主在家庭内恪守"妇道"

下面将探究的范围从政治生活扩展到家庭生活。封建时代，驸马娶公主，不叫娶，而称"尚"。这个"尚"字意味着公主作为所谓金枝玉叶，她们与驸马尽管是夫妻，但其地位高于驸马。公主在丈夫家中是个特殊人物，甚至凌驾于公婆之上。唐代某些最高统治者虽然要求公主"无鄙夫家"，但唐代"公主多骄纵"，往往依恃其"高贵"的血统，不把夫家乃至公婆放在眼里。在她们当中，像唐宪宗的女儿岐阳公主那样"事舅姑以礼闻"、像唐宣宗的女儿广德公主那

---

[1]《宋朝事实》卷8《公主》。

样"事于氏（其婆家）宗亲尊卑无不如礼"[1]者，实在少见。宋代某些最高统治者要求公主"宜修妇道"，公主通常谨守遵循。所谓妇道，只要读一下宋元时期的著名族规《郑氏规范》，便一目了然。其主要含义是妇女"必须安详恭敬，奉舅姑以孝，事丈夫以礼，待姊姒以和"。毋庸置疑，这属于歧视妇女的封建礼教。宋代公主在这个方面，不同于唐代公主之处，主要有两点。

第一，向公婆下拜。唐代有这样一条"旧例"：

> 皇姬下嫁，舅姑反拜而妇不答。

所谓舅姑，即公婆。唐太宗的女儿南平公主曾拜公婆，这在唐代实属凤毛麟角，史籍大书特书，完全可以理解。但说"自是公主下降，有舅姑者皆备礼"[2]，则不是事实。唐高宗在永徽元年（650）正月、唐德宗在建中元年（780）九月、唐宣宗在大中四年（850）二月，不断要求公主对公婆执妇礼，但公主不拜公婆的现象始终禁而不止。

北宋前期，沿袭前朝旧制，实行"选尚者降其父为兄弟行"的制度。于是，出现了驸马柴宗庆、王贻永、李遵勖等以祖为父、以父为兄、以母为嫂一类怪现象。宋神宗刚即位就在他的妹妹陈国长公主出嫁王师约时，决定改变这一"乱

---

[1]《资治通鉴》卷252咸通十三年五月甲申。
[2]《唐会要》卷6《公主杂录》。

昭穆之序，废长幼之节"的做法，下诏"令陈国长公主行舅姑之礼，王师约更不升行"。他在《公主行舅姑之礼诏》中说：

> 尚帝女者辄皆升行……义甚无谓。朕常念此，寤寐不平。岂可以富贵之故，屈人伦之序也。可诏有司革之，以厉风俗。[1]

后来，宋徽宗称赞宋神宗的这一决策是"贻谋后世"的"甚盛之举"，并在当时颁行的《政和五礼新仪》中加以吸取，"著为永法，通行天下"[2]。

这里应当指出，即使在宋神宗以前，实行"尚帝女辄皆升行"制度期间，公主并非全然不拜公婆。如宋真宗时，李遵勖做了宋太宗的女儿随国长公主的驸马，即以其父李继昌为兄，但随国长公主"因继昌生日，以舅礼谒之"，向他拜寿，并得到宋真宗支持。公主不仅拜驸马之父，而且拜驸马之兄。如吴元载只是宋太宗的女儿蔡国公主的驸马吴元㨗的哥哥，宋太宗在端拱元年（988）"令公主拜之"。宋神宗废除"尚帝女者辄皆升行"制度以后，公主必拜公婆。史称：

> 公主见舅姑之礼，自此始。

此后，宋徽宗强调："行法自近始。"重和元年（1118）十一

---

[1]《宋大诏令集》卷40《皇女五·杂诏》。
[2]《宋会要》帝系8之40。

月,他在女儿茂德帝姬出嫁时,令其"依《新仪》,见舅姑,行盥馈之礼"。所谓盥馈,系儿媳服侍公婆进餐的仪式。宋徽宗发现帝姬出嫁时,"舅姑亦不端坐""反有下拜之礼",立即下诏,斥责"其失祖考本意",要求帝姬"恪遵《新仪》"[1]。

宋代公主"奉舅姑以孝",并不仅仅限于下拜、盥馈一类仪式,而且见于行动。如宋神宗的女儿徐国长公主不仅"事姑修妇道",而且"夫党数千百人,宾接皆尽礼"。宋英宗的女儿蜀国长公主在这方面的表现,更是"闻者惊叹,诸家传之,以为法式"。公公死后,婆婆守寡,她"日至榻下,自和汤剂以进"[2]。

第二,为驸马居丧。按照中国古代的丧服制度,妻子必须为丈夫服斩衰3年,丈夫只需为妻子服齐衰1年。唐、宋法律规定:

> 居父母及夫丧而嫁者,徒三年。[3]

这些都明显地表现了封建家庭夫妻不平等,以男性为中心。不过,唐代公主通常并不认真为驸马居丧,安乐公主甚至居丧改嫁。史称其夫"武崇训死,主素与武延秀乱,即嫁之"。但是,安乐公主非但没有受到惩罚,而且婚事大操大办,唐

---

[1]《宋会要》帝系8之8、26、40、41。
[2]《宋会要》帝系8之28。
[3]《唐律疏议》、《宋刑统》卷13《户婚·居丧嫁娶》。

中宗、韦皇后亲自前往庆贺。相反，公主死后，驸马居丧，必须超过丧服制度的通常规定，服斩衰3年。开成年间，户部侍郎李珏指出：

> 驸马为公主服斩衰三年，所以士族之家不愿为国戚者，半为此也。[1]

不仅如此，公主平时在家庭内的地位高于驸马，驸马无非是公主的附属品。驸马对公主事之不恭，要吃官司。如唐太宗的女儿新城公主突然死去，唐高宗不问青红皂白，以"遇主不以礼"的罪名，将其驸马韦正矩处死。难怪唐代有句谚语：

> 娶妇得公主，无事取官府。[2]

足见，唐代的公主之家与普通家庭相反，不以男性而以女性为中心。

与唐代公主不同，宋代公主一般要为驸马居丧。如宋太宗的女儿冀国大长公主为其驸马李遵勖居丧，并超过了丧服制度的规定。她在居丧期间，"衰麻未尝去身"；服除以后，"不复御华丽"。宋仁宗"亲为簪花"，她婉言拒绝："自誓不复为此久矣。"不仅如此，驸马平时在家庭内的地位并不比

---

[1]《旧唐书》卷147《杜佑传附杜悰传》。
[2]《资治通鉴》卷202开耀元年七月。

公主低。如李遵勖生前就对冀国大长公主多所冒犯，而"公主为性至善，未尝言其失"[1]。直到嘉祐年间，知谏院司马光还对她极尽赞美之词：

> 献穆公主仁孝谦恭，有如寒族，奉李氏宗亲，备尽妇道，爱重其夫，无妒忌之行。至今天下称妇德者，以献穆公主为首……公主事夫以礼，宜以献穆公主为法。[2]

献穆是冀国大长公主死后的谥号。宋仁宗的女儿兖国公主的驸马李玮"与主不协"，李玮的母亲又"忤主意"[3]，以致夫妻关系紧张。虽然李玮因此被贬职，但兖国公主也被降封。宋仁宗在降封制书中，责备兖国公主"不能安谐于厥家，则何以观示于流俗"[4]。宋神宗的女儿燕国长公主的驸马韩嘉彦"于公主有亏，礼不逊"[5]，宋哲宗打算罢黜韩嘉彦。吏部侍郎彭汝砺上疏反对：

> 今嘉彦以不能下长公主而废，是妇得以胜其夫矣。妇得以胜其夫，是子可以胜父，臣可以胜君。[6]

---

[1]《宋会要》帝系8之48。
[2]《司马文正公集》卷21《正家札子》。
[3]《宋史》卷464《外戚传中·李用和传附李玮传》。
[4]《涑水记闻》卷8。
[5]《宋会要》帝系8之54。
[6] 彭汝砺：《上哲宗论罢黜韩嘉彦》，见《诸臣奏议》卷33《帝系门·公主》。

其出发点显然是陈腐的封建纲常观念,但韩嘉彦的驸马地位却因此得以保持。可见,宋代的公主之家与普通家庭相似,大体以男性为中心。

与公主相比,郡主、县主、宗女等女性宗室则又等而下之。广平郡公赵德彝是赵廷美之子,鉴于其女婿郭中和"家族颇众",他向其堂兄宋真宗提出请求,为其女儿"别置一第"。宋真宗"不许",其理由是:

> 中和有父母,若从其请,则妇事舅姑之礼阙矣。[1]

宋孝宗的孙女安康郡主在淳熙十年(1183)出嫁殿前司前军统领罗忠信之子罗良臣,宋孝宗当即叮嘱罗忠信及其夫人白氏:

> 安康郡主凡百宜执妇道,不可惯纵。所有晨昏安省之礼,候得旨挥方免。若旦望节序,并从常礼,务成肃雍之德。倘若违此,别有诫训。[2]

总之,宋代最高统治者要求一切女性宗室"宜执妇道,不可惯纵"。

---

[1]《长编》卷72大中祥符二年九月壬申。
[2]《中兴两朝圣政》卷60淳熙十年十月甲午。

五　公主在生活上比较节俭

唐、宋两代同历朝历代一样,公主的待遇相当优厚。唐代公主的食实封"视正一品"[1],超过宰相。至于太平公主,在唐睿宗时,食封户多达1万户,大大突破规定。在宋代,岂止公主,所有女性宗室几乎都无官而有俸。洪迈《容斋随笔》三笔卷14《夫人宗女请受》称:

> 宗妇封郡国夫人,宗女封郡县主,皆有月俸钱米,春冬绢绵,其数甚多。

至于公主,其"月俸百五十千,遇恩庆稍增至二百千,至道中复益至三百千",同宰相、枢密使相等。明道以后,又规定:

> 大长公主俸,月至千缗。

朝廷有时还额外追加,如崇宁初年,宋仁宗的女儿秦、魏国大长公主"月给外,更增两百千"[2]。宗女出嫁,据时子游讲,朝廷给嫁资七千五百缗。公主则不止此数,洪迈说:

> 嫁一公主,至费七十万缗。

---

[1]《文献通考》卷258《帝系考九·公主》。
[2]《宋会要》帝系8之1。

公主出嫁时，达官显贵争相送礼。周密《癸辛杂识》续集卷上《公主添房》记述了宋理宗的女儿周、汉国公主出嫁时的情形。不过，宋代公主同唐代公主相比，在生活上存在着某些差异。其主要表现有二。

第一，生活较俭节。宋太宗谴责唐懿宗的女儿同昌公主"穷奢极欲"。岂止同昌公主一人，唐代公主大多生活奢侈。如唐高祖的女儿长广公主"豪侈自肆"；唐高宗的女儿太平公主"天下珍滋谲怪充于家，供帐声伎与天子等"；唐中宗的女儿长宁公主的府第"崇台蜚观相联属，无虑费二十万"；安乐公主"第成，禁藏空殚"。至于同昌公主，无论礼婚还是葬礼，均极尽奢侈之能事。她出丧那天的情况是：

> 帝与妃坐延兴门，哭以过柩，仗卫弥数十里，冶金为俑，怪宝千计实墓中，与乳保同葬。

墓中居然有人殉。

与唐代公主不同，宋代公主一般较节俭。一次，宋太祖见到他的女儿永庆公主穿了一件"贴绣铺翠襦"，当即加以制止：

> 汝当以此与我，自今勿复饰此。

永庆公主"惭谢"[1]。此后，如宋仁宗的女儿兖国大长公主

---

[1]《罗豫章集》卷1《遵尧录一·太祖》，"永庆公主"原作"魏国大长公主"，据梁天锡：《遵尧录史事疏证》改。梁文见《宋史研究集》第13辑。

"性俭节，于池台苑囿一无所增饰"；宋神宗的女儿徐国长公主"服玩不为纷华"。至于冀国大长公主，不仅平时"不复御华丽"，而且在临终前留下遗嘱：

> 柩中无藏金玉，时衣数袭而已。

第二，作风较严谨。在唐代的130位已婚公主当中，二嫁者27人，三嫁者3人，改嫁率高达23%[1]。这固然可以作为唐代公主贞节观念不重的正面材料，但又不可一概而论。如安乐公主在其前夫武崇训生前，即与其后夫武延秀私通，便不属于贞节观念问题，而是作风淫荡。在唐代的公主中，作风淫荡者不乏其人。如唐高祖的儿子齐王李元吉的女婿杨豫之"居母丧，与（高祖女）永嘉公主淫乱，为主婿窦奉节所擒"[2]；唐太宗的女儿合浦公主不仅与僧人辩机有苟且行为，而且和尚智勖、惠弘，道士李晃"皆私侍主"；唐肃宗的女儿郜国公主与萧鼎、韦恪、李万、李升等官员关系暧昧，他们"出入主第，秽声流闻"[3]；唐顺宗的女儿襄阳公主的男宠有薛枢、薛浑、李元本等，薛浑为公主所"尤爱"，公主"谒浑母如姑"。这些淫荡的公主对付驸马的办法是"多与金，使不得发"。

---

[1] 据王寿南：《唐代公主之婚姻》，见1982年台北第一届历史与中国社会变迁（中国社会史）研讨会论文。此文承蒙张国刚教授提供。
[2] 《旧唐书》卷62《杨师道传》。
[3] 《旧唐书》卷125《萧复传》。

在宋代的30名已婚公主当中，再嫁者仅2人，改嫁率不到7%。一个是宋太祖的妹妹燕国长公主，丈夫米福德死后，在北宋开国之初，再嫁高怀德；另一个是宋徽宗的女儿荣德帝姬，被金军俘获北去，在驸马曹晟死后，再嫁习古国王。这固然可以作为宋代公主贞节观念颇重的反面材料，但同时又应当看到她们大多作风较严谨。在《宋史》卷248《公主传》中，无公主行为淫荡的记载。相反，在宋代的驸马中出了些浪荡子。如宋仁宗的女儿鲁国大长公主的驸马曹诗"帏薄不谨"，以致公主"悒悒成疾"；宋神宗的女儿温国长公主的驸马韩嘉彦"擅宿私家"[1]。更有甚者，宋英宗的女儿蜀国长公主的驸马王诜"至与妾奸主旁，妾数抵戾主"，公主居然逆来顺受，史称：

> 主性不妒忌，王诜以是自恣。

与作风淫荡的唐代公主相比，"性不妒忌"的蜀国大长公主显然走上了另外一个极端。

需要说明的是，本节的主旨不在于对唐、宋两代的公主做道德评价。仅就生活而言，唐代公主颇奢侈，宋代公主较节俭，后者优于前者，自不待言。全于其他方面，则几乎无是非优劣可言。如唐代公主之家以女性为中心，固然是公主骄横的反映，但宋代公主之家以男性为中心，又是男尊女卑

---

[1]《宋会要》帝系8之52、54。

的表现。唐代公主作风淫荡，固然应当受到谴责，但宋代公主"性不妒忌"，也丝毫不足称道。"不妒"作为司马光所提倡的"为人妻者，其德者六"[1]之一，分明是欺压妇女的封建礼教。宋代公主照此修身养性，只能表明她们中毒太深。唐代公主"恣横不法""贵震当世"，固然是法外权利膨胀的恶果；但宋代公主"志向冲淡""贵而不骄"，又是封建皇权增强的象征。宋太祖有句名言：

> 卧榻之侧，岂容他人鼾睡！[2]

所谓"他人"，并不仅仅是指地方割据势力，而是泛指一切有可能权倾天下的人，甚至包括皇帝的子女。如果说唐代曾经出现过"公主内朝"，那么宋代显然没有。

---

[1] 司马光:《训子孙文》，见刘清之:《戒子通录》卷5。
[2]《长编》卷16开宝八年十一月辛未。

第二章 宋代后妃与政治

提起宋代的后妃，不禁使人想起宋太宗曾经对宰相说："朕之视妻子，如脱屣耳。"[1]这一歧视妇女的言论与俗话极其相似："兄弟如手足，妻妾如衣服。"话虽如此，其实在封建时代，夫妻关系通常要比兄弟关系更亲密。后妃作为帝王的妻妾，一旦干预外朝政事，其影响力之大，绝非普通宗室乃至亲王、太子可比，往往酿成所谓"女祸"。需要说明的是，封建史家从男尊女卑的封建思想和皇朝正统的封建观念出发，将后妃动辄干预朝政以及女性所引起的政治祸患称为"女祸"。这个概念实不足取，因无适当词语可替代，姑且借用。为了防止"女祸"，历代统治者采取不少措施严防。如魏文帝曹丕黄初三年（222）九月下诏：

> 自今以后，群臣不得奏事太后，后族之家不得当辅政之任，又不得横受茅土之爵。以此诏传后世，若有背违，天下共诛之。[2]

---

[1]《罗豫章集》卷2《遵尧录二·太宗》。
[2] 陈寿：《三国志》卷2《魏书二·文帝纪》。

又如南朝宋武帝刘裕永初三年（422）五月颁布禁令：

> 后世若有幼主，朝事一委宰相，母后不烦临朝。[1]

特别是北魏有一条从道武帝时起形成的陈规：

> 后宫产子，将为储贰，其母皆赐死。[2]

这种"立太子则先杀其母"的极端做法，目的在于"以防母后预政"[3]。然而所有这些措施均收效甚微，历代几乎都有所谓"女祸"发生。值得注意的是，长期以来，人们反复称赞宋代后妃"仁贤"，没有"女祸"。对于这个说法，应当如何评论，是本章的重点。为了便于分析问题，先简单地介绍一下宋代的后宫制度。

---

[1] 沈约:《宋书》卷3《武帝本纪下》。
[2] 魏收:《魏书》卷13《皇后传》。
[3]《廿二史札记》卷14《保太后》。这一做法西汉时早已有之，据《汉书》卷97上《外戚传上》记载，汉惠帝张皇后无子，"取后宫美人子名之，杀其母，立所名子为太子"；汉武帝打算立赵婕妤之子刘弗陵为太子，"以其年稚母少，恐女主专恣乱国家，犹与久之"，结果在将赵婕妤处死之后，才把刘弗陵立为太子。不过这在西汉时只是临时措施，在北魏时成为惯例。

第一节　宋代的后宫制度

在历史上后宫规模庞大的时间不少,如晋武帝时"至于万人",隋炀帝时"离宫遍天下,所在皆置宫女"。至于唐玄宗时后宫之盛,每每见于唐代诗人笔下,如杜甫《剑器行》称:"先帝侍女八千人",白居易《长恨歌》云:"后宫佳丽三千人"。据估计,当时"宫嫔大率至四万"[1]。与上述情况不同,宋太祖时后宫规模较小。据《涑水记闻》卷1记载:

> 太祖时,宫人不满三百人,犹以为多,因久雨不止,故又出其数十人。

宋太宗后期,仍然是"内庭给使不过三百人,皆有掌执"。他向宰相表白:

> 必不学秦皇、汉武,作离宫别馆,取良家子以充其中,贻万代讥议。[2]

---

[1]《容斋随笔》五笔卷3《开元宫嫔》。
[2]《长编》卷34淳化四年七月庚戌。

此后，总的趋势是后宫逐渐膨胀。如宋真宗时，"侍史不过五百人"；宋仁宗时，"宫中贵姬至以千数"。因而庆历年间，知谏院孙沔惊呼：

> 宫人不减则用度不给。[1]

宋代后宫最盛之时，无疑是宋徽宗在位期间。宋钦宗即位后，一次"放减宫女凡六千余人"。可见宋徽宗时后宫人数之多，"当以万计矣"[2]。但与唐玄宗相比，宋徽宗可谓小巫见大巫。关于宋代的后宫制度，以下三点应当说说。

一 后宫等级森严

封建社会是"由各种社会地位构成的多级的阶梯"[3]，到处是公开的、赤裸裸的不平等。"宫掖之间，上下有序。"[4]后宫等级森严，酷似宫外的朝廷，犹如一级高于一级、一层压着一层的宝塔。"天子之与后，犹日之与

---

[1]《历代名臣奏议》卷194《戒佚欲》"宋仁宗时苏辙上奏"、卷74《内治》"庆历元年孙沔上奏"。
[2] 庄绰：《鸡肋编》卷下。
[3]《马克思恩格斯选集》第1卷第251页。
[4] 庞籍：《上仁宗乞序正宫掖》，见《诸臣奏议》卷29《帝系门·嫔御》。

月。"[1]皇后作为皇帝的正妻,她像宝塔的顶尖,凌驾于整个后宫之上。北宋人孙甫说:

> 所谓后者,正嫡也。其余皆犹婢尔,贵贱有等。[2]

司马光也说:

> 皇后敌体至尊,母仪四海,六宫之内,无与等夷。妃品秩虽贵,而皇后犹为女君。[3]

皇后之下,后宫女性分为两大等级。

第一大等级:有位号的妃嫔。她们虽然都是皇帝正式的妾媵,但等级之中又有等级,彼此地位并不相同。其位序大体如下:贵妃、淑妃、德妃、贤妃为正一品,淑仪、淑容、顺仪、顺容、婉仪、婉容为从一品,昭仪、昭容、昭媛、修仪、修容、修媛、充仪、充容、充媛为正二品,婕妤为正三品,美人为正四品,才人为正五品。[4]此外,宋真宗、宋仁宗分别在大中祥符二年(1009)、明道元年(1032)特置贵人、宸妃,其品阶不详,有关资料显示,前

---

[1]《历代名臣奏议》卷75《内治》"元符元年邹浩上奏"。
[2]《五朝名臣言行录》卷9之9《侍读孙公(甫)》。
[3]《司马文正公集》卷25《后妃封赠札子》。
[4] 据《宋会要》后妃4之1。

者等级比较低,后者地位相当高。

第二大等级:宫女女官。她们无位号,有职掌,对皇帝有妾媵的义务,无妃嫔的名分。宋高宗说她们"非是嫔御",而是"宫中管事人"。[1]其职掌各有分工。如宫正1人、司正2人"掌总知宫内格式、纠正推罚之事"[2]。所谓"格式",简单地说,即法规。其下属有典正、女史各4人。值得注意的是,宫中依照外朝尚书省,设立尚书内省,又称内尚书,其长官为司宫令或知尚书内省事。朱熹指出:

> 宫中有内尚书,主文字,文字皆过他处,天子亦颇礼之,或赐之坐,不系嫔御。亦掌印玺,多代御批。行出底文字,只到三省。[3]

尚书内省下设六尚二十四司,据《宋会要》后妃4《内职》,将其职掌与编制列表如下(表2-1):

---

[1]《容斋随笔》三笔卷15《内职命词》。
[2]《宋会要》后妃4之2。
[3]《朱子语类》卷128《本朝二·法制》。

表 2-1 宋代宫女女官职掌与编制

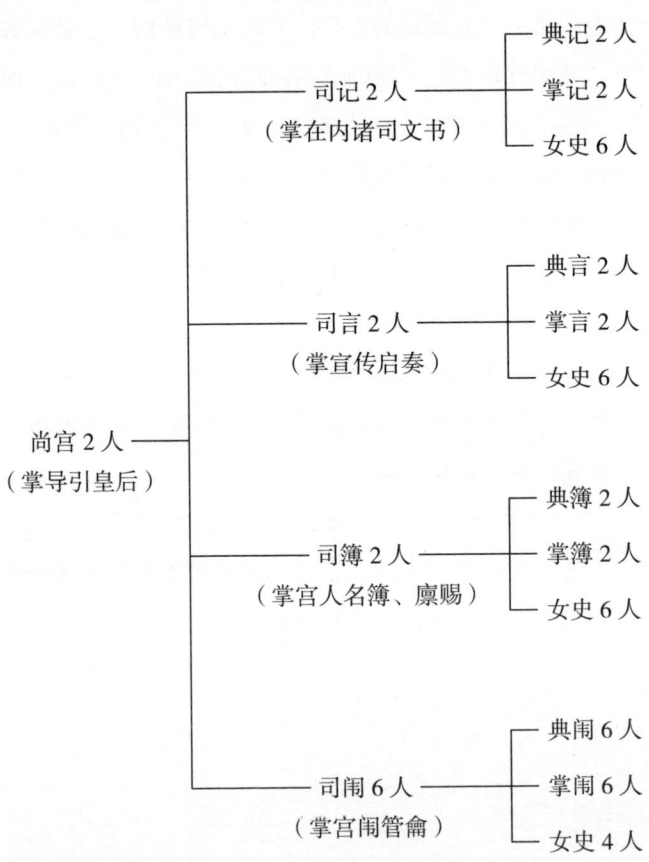

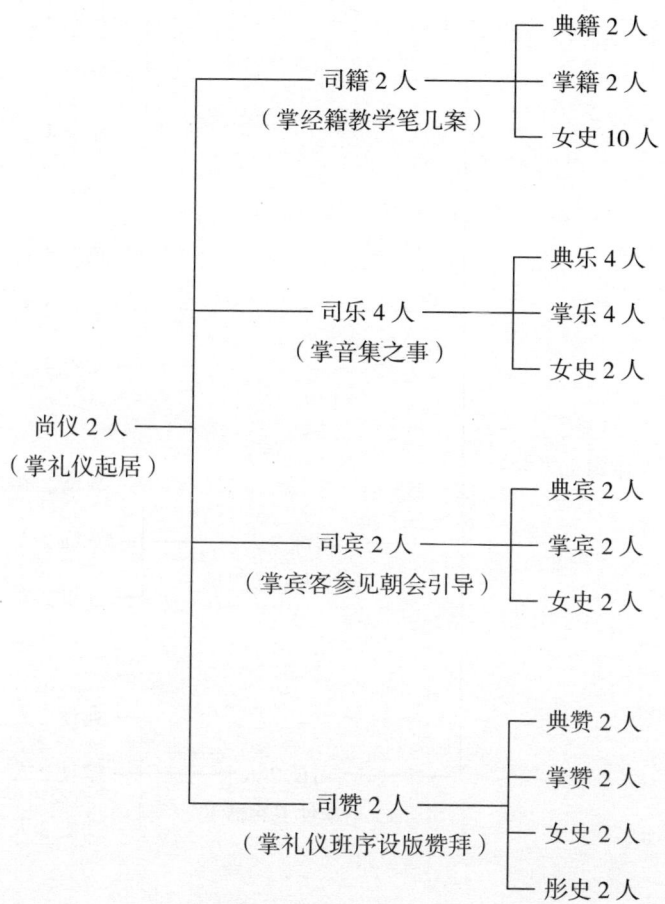

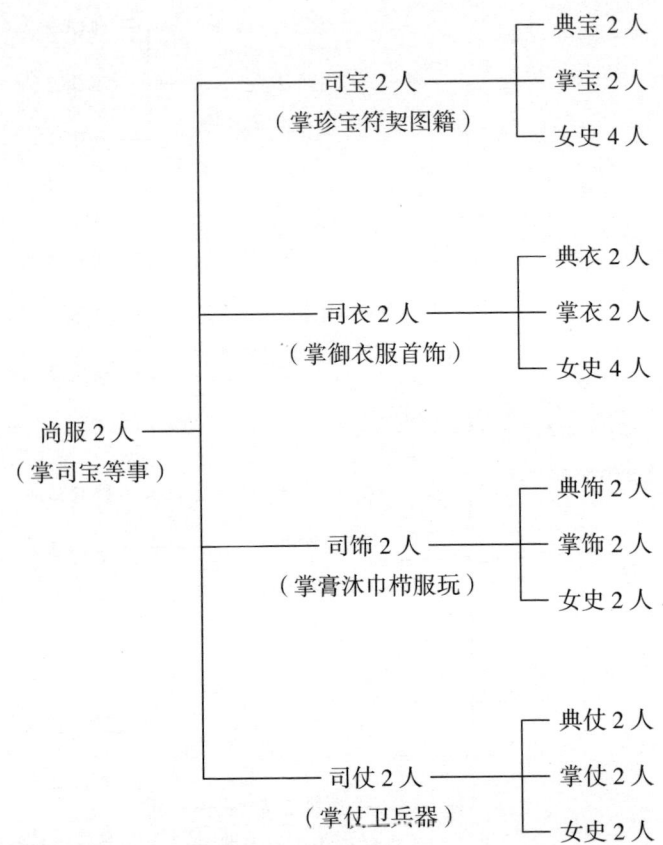

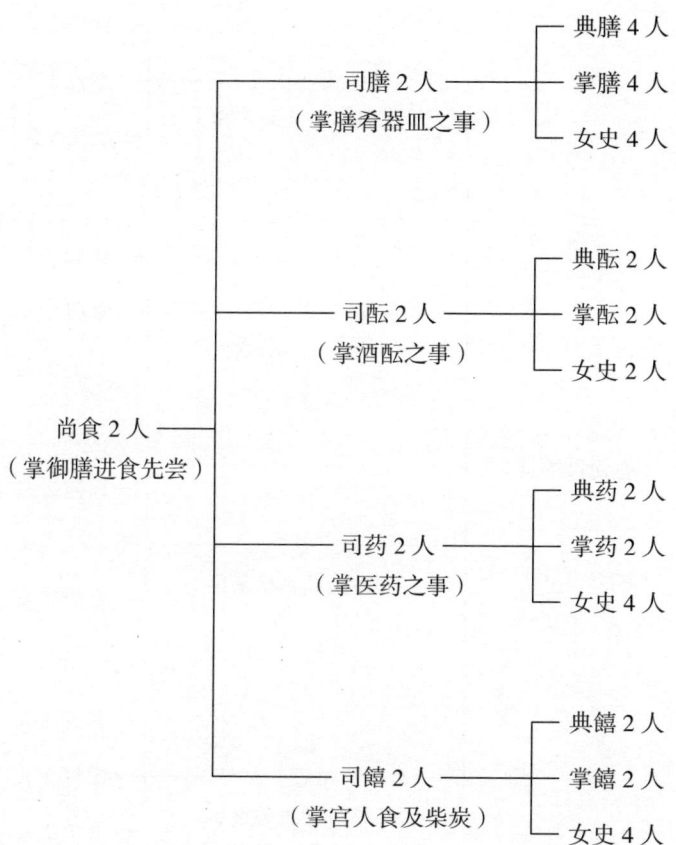

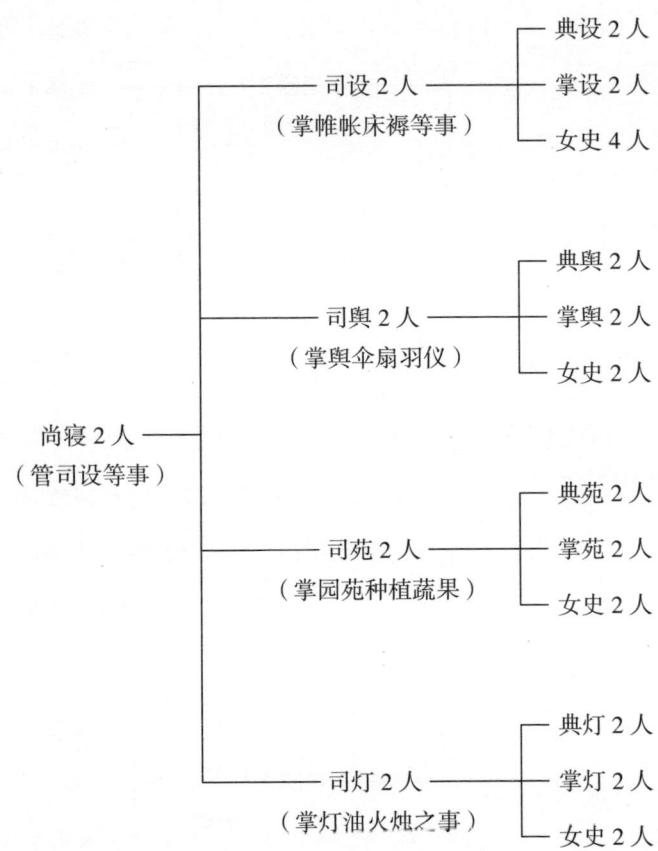

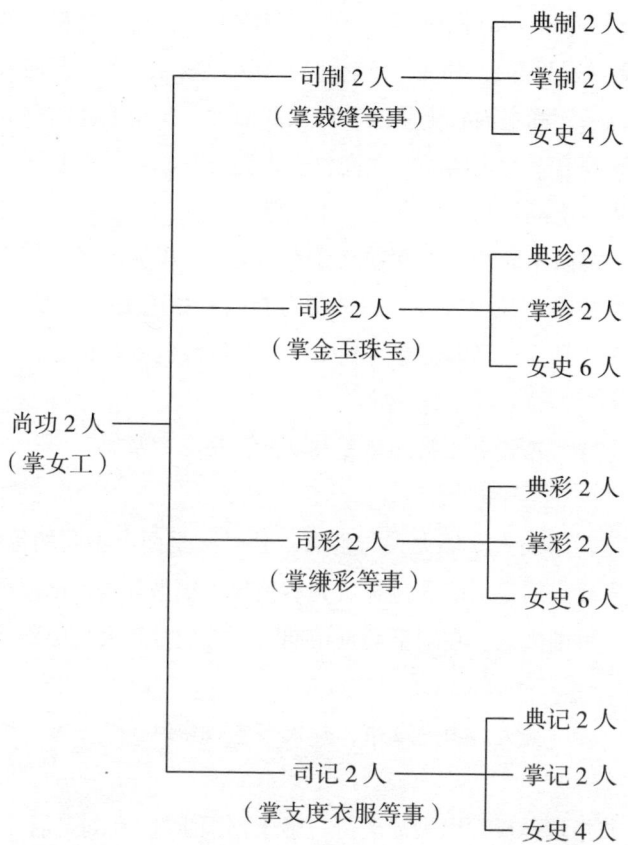

尚宫、尚仪、尚服、尚食、尚寝、尚功，合称六尚。宋徽宗在政和三年（1113）五月，将司宫令改称内宰，六尚改称六司，即司治（视吏部）、司教（视户部）、司仪（视礼部）、司政（视兵部）、司宪（视刑部）、司绩（视工部）[1]。南宋建立以后，尚书内省恢复政和以前的旧称。至于上述内职的品位，司宫令为正四品，六尚、宫正为正五品，二十四司、司正为正七品，二十四典、二十四掌为正八品，女史为流外勋品。品阶不同的宫人女官又分为两类：一类无封号，其中赐红紫裙帔者地位较高；另一类有封号，如国夫人、郡夫人、郡君、县君。马端临在讲到宋代后宫等级制度时指出：

> 凡宫中之制，郡夫人以上，始称"房院"。[2]

可见，国夫人、郡夫人与郡君、县君又是两个不同的等级。如宋真宗刘皇后的乳母林氏先后被封为福昌县君、南康郡夫人、晋国夫人。在刘皇后垂帘期间，她权势较大。史称：

> 皇太后内管政事，林氏预掌机密。

有人指责林氏"以太后乳母，多干预国事"。在刘皇后死后，

---

[1] 据《宋大诏令集》卷21《妃嫔一·内职·改定尚书内省职掌御笔》。可参看龚延明：《宋代的皇帝制度》，载《河南大学学报》1992年第1期。
[2] 《文献通考》卷256《帝系考七·后妃》。

她被"置之别院，出入伺察之"[1]。又如宋仁宗张贵妃的乳母贾氏被封为永嘉郡夫人，由于张贵妃深受宋仁宗宠爱，贾氏对朝政具有一定的影响力，"宫中谓之贾婆婆"，宰相贾昌朝"连结之"，将她认为"姑姑"[2]。当时的制度是：

> 内庭妇职迁叙，皆出中旨，至中书命词。

然而负责草拟命词的中书舍人一类的官员，对于宫人女官的年龄之类的情况无从得知。如绍兴年间，皇后阁中老管事人张氏被封为永嘉郡夫人，此人时年66岁，"年老多病"，而命词竟"称其容色"[3]，叫人啼笑皆非。

二 后妃出身复杂

说到宋代后妃的出身，首先应当指出，《宋史》卷242、243《后妃传》的记载不可尽信。如死后被追册为皇后、谥号为温成的宋仁宗张贵妃"其所出微"，并有这样一段经历：

> 后母卖后于齐国（后改封荆国）大长公主家，为歌

---

[1]《长编》卷98乾兴元年四月庚子、《宋史》卷464《外戚传中·李遵勖传》。
[2]《宋朝事实类苑》卷4《祖宗圣训·仁宗皇帝》。
[3]《容斋随笔》三笔卷15《内职命词》。

舞者。[1]

《宋史》本传则将此事回避，只说"妃幼无依"。又如宋徽宗郑皇后的父亲"郑绅贫无藉"[2]，《宋史》本传则称其"父绅，始为直省官"。至于宋真宗刘皇后，《宋史》本传称：

> 祖延庆，在晋、汉间为右骁卫大将军。父通，虎捷都指挥使、嘉州刺史。

尽管宋哲宗时官至翰林学士的邹浩相信刘皇后"钟英甲族"[3]，出身太原刘氏，然而这一记载十分可疑。其可疑之处有三：

一是刘美原名龚美，刘皇后入宫为美人之后，才将龚美这位银匠认作干哥哥，并且龚美改姓刘。他们两人原本是夫妻，有《长编》卷56的记载为证："刘氏始嫁蜀人龚美。"可是《宋史》卷463《外戚传上·刘美传》所载其祖父、父亲的名字和官职居然与刘皇后完全一致。

二是刘皇后竭力拉高官为同宗。她立为皇后以后，以美差为诱饵，通过宋真宗找权知开封府刘综攀谈：

---

[1]《涑水记闻》卷8。
[2]《贵耳集》卷中。
[3] 邹浩：《上哲宗乞追停贤妃刘氏册礼别选贤族》，见《诸臣奏议》卷28《帝系门·皇后下》。

> 卿与后宫近属,已拟卿差遣,当知否?

刘综莫名其妙:

> 臣本是河中府人,出于孤寒,不曾有亲戚在宫中。[1]

刘皇后与洛阳刘氏丝毫不相干,她垂帘之后,竟专门召见权发遣开封府刘烨并开门见山:

> 知卿名族,欲一见卿家谱,恐与吾同宗也。

刘烨连忙回答:"不敢。"几天后又"数问之",刘烨仍然"无以对"[2]。刘皇后这样做,无非是为了掩盖其身世。

三是刘皇后正位中宫,遭到某些大臣反对,其理由是"家世寒微"。参知政事赵安仁说:

> 刘德妃(刘皇后当时的位号)家世寒微,不如沈才人出于相门。[3]

沈才人尽管是宋初宰相沈伦的孙女,但这时"沈伦家破"[4]。

---

[1] 张舜民:《画墁录》。
[2] 《长编》卷103天圣三年四月。
[3] 《长编》卷78大中祥符五年九月戊子。
[4] 苏辙:《龙川别志》卷上。

刘皇后果真出自太原刘氏，刘氏、沈氏伯仲之间，赵安仁岂能如是语？无独有偶，翰林学士李迪以及王旦、向敏中、寇准等大臣也认为：

> 章献（刘皇后死后的谥号）起于寒微，不可母天下。[1]

对于这些非议，宋真宗置之不理，但是不予辩驳。这无异于默认刘皇后不是刘通之女。翰林学士杨亿拒不草拟立刘氏为皇后制，宋真宗埋怨：

> 杨亿真有气性，不通商量。

他通过参知政事丁谓转告杨亿：

> 大年（杨亿的表字）勉为此，不忧不富贵。

杨亿表示：

> 如此富贵，亦非所愿。

---

[1]《五朝名臣言行录》卷5之2《丞相李文定公（迪）》、卷4之2《丞相莱国寇忠愍公（准）》。

如果一定要他草制,必须"请三代"[1]。这简直是在抗议刘皇后伪造履历。很清楚,刘皇后不是太原刘氏之破落户,而是太原刘氏之假冒牌。

将《宋史·后妃传》里的这类回避、掩盖之处剔除,再把宋代后妃的出身同唐代加以比较,差别显而易见。因妃子人数较多,下面仅列表比较唐、宋两代皇后的家庭出身状况(表2-2)。由于礼聘入宫者与采选入宫者的出身往往差别较大,表中加以区分,以便反映实情。

表2-2 唐、宋两代皇后的家庭出身状况表

朝代	类别	皇后人数	出身于三品以上高级官僚家庭者		出身于五品以上中级官僚家庭者		出身于九品以上初级官僚家庭者		出身于非官僚家庭者		资料来源
			人数	所占百分比	人数	所占百分比	人数	所占百分比	人数	所占百分比	
唐代	礼聘入宫者	5	4	80	1	20	0	—	0	—	《新唐书》卷76、77《后妃传》及有关列传
	采选入宫者	4	3	75	0	—	0	—	1	25	
	合计	9	7	77.8	1	11.1	0	—	1	11.1	

---

[1]《长编》卷80大中祥符六年六月己巳。

续表

朝代	类别	皇后人数	出身于三品以上高级官僚家庭者		出身于五品以上中级官僚家庭者		出身于九品以上初级官僚家庭者		出身于非官僚家庭者		资料来源
			人数	所占百分比	人数	所占百分比	人数	所占百分比	人数	所占百分比	
宋代	礼聘入宫者	14	10	71.4	3	21.4	1	7.2	0	—	《宋史》卷242、243《后妃传》及有关列传
	采选入宫者	8	0	—	1	12.5	2	25	5	62.5	
	合计	22	10	45.4	4	18.3	3	13.6	5	22.7	
备注	表中的皇后人数不包括本人死后及其所侍奉的皇帝死后追封为皇后者。										

从这张表中不难看出，出身于高级官僚家庭者在唐代皇后中多达77.8%，而在宋代皇后中仅占45.4%；出身于非官僚家庭者在唐代皇后中仅占11.1%，而在宋代皇后中竟多达22.7%。此外，还有两点值得注意。

第一，采选入宫者的门第通常比礼聘入宫者低，但在唐代的这类皇后中，出身于高级官僚家庭者仍多达75%。如武则天的父亲武士彟官至工部尚书（正三品）；唐肃宗张皇后的父亲张去逸不仅是个高官，而且是唐玄宗的表兄弟；唐德宗王皇后的父亲王遇官至秘书监（从三品）。出身于非官僚家庭者仅占25%，只有唐昭宗何皇后一人。相反，在宋代的这类皇后中，出身于高级官僚家庭者一个也没有，出身于非官僚家庭者多达62.5%。如宋哲宗刘皇后出身寒微，不是"贤族"；宋高宗吴皇后的父亲吴近是个"以蠙珠为业"的商人，有"京师珠子吴员外"[1]之称；宋孝宗谢皇后"幼孤"，由翟氏收养，曾改姓翟；宋宁宗杨皇后竟"忘其姓氏"[2]，连自己是何方之人、谁氏之女，也不能确知。采选入宫者出身不一定高贵，完全可以理解。她们进宫时的身份并不是皇后或未来的皇后，一般仅仅是宫人女官，至多不过是妃嫔而已。她们后来因姿色、才艺或德行而受到皇帝或皇太后宠爱，才沿着后宫等级制度的阶梯，逐步爬上皇后宝座。宋哲宗刘皇后就很典型，她"初为御侍"，因"明艳冠后庭且多才艺"而"有盛宠"，绍圣元年（1094）四月被封为平昌郡君，后来又"由美人、婕妤进贤妃"。元符二年（1099）九月，宋哲宗立刘氏为皇后，"一时公议，莫不疑惑"。右正言邹浩指责这是"以妾为妻""伤化败俗"[3]。宋哲宗将邹浩除名，并发配到新州（治今广东新兴）。此外，宋代皇帝"以妾为妻"的事例还不少。如宋真宗刘皇后经历了从美人到修仪到德妃的过程。宋高宗吴皇后最初只不过是"以戎服侍左右"的宫女，被封为和义郡夫人之后，地位才逐渐上升。宋

---

[1]《四朝闻见录》丙集《慈明》。
[2]《宋史》卷243《后妃传下·宁宗恭圣仁烈杨皇后传》。本章以下引文凡出自《宋史》卷242、243《后妃传》者，不再一一注明。
[3] 邹浩：《上哲宗乞追停贤妃刘氏册礼别选贤族》，见《诸臣奏议》卷28《帝系门·皇后下》。

孝宗谢皇后和宋宁宗杨皇后"少以姿容选入宫",起初负责侍侯宋高宗吴皇后,吴皇后后来把她们分别赐予宋孝宗、宋宁宗,并封为咸安郡、平乐郡夫人,此后地位扶摇直上。

第二,礼聘入宫者的门第一般比采选入宫者高,在唐代的这类皇后中,出身于非官僚及初级官僚家庭者一个也没有;出身于中级官僚家庭者仅占20%,只有唐玄宗王皇后一人,她的父亲王仁皎曾任左卫中郎将(正四品下);出身于高级官僚家庭者多达80%,如唐太宗长孙皇后从其高祖长孙稚在北朝时任大丞相开始世世高官厚禄,唐高宗王皇后的父家及母家都是西魏以来的贵胄之家和唐朝皇族的旧姻。可是,在宋代的这类皇后中,出身于初级和中级官僚家庭者多达28.6%。如宋哲宗孟皇后的父亲孟在仅仅是个小小的阁门祗候(从八品),祖父孟元也不过官至眉州防御使(从五品)而已。元祐七年(1092)四月,宋英宗高皇后在选纳孟氏为皇后时,曾仔细询问其家庭状况,同知枢密院事韩忠彦回答道:

孟在善人,小官门户,静别无事。

高皇后表示:

不欲选于贵戚家,政恐其骄,骄即难教。

韩忠彦说:

> 如孟在等人家，自应不骄，亦须易教。不在富贵中生，则必谨畏。[1]

韩忠彦的这个看法，高皇后完全赞成。她高兴地对宋哲宗讲：

> 得贤内助，非细事也。

又如宋度宗全皇后的父亲全昭孙官至知州（六品），她幼年时代曾跟随父亲"往返江湖，备尝险艰"。大臣们认为，她"不在富贵中生"，"处富贵"之后，"必尽警戒相成之道"[2]。在宋代礼聘入宫的这类皇后中，出身于高级官僚家庭者尽管占71.4%，然而大多出自所谓"衰旧之门"。宋仁宗郭皇后就很典型，她的祖父郭崇虽然在北宋初年官至平卢军节度使兼中书令（正一品），可是起家士兵。郭崇在五代时"弱冠以勇力应募为卒""逢时奋武，致身荣显"[3]。郭崇死后，家道衰败。天圣二年（1024）九月，宋真宗刘皇后在立郭氏为皇后时，满意地对大臣们说：

> 自古外戚之家，鲜能以富贵自保，故兹选于衰旧之

---

[1]《长编》卷472元祐七年四月戊午。
[2]《西湖游览志余》卷2《帝王都会》。
[3]《宋史》卷255《郭崇传》、卷254《论曰》。

门，庶免他日或挠圣政也。[1]

此外，像宋神宗向皇后、宋理宗谢皇后同样出身"衰旧之门"。向皇后的曾祖父向敏中在宋真宗初年曾任宰相，但后来"家门衰替"[2]。谢皇后的祖父谢深甫虽然在宋宁宗时官至宰相，可是"家本寒微"。谢深甫青年时代，穿着草鞋赴京赶考，因贫穷潦倒在曹娥渡遭到船工戏弄。船工藐视道：

不怕汝作转运黥我！

殊不知这个穷书生是藐视不得的，他一举高中，不久果真出任两浙转运使。谢深甫得意忘形地对船工说：

今竟如何？

船工只得"伏地请罪"。然而谢深甫毕竟只能得意于一时，他死后不久，"业亦破败"，以致谢皇后在儿童时代"尝躬操汲饪"[3]。

由上所述，不难看出，宋代皇后出身复杂，家世寒微者不在少数。其所以会如此，一是因为采选入宫者为数不少，

---

[1]《长编》卷102天圣二年九月庚子。
[2] 李幼武：《宋名臣言行录续集》卷6《向子韶（忠毅公）》。
[3]《西湖游览志余》卷22《委巷丛谈》、卷2《帝王都会》。

二是由于朝廷挑选皇后"不欲选于贵戚家"。特别值得注意的是宋代社会流动增大这一历史背景[1]。宋人说：

> 国朝罕有世家。[2]

在这样的社会环境下，如果硬要挑选名副其实、常盛不衰的高门大族，实在是太难太难了。皇后的家世尚且如此，整个后宫的状况可想而知，正如司马光所说："有军营市井下俚妇人杂处其间。"[3]对于这种状况，某些士大夫颇为不满。如宋真宗打算以后宫刘氏为贵妃，宰相李沆"以为不可"，他"引烛焚其诏书"，结果"其议遂寝"[4]。更为著名的事例是，宋仁宗打算立寿州（治今安徽凤台）茶商陈子城之女为皇后，因宋绶、王曾、吕夷简、蔡齐等大臣坚决反对而告吹。可见，要不是大臣反对，宋代后妃的出身将更加复杂。

三　垂帘太后颇多

唐代是皇太后垂帘较少的朝代，而宋代则是皇太后听政颇多的时期。据统计，中国古代一共有临朝称制的皇太后30

---

[1]　可参看拙稿《两宋时期的社会流动》，载《四川师范大学学报》1989年第2期。
[2]　《宋史全文》卷24乾道元年正月丁卯。
[3]　《司马文正公集》卷27《后宫等级札子》。
[4]　《五朝名臣言行录》卷2之3《丞相李文靖公（沆）》。

多人，其中唐代只有武则天及唐中宗韦皇后2人，而宋代多达9人。两宋临朝太后之多，与两汉不相上下。柳诒徵说宋代"间有女主垂帘"，"间有"二字显系未加细察之词。现将宋代9位垂帘太后的有关情况列表如下（表2-3）。

表2-3 宋代太后垂帘情况

后妃姓氏	谥号	临朝身份	垂帘起止年月	垂帘时间	在位皇帝
宋真宗刘皇后	章献明肃	皇太后	乾兴元年（1022）二月至明道二年（1033）三月	11年零1个月	宋仁宗
宋仁宗曹皇后	慈圣光献	皇太后	嘉祐八年（1063）四月至治平元年（1064）五月	1年零1个月	宋英宗
宋英宗高皇后	宣仁圣烈	太皇太后	元丰八年（1085）三月至元祐八年（1093）九月	8年零6个月	宋哲宗
宋神宗向皇后	钦圣宪肃	皇太后	元符三年（1100）正月至七月	6个月	宋徽宗
宋哲宗孟皇后	昭慈圣献	皇太后	靖康二年（1127）四月至五月	1个月	张邦昌
宋哲宗孟皇后	昭慈圣献	太皇太后	明受元年（1129）三月至四月	1个月	赵旉
宋高宗吴皇后	宪圣慈烈	太皇太后	绍熙五年（1194）六月	1天	宋宁宗
宋宁宗杨皇后	恭圣仁烈	皇太后	嘉定十七年（1224）闰八月至宝庆元年（1225）四月	8个月	宋理宗
宋理宗谢皇后	无	太皇太后	咸淳十年（1274）七月至德祐二年（1276）三月	1年零8个月	宋恭宗

续表

后妃姓氏	谥号	临朝身份	垂帘起止年月	垂帘时间	在位皇帝
宋度宗杨淑妃	无	皇太后	景炎元年（1276）五月至景炎三年（1278）四月	1年零11个月	宋端宗
宋度宗杨淑妃	无	皇太后	祥兴元年（1278）四月至祥兴二年（1279）二月	10个月	祥兴帝

对于这张表，有4点需要说明。

第一，太后垂帘是在特殊情况下采取的临时性应急措施。因此，在宋代往往把太后垂帘称为"权同处分军国事"。"权"字是强调其临时性，而"同"字则意味着国家的元首不是皇太后，仍然是皇帝。杨联陞先生曾将这一情形同英国中世纪的状况做过比较，可参看其论文《中国历史上的女主》[1]。

第二，太后垂帘的原因主要有两种。一种是皇帝幼年，如宋仁宗12岁、宋哲宗8岁、宋恭宗3岁、宋端宗7岁、祥兴帝6岁[2]即位，因而分别由宋真宗刘皇后、宋英宗高皇后、宋理宗谢皇后和宋度宗杨淑妃以皇太后或太皇太后的身份临朝称制。另一种是皇帝患病，如宋仁宗曹皇后在嘉祐八年（1063）四月听政是由于宋英宗"感疾"，宋英宗高皇后在元丰八年（1085）三月初垂帘是因为宋神宗病危，宋高宗吴皇后在绍熙五年（1194）七月临朝称制是由于宋光宗患精神分

---

[1] 杨联陞：《中国历史上的女主》，见《食货》复刊第1卷第11期。
[2] 上述年龄均系实足年龄。

裂症。至于宋哲宗孟皇后在靖康二年（1127）四月和明受元年（1129）三月垂帘的原因，则另当别论。前一次是因为张邦昌的伪楚政权摇摇欲坠，不得不将孟皇后"迎入禁中，垂帘听政"。后一次是由于苗傅、刘正彦两位将领发动兵变，逼迫宋高宗退位，拥立太子为皇帝，请求孟皇后听政。孟皇后巧于应变，暗中组织力量，将兵变迅速平定。

第三，太后垂帘的时间一般比较短，平均不到3年。在9位垂帘太后中，听政不足1年者4位，1至2年者两位，最短的是宋高宗吴皇后，仅1天而已。只有宋真宗刘皇后和宋英宗高皇后临朝时间较长，并终身称制。即使是刘皇后在垂帘之初也不得不说：

> 候皇帝春秋长，即当还政。[1]

而高皇后则表示：

> 无意于任天下，今且将还政。[2]

只是承诺始终未兑现。

第四，太后垂帘的意义大体可分为两类。一类仅具象征

---

[1]《宋会要》后妃1之11。
[2] 彭汝砺：《上宣仁皇后乞皇帝同御前殿以发听断》，见《诸臣奏议》卷21《君道门·听断》。

意义，如宋高宗吴皇后无非是按照以知枢密院事赵汝愚为首的士大夫的主意行事，而宋宁宗杨皇后在很大程度上是宰相史弥远一伙的傀儡。另一类具有实际意义，宋真宗刘皇后和宋英宗高皇后就很典型。如果说高皇后还仅仅是对当时的朝政影响力极大，那么刘皇后则在很长一段时间大权在握。至于垂帘太后的作为，下面两节将涉及。

第二节　宋代后妃之"贤"

封建时代，人们普遍认为："礼本夫妇，《诗》始后妃，治乱因之，兴亡系焉。"[1]在他们眼里，后妃贤否是一件关系到封建王朝治乱兴亡的大事。他们纵观历史，深切地感到宋代"后妃仁贤"既可贵又难得，因而赞不绝口。宋高宗吹嘘：

> 累朝母后之贤，非汉、唐所可拟议。[2]

宋孝宗炫耀：

> 本朝后妃，却是多贤。[3]

宋光宗时曾任秘书郎兼权吏部郎官的郑湜认为："本朝历世以来，未有不贤之后。"宋理宗时官至崇政殿说书的吕中说：

---

[1]《新唐书》卷76《后妃传序》。本章以下引文凡出自《新唐书》卷76、77《后妃传》者，不再一一注明。
[2]《宋会要》后妃2之5。
[3]《朝野杂记》甲集卷1《上德·成恭夏皇后太皇谢太后》。

> 前世尝罹母后之祸，而我朝高、曹、向、孟之贤（原注：仁宗后曹氏、英宗后高氏、神宗后向氏、哲宗后孟氏），独享母后之福。[1]

明代后期，张溥将"后妃仁贤"作为宋代"法高前代"的四大表现之一。与张溥大致同时的学问家胡应麟同样称赞：

> 宋之创业、中兴，其君皆弗汉、唐若也，而母后之贤独盛焉。[2]

行文至此，人们不免要问：宋代后妃仁贤，其主要含义何在？所谓"仁贤"是个封建观念，宋代后妃有下面四个与唐代后妃不尽相同之处，这些正是其含义之所在。

一 后妃较少插手朝政

封建时代，"无后妃预政之理"尽管早已被人们尊奉为不能违背的所谓"三代之道"[3]，但历代均难以严格实行。拿唐代来说，唐太宗长孙皇后虽然表示：

---

[1]《续宋编年资治通鉴》卷10淳熙十六年二月壬戌、卷1建炎元年五月庚寅引《中兴大事记》。
[2] 胡应麟：《少室山房笔丛》卷6《乙部·史书占毕二》。
[3]《乐全集》卷7《刍荛论二·主柄论·后妃》。

> 妾以妇人，岂敢豫闻政事！

但这句话不可信以为真。长孙皇后帮助唐太宗夺取政权。武德年间，长孙皇后出入于宫禁之中，百般讨好唐高祖并竭力同唐高祖的妃嫔们拉关系，目的在于战胜太子李建成。玄武门之变发生，她对将士"亲慰勉之"，以致"左右莫不感激"。长孙皇后协助唐太宗治理天下。她对唐太宗"每能规谏"，是促成贞观之治的一大功臣，唐太宗称她为"良佐"。

继长孙皇后之后，唐代后妃预政、干政者不乏其人。如唐太宗徐充容直言极谏，针砭弊政；唐中宗韦皇后大权在握，号称"翊圣"；唐中宗上官昭容"专掌制命""秉国权衡"；唐玄宗王皇后"颇预密谋，赞成大业"；唐肃宗张皇后"持权禁中，干预政事"；唐武宗王才人"阴为助画""略同至尊"，人们"莫知孰为帝"[1]。至于武则天在唐高宗生前，便与唐高宗合称"二圣""生杀赏罚惟所命"，因而当时有"政归房帷，天子拱手"之说。总之，唐代某些后妃"秉国权衡"，天子尚且拱手，宰相更是不在话下，"后妃内朝"显而易见，赫然醒目。

在两唐书《后妃传》里有传记资料的后妃共41位，除去死后追封者，系37位。在这37位后妃中，同政治牵连较深的有25位，占67.7%。如果将时间限定在唐代前期，有传记资料的后妃共21位，其中同政治牵连较深的有19位，占

---

[1]《旧唐书》卷51、52《后妃传》。

90.5%。这个比例显然很高。

宋朝统治者不止一次地指出：

> 汉唐以来，后妃之事，固不足为圣时道，然不可不戒。[1]

他们根据"男主外，女主内"这条封建性很强的规矩，反复强调后妃的职责仅仅在于"助厘阴教，赞成内治；阃外之事，非所预闻"[2]。宋仁宗无子，究竟立谁为皇子，这类事情并非阃外之事。因而宰执大臣表示，应当"自内中批出，臣等奉行"。可是，宋仁宗居然说：

> 此事岂可令妇人知，只中书行，可也。

宰执大臣当即"喜跃称贺"[3]。由此可见，宋仁宗不许后妃干政，用心何等良苦。对于后妃不干预外朝政事这条规矩，她们大多能够遵守，如宋太祖王皇后的日常活动除"侍御膳"而外，便是"诵佛书"。宋真宗郭皇后素来不愿揽权，即使宋真宗叫她去观看名叫"奉宸"的内库，以便赏赐后宫，她也加以推辞：

---

[1]《宋会要》后妃1之22。
[2]《乐全集》卷7《刍荛论二·主柄论·后妃》。
[3]《欧阳文忠公集》卷119《奏事录·又三事》。

> 奉宸,国之宝库,非妇人所当入。陛下欲惠赐六宫,愿量颁之,不敢奉诏。[1]

宋高宗将册立吴贵妃为皇后,请求其母亲宋徽宗韦贤妃"降一指挥"。此事应当属于阃内之事,韦贤妃已经表示赞成,但她不肯降指挥,其理由是:

> 我但知家事,岂预外廷?

宋高宗称赞道:

> 太后知国体,故慎重如此。[2]

在宋代,像王皇后、韦贤妃这样不干预外朝政事的后妃为数不少,"后妃内朝"通常是不存在的。

宋代后妃究竟有多少?日本学者千叶熙对此用力甚勤。他苦苦搜寻,统计出121位,其中北宋92位、南宋29位[3],但很难做到网罗无余。《宋史·后妃传》里有传记资料的后妃共63位,将死后追封者和遥册者除去系57位,包括宋太祖、宋太宗的母亲杜太后,其中北宋38位、南宋19位。在

---

[1]《涑水记闻》卷6。
[2]《系年要录》卷148绍兴十三年四月丙戌。
[3] 千叶熙:《宋代的后妃》,见1985年杭州宋史国际学术讨论会论文。

这57位后妃中,同政治牵连较深的只有15位,其中北宋8位、南宋7位,分别约占有传记资料后妃总数的26.3%、21.1%、36.8%。这些比例均明显低于唐代。

应当指出,宋代后妃干政者只是较少,并非没有。后妃本身就是一种政治身份,要她们完全不干预外朝政事,根本不可能。何况杜太后在宋代首开后妃干政先例。她号称"聪明有智度",在宋朝开国前后,一再"参决大政"[1]。建隆元年(960)正月,陈桥兵变成功,立即有人禀报:

> 点检已作天子。

杜太后喜形于色:

> 吾儿素有大志,今果然!

便是她曾参与篡夺后周孤儿寡母政权密谋的明证。北宋开国之初,杜太后又"训太祖以《无逸》治天下"。《无逸》是《尚书·周书》里的一篇,其内容是周公告诫周成王不能耽于享乐。一天,杜太后"愀然不乐",人们连忙问:

> 子为天子,胡为不乐?

---

[1]《长编》卷2建隆二年六月甲午。

她回答道:

> 吾闻"为君难",天子置身兆庶之上,若治得其道,则此位可尊;苟或失驭,求为匹夫不可得,是吾所以忧也。

宋太祖立即表示:"谨受教。"杜太后的这番教诲对宋太祖以致有宋一代防弊之政的形成影响颇大。难怪明代学者李贽对此大加赞赏:

> 太后绝不婆子气。[1]

杜太后首开其例,后继者不免效仿。在北宋时期,宋真宗刘皇后就是个后妃干政的典型。《宋史》其本传称:

> 后性警悟,晓书史,闻朝廷事,能记其本末。真宗退朝,阅天下封奏,多至中夜,后皆预闻。宫闱事有问,辄傅引故实以对。

宋真宗晚年病重,更是"事多决于后"。但刘皇后在大禧元年(1017)以前,受到宋真宗"久益信之,言无不听"[2]的

---

[1]《史纲评要》卷27《宋纪》建隆元年。
[2]《宋史》卷282《王旦传》。

宰相王旦制约，天禧三年（1019）以后，又受到刚强自信的宰相寇准牵制。[1]她很难说能够完全凌驾于外朝之上。此后，后妃的权势虽不能同刘皇后相比，但干政者仍时或有之。如宋仁宗郭皇后与宰相吕夷简有积怨，她在宋仁宗跟前说吕夷简的坏话，结果吕夷简一度被罢相。宋仁宗尚美人公然向开封府下命令"称教旨"，遭到开封府判官庞籍抵制。宋仁宗为此专门下诏：

> 诸官府自今有传宫中之命，皆毋得施行。[2]

宋仁宗曹皇后在宋神宗时，反对王安石变法："吾闻民间甚苦青苗、助役。"宋哲宗刘皇后在宋徽宗时，虽然被"尊为太后"，但因"颇干预外事且以不谨闻"，宋徽宗"与辅臣议，将废之"。废黜命令尚未下达，刘皇后"已为左右所逼，即帘钩自缢而崩"。

南宋时期后妃干政的典型要算宋宁宗杨皇后。她曾两次矫宋宁宗之诏，发动政变。一次发生在开禧三年（1207）十一月，杨皇后串通礼部侍郎史弥远等人，命令中军统制夏震将秉政多年的平章军国事韩侂胄杀死于临安玉津园。"是

---

[1] 参看刘静贞：《从皇后干政到太后摄政——北宋真仁之际女主政治权力试探》，1990年台北国际宋史研讨会论文。黄宽重先生在文末所附《评论》中认为这"是一篇相当成功的作品"。此文承蒙香港珠海大学梁天锡教授提供。

[2]《五朝名臣言行录》卷8之1《丞相颍国庞庄敏公（籍）》。

谋悉出中宫",以致韩侂胄死后三天,宋宁宗"犹谓其未死"。另一次发生在嘉定十七年(1224)闰八月,宋宁宗死时,废赵竑为济阳郡王,另立赵昀为皇帝,其主谋为宰相史弥远。史弥远派杨皇后的侄子杨谷、杨石将这一图谋告诉杨皇后,杨皇后"不可"并说:

> 皇子先帝所立,岂敢擅变!

杨谷、杨石"凡一夜七往返以告",而杨皇后"终不听",他们只得苦苦哀求:

> 内外军民皆已归心,苟不从,祸变必生,则杨氏且无噍类矣!

杨皇后"默然良久"[1],最终毕竟参与其事。此外,如宋高宗刘婉仪"颇恃恩招权"。她不仅私自向广州蕃商许愿,并且与御医王继先串通一气,图谋杀掉大将刘锜。刘婉仪向宋高宗告御状:

> 刘锜妄传边事,教官家烦恼。

宋高宗勃然大怒:

---

[1]《宋史》卷465《外戚传下·杨次山传附杨石传》。

> 尔妇人女子，如何晓得？必有教尔欺我者。[1]

将她废为庶人。宋光宗李皇后在宋光宗得病以后，"政事多决于后"。宋理宗阎贵妃"怙宠"，与宰相丁大全、同签书枢密院事马天骥一度"用事"。当时人感叹：

> 阎马丁当，国势将亡。[2]

值得注意的是，封建时代的人们并非不分青红皂白，把后妃干政者一概斥责为"孽女"。他们判断后妃的贤否，并不完全以是否干预外朝政事为转移，主要是以是否忠于封建王朝、有利于封建统治为标准。胡应麟甚至为长孙皇后未垂帘听政而感到惋惜：

> 长孙后弗临朝也，故其贤弗著也。[3]

《宋史·后妃传》把杜太后同长孙皇后一样，视为"一代贤后"，称赞她"为宗社虑"。对宋真宗刘皇后，则看法很不一致，留待第三节讨论。按照封建时代的标准，宋代后妃中的"孽女"只有宋哲宗刘皇后、宋高宗刘婉仪、宋光宗李皇后、

---

[1]《四朝闻见录》乙集《刘锜边报》。
[2] 不著撰人：《宋季三朝政要》卷2宝祐三年六月。
[3]《少室山房笔丛》卷6《乙部·史书占毕二》。

宋理宗阎贵妃等少数几位,以致宋代后妃"多贤"的说法颇为流行。

二 后妃之争少于唐代

封建时代,妻妾之间争风吃醋,司空见惯。这显然不能诿过于妇女的所谓妒性,而应归罪于事实上的一夫多妻制。至于宫廷中的后妃之争,其程度之激烈、手段之残酷、影响面之广,又非社会上的妻妾之争可比。后妃之间表面上是争宠、争子,实际上是争夺政治地位和权力。后妃政治地位虽高,但极不稳定,得到皇帝宠爱则势动中外,一旦失宠则冷落长门,因而她们非争不可。后妃有儿子,地位便上升,特别是儿子以后当上皇帝,更是"母以子贵",甚至还有可能垂帘听政,因而她们志在必得。内朝的后妃之争往往引起外朝的朋党之争,闹得朝野上下人心不宁。

唐代后妃之争相当频繁,见于两唐书《后妃传》者,大约有11次之多。其中有两次是争子。

一次发生在景云二年(711)。唐玄宗杨贵嫔生下一子即后来的唐肃宗李亨,王皇后无子,对此子十分眼红。她指使卜者诳称此子"不宜养",结果李亨被王皇后据为己子。

另一次发生在开元二十五年(737)。唐玄宗武惠妃生下寿王李瑁之后,对赵丽妃所生太子李瑛、皇甫德仪所生鄂王李瑶、刘才人所生光王李琚很仇恨。后来,她终于在宰相李林甫的支持下,将李瑛、李瑶、李琚陷害致死,以抬高李瑁的地位。

在唐代的11次后妃之争中，有7次是争宠。

第一次发生在唐高宗即位不久。唐高宗宠爱萧淑妃，王皇后怀恨在心。她得知唐高宗同武则天有私情，便将武则天引入宫中，与萧淑妃相抗衡。

第二次也发生在唐高宗时。武则天入宫得宠后，与王皇后、萧淑妃发生矛盾并逐渐激化，双方"递相谮毁"。武则天为了嫁祸王皇后，不惜将自己的亲生女儿杀死，结果王皇后、萧淑妃在永徽六年（655）十月被废为庶人，囚禁于宫中，她们的亲属则被流放到岭南。萧淑妃大骂：

> 愿阿武为老鼠，吾作猫儿，生生扼其喉！

武则天因此下令，宫中不准养猫。最后，王皇后、萧淑妃被武则天叫人"截去手足，投于酒瓮中"[1]，几天后便死去。

第三次发生在开元年间。唐玄宗赵丽妃"以倡幸，有容止，善歌舞"，开元初年颇受宠，父兄皆得美官。后来，武惠妃争宠获胜，赵丽妃"恩亦弛"，不久去世。

第四次也发生在开元年间。武惠妃"有宠"，王皇后颇为"不平，显诋之"。但她争宠失败，于开元十二年（724）七月被废为庶人，当年十月死去。

第五次与第四次大约同时。武惠妃又与皇甫德仪、刘才

---

[1]《旧唐书》卷51《后妃传上·高宗废后王氏传》。

人争宠。皇甫德仪、刘才人虽然是唐玄宗的"藩邸之旧",可是后来"爱薄"。于是,武惠妃"专宠"。

第六次发生在唐武宗时。唐武宗王才人"有宠",宫中嫔媛"常妒才人专上"。唐武宗一心想把王才人立为皇后,宰相李德裕在嫔媛们的怂恿下,公开表示反对:

> 才人无子,且家不素显,恐诒天下议。

以致王才人终身未能正位中宫,唐武宗一朝始终不曾立皇后。

第七次发生在唐宣宗时。唐宣宗的母亲郑氏本来是唐宪宗郭皇后的侍儿,两人"有曩怨"。唐宣宗即位后,郑氏母以子贵,被尊为皇太后。而郭皇后则"奉养礼稍薄",她"郁郁不聊",自杀未遂,当晚"暴崩"。

在唐代的11次后妃之争中,有两次斗争双方是婆媳。

第一次发生在唐高宗时。赵氏是英王李显即后来的唐中宗的妃子,她的母亲是唐太祖常乐公主。因而唐高宗对赵氏一家"恩尤隆"。而武则天则"不喜",她将赵氏幽禁于内侍省,"日给饲料",不久死去。赵氏的父母后来也死于政争。

第二次发生在武则天时。唐睿宗刘皇后与窦德妃据说曾经诅咒武则天,武则天在长寿二年(693),把她们二人"并杀之宫中,葬秘莫知"。

上述后妃之争表面上是帝王的妻妾之间争宠、争子,有的属于婆媳之间的纠纷,实质上往往具有政治斗争的性质。

如尽人皆知，在武则天与王皇后之争的背后，实际上是两个政治集团的斗争。上述后妃之争直接造成12人死亡，并株连甚广，间接致死人数无法统计。足见，唐代后妃之争多么深刻、激烈、残酷。

宋代后妃之争见于《宋史·后妃传》者仅6次，有3点值得注意。

一是宋代后妃之间极少争子。宋真宗刘皇后与李宸妃为争子而展开残酷争夺的说法，出自民间故事《狸猫换太子》。这个故事流传甚广，但多半属于小说家的夸张与虚构，不可信从。事实是宫女李氏与宋真宗发生关系，并生下赵祯（后来的宋仁宗）之后，赵祯尽管被刘皇后"以为己子"，可是不仅刘皇后与杨淑妃对赵祯"抚视甚至"，而且李氏因此先后进封为才人、婉仪、顺容、宸妃。李宸妃并未受到残酷迫害。她自知地位原本低下，不敢与刘皇后相争。刘皇后为李宸妃寻访到失散多年的弟弟李用和，并授予官职。宋仁宗即位后，李宸妃仍"默处先朝嫔御中，未尝自异"。李宸妃死时，刘皇后接受宰相吕夷简建议，"治丧用一品礼"。宋仁宗从小把刘皇后和杨淑妃分别尊称为"大娘娘""小娘娘"，直到刘皇后死后才知道自己的生母不是刘皇后而是李宸妃。他"号恸顿毁"，把李宸妃追尊为皇太后，由于大臣一再劝告，并未酿成政治风波。

二是宋代后妃之争极少发生在婆媳之间。相反，宋代后妃大多比较善于处理婆媳关系。如宋太祖王皇后"事杜太后，得欢心"。宋英宗高皇后在宋哲宗时被尊为太皇太后，她叫其媳妇、身为皇太后的宋神宗向皇后迁居庆寿宫，向皇后以不能越礼为理由加以拒绝："安有姑居西而妇处东，渎上下之分。"宋哲宗刘贤妃虽然"有盛宠"，但"能顺意奉两宫"。所谓两宫是指太皇太后（宋英宗高皇后）和皇太后（宋神宗向皇后）。宋代后妃之间婆媳关系一般较好，这在封建时代实在难得。至于其主要原因，或许在于当时人们反复强调："妇之事舅姑，必执妇道。"[1]有的则因为另有所图，如宋哲宗刘贤妃竭力讨好两宫，目的在于争取支持，以便正位中宫。

三是宋代6次后妃之争均属争宠。

第一次发生在明道二年（1033）十二月。尚、杨二美人"骤有宠"，郭皇后"性妒，屡与忿争"。一次，尚美人公然在宋仁宗近前，"出不逊语，侵后"。郭皇后"不胜忿"，打尚美人耳光，宋仁宗用身体遮挡，谁知这一巴掌竟打到宋仁宗脖子上。宋仁宗"大怒，有废后意"，并就此事与宰执近臣商议。宰相吕夷简表示赞成，并为宋仁宗增添了一条封建时代最为有力的废后理由：

后立九年无子，当废。[2]

宋仁宗下诏废黜郭皇后，权御史中丞孔道辅、右司谏范仲淹

---

[1]《训子孙文》，见《戒子通录》卷5。
[2]《长编》卷113明道二年十二月乙卯。

等台谏官上疏激烈反对，甚至冲闯宫门。于是，酿成一场二府大臣与台谏官员之争。吕夷简辩解说：

> 废后自有故事。

孔道辅、范仲淹等反驳道：

> 废后皆前世昏君所为。

结果，孔道辅、范仲淹被解职，有关官员被罚铜。

第二次发生在绍圣三年（1096）。刘婕妤不愿屈居孟皇后之下，渴望正位中宫，两人接连两次公开发生冲突。一次，孟皇后和嫔妃们在一起，她身为六宫之首，大模大样地坐着，嫔妃们都毕恭毕敬地侍立于侧，唯独刘婕妤背向孟皇后。服侍孟皇后的宫娥厉声呵斥刘婕妤，她充耳不闻，若无其事。另一次，孟皇后和刘婕妤一道去拜见宋神宗向皇后，两人同时就座，座位等级悬殊。孟皇后的座位朱髹金饰，而刘婕妤则"在他坐"。按照宫中的制度，只有皇后的座位才能朱髹金饰。刘婕妤当即大为不满，因而"从者为易坐，制与后等"。可是，孟皇后对此"弗能平"，她叫人传唱："皇太后出！"全场立刻起立，刘婕妤再就座，座位已被撤去，结果摔倒在地。她"怼不复朝，泣诉于帝"。站在刘婕妤一边的宦官郝随劝告刘婕妤：

> 毋以此戚戚，愿为大家早生子，此坐正当为婕妤有也。

就在这年，刘婕妤找到了报复孟皇后的机会，孟皇后的亲属在宫中作厌魅之术。所谓厌魅，是用迷信的方式祈祷鬼神或诅咒他人，宋时宫中对此严加禁止。宋哲宗得知此情，下令追查，当即逮捕宦官、宫娥近30人，"搒掠备至，肢体毁折，至有断舌者"。当年九月，孟皇后因此被废。刘婕妤不久生下一子，宋哲宗大喜，元符二年（1099）九月将她立为皇后。

第三次发生在崇宁、大观年间。郑贵妃、王贵妃"方亢宠"，王皇后"待之均平"。可是，有的宦官对两位贵妃"妄意迎合"，诬告王皇后。宋徽宗下令追查，因"略无一迹"而"幡然怜之"。王皇后对宋徽宗，"未尝一语辄及"。

第四次发生在宣和三年（1121）。刘贵妃病故，宋徽宗"悼之甚"，而崔贵妃"独左视无戚容"。宋徽宗"悲怒，疑其为厌蛊"，将她废为庶人。所谓"厌蛊"，是厌魅的同义词。

第五次发生在淳熙年间。做了太上皇的宋高宗宠幸李才人、王才人，吴皇后"见二才人，每感愤"。宋高宗死后，宋孝宗按照吴皇后的意图，将这两位才人废为庶人，"许自便"。

第六次发生在绍熙年间。黄贵妃"有宠"，李皇后"性妒悍"，她趁宋光宗外出郊祭之机，将黄贵妃杀害，"以暴卒闻"。此后宋光宗在李皇后住处，看见一位宫人"手白"，因而"悦之"。几天后，李皇后"遣人送食合于帝"，宋光宗打开一看，殊不知竟是一双女人的手，那位宫人已被李皇后处死。后来，李贽气愤地指责李皇后：

> 宋家亦有如此女人耶！可杀！可杀！[1]

从以上事实中不难发现，宋代的后妃之争与唐代相比，有下面3个不尽相同之处。

首先，宋代后妃之争的次数少于唐代。虽有上述6次，但后妃之间和睦相处的事例也不少。如宋太宗李皇后无子，"抚育诸子及嫔御甚厚"。宋仁宗张贵妃"欲假后盖出游"，曹皇后慷慨"与之，无靳色"。直到曹皇后在宋英宗初年垂帘听政时，宰相韩琦尚念念不忘此事并大加称赞：

> 妇人之性，鲜不妒忌。昔温成（张贵妃的谥号）之宠，太后处之裕然，何所不容。[2]

宋徽宗乔贵妃与韦贵妃在做宫人时，"结为姊妹，约先贵者毋相忘"。乔贵妃得幸宋徽宗后，不食其言，提携韦贵妃，韦贵妃因此也得幸，"二人愈相得"。宋理宗贾贵妃、阎贵妃

---

[1]《史纲评要》卷34《南宋纪》绍熙二年。
[2]《三朝名臣言行录》卷1之1《丞相魏国韩忠献王（琦）》。

相继"专宠",谢皇后"处之裕如,略不介怀"。做了皇太后的宋宁宗杨皇后因而"深贤之"。这些后妃何以能和睦相处?其原因或许在于当时封建统治者把"不妒"作为妻妾应当具备的"六德"之一,大加提倡。今天人们完全有理由以"中毒太深"四字责备她们,但这在当时却避免了不少有可能导致政局动荡和社会动乱的后妃之争。

其次,宋代后妃之争的残酷程度略低于唐代。如前所述,宋哲宗刘婕妤为了推倒孟皇后,广泛株连其亲信并严刑逼供;宋光宗李皇后为了击败其争宠者,不惜下毒手。宋代的后妃之争无疑是残酷的。但就后妃之争的直接致死人数来说,宋代为2人,与唐代的12人相比,毕竟是小巫见大巫。

最后,宋代后妃之争的政治性不如唐代强烈。毋庸置疑,一切后妃之争大致都为争政治地位。如宋仁宗郭皇后之废黜与宋哲宗孟皇后之废复,其政治色彩相当浓厚。但宋仁宗时二府大臣与台谏官员之间的分歧早已存在,郭皇后之废黜只不过是其导火线而已。从现存记载看,郭皇后与台谏官员未曾串通。至于孟皇后之废复,与其说是她找政治,毋宁说是政治找她。新旧两党都无非是把这件事作为攻击对方的一枚炮弹而已。唐代的武则天与王皇后分别代表当时统治集团内部的两大政治派别;而宋代的后妃虽然不是完全没有政治倾向,但她们当中任何人恐怕都很难说是任何一个政治派别的主要代表人物。

三 后妃大多不私外家

在历史上,后妃干政与外戚专权往往是一回事。如西汉时,汉高祖吕皇后临朝称制,"诸吕皆官,居中用事";汉元帝王皇后的亲属"封侯,居位辅政,家凡九侯、五大司马"[1],终于导致其侄子王莽"篡"汉。东汉时,先后垂帘听政的6位太后"莫不定策帷帘,委事父兄"[2]。唐中宗嗣圣元年(684)正月刚即位,便打算把他的岳父韦玄贞任命为侍中。中书令裴炎反对,唐中宗大怒:

> 我以天下与韦玄贞何不可!而惜侍中邪?

而这便成了他的母亲武则天将他废为庐陵王的理由。唐中宗问:"我何罪?"武则天回答道:

> 汝欲以天下与韦玄贞,何得无罪![3]

可是,武则天称帝后,"尽王诸武"并公开宣称:

> 要欲我家及外氏常一人为宰相。[4]

---

[1]《汉书》卷97上《外戚传上》、卷99上《王莽传上》。
[2]《后汉书》卷10上《皇后纪上》。
[3]《资治通鉴》卷203嗣圣元年二月戊午。
[4]《新唐书》卷100《杨恭仁传附杨执柔传》。

于是,其父族、母族当国拜相者不乏其人。唐中宗"神龙复辟"以后,韦皇后的堂兄韦温虽然"不如诸武凶而炽",但出任宰相,并"尽总内外兵"[1]。诸如此类,不一而足。

与历史上不少后妃私于外家的情况有所不同,宋代后妃大多不私外家。宋代士大夫从封建伦理道德观念出发,常常强调:

> 妇人内夫家而外父母家。况后妃与国同体,休戚如一。[2]

其实,早在北宋开国之初,杜太后就带了个头。她健在时,她的弟弟杜审肇、杜审进虽贵为国舅,仍住在老家,未曾授予官爵。到北宋后期,更是"杜氏之后,阀阅微替""子孙不在仕版"[3]。《宋史·后妃传序》以"母范之正"四字赞扬杜太后。此后,不少后妃以杜太后为楷模。如宋真宗郭皇后,亲属"有以家事言于上者,后终不许。兄子出嫁,以贫欲祈恩赉,但出装具给之"。宋真宗因此对她"尤加礼重"[4]。宋真宗杨淑妃对宋仁宗从小"拥佑扶持,恩意勤备",宋仁宗即位后,"尝召其侄永德见禁中,欲授以诸司副使"。杨淑妃一再推辞:

---

[1]《新唐书》卷206《外戚传·韦温传》。
[2]《司马文正公集》卷25《上皇太后疏》。
[3]《宋会要》后妃1之24。
[4]《长编》卷65景德四年四月辛巳。

> 小儿岂胜大恩，小官可也。

杨永德仅仅做了个右侍禁。宋仁宗苗贵妃的女儿福康公主出嫁，按规定"当貤恩外家"，她"抑不肯言"。宋仁宗杨德妃的父亲杨忠为侍禁，宋仁宗打算加以提拔，杨德妃推辞道：

> 外官当积劳以取贵，今以恩泽徼幸，恐启左右觊觎之端。

宋仁宗对此大加赞许。宋徽宗的母亲宋神宗陈美人一再告诫家人：

> 爵禄，天下公器，决不以私。

"其家不敢干请""族属官不过大夫，禄止食宫观，未尝褒显"[1]。宋徽宗郑皇后的亲属"恩泽皆弗陈请"。宋孝宗谢皇后要求她的弟弟、武翼郎谢渊：

> 尔宜崇谦抑，远骄侈。

岂止一般后妃，即使垂帘太后也大多不私外家。如宋仁宗曹皇后在宋英宗初年听政时，"检柅曹氏及左右臣仆，毫

---

[1]《宋会要》后妃1之24。

分不以假借,宫省肃然"。宋英宗高皇后曾教训家人:

> 吾辈人家所患官高,不患官小。[1]

她在宋哲宗初年临朝时,据说"未尝以一物徇于己私、片言害于公义""家无一人翱翔任事乎显要之路"。高皇后的侄子高公绘、高公纪"当转观察使",她"力遏之"。在宋哲宗的一再请求下,高公绘、高公纪"仅迁一秩,终后之世不敢改"。高皇后"于外家恩例,率先裁损""四分减一"。[2] 高皇后的叔父高遵裕在宋神宗时,因率军同西夏作战败北而被贬官。宋神宗死后,有人为了讨好高皇后,请求恢复其官职,高皇后的回答是:

> 遵裕得免刑诛,幸矣。先帝肉未冷,吾何敢顾私恩而违天下公议?

她一向"抑绝外家私恩",临死前才敢于对宋哲宗及宰执大臣们说:

> 老婆待要死也。累年保佑圣躬,粗究心力。区区之

---

[1] 苏辙:《龙川略志》卷6。
[2]《宋大诏令集》卷12《太皇太后下·谥议·宣仁圣烈谥议》、卷11《太皇太后上·遗诰·太皇太后遗诰》。

心，只欲不坠先烈，措世泰平。不知官家知之否？相公及天下知之否？[1]

宋神宗向皇后早在宋神宗将为诸王纳妇之际便"敕向族勿以女置选中"。其"族党有欲援例以恩换阁职，及为选人求京秩者，且言有特旨"。向皇后对此及时加以制止：

> 吾族未省用此例，何庸以私情挠公法！

她垂帘后，仍"清心正己，未尝以一毫之私干扰国家"。因此，"高氏、向氏子孙凡几百人，其间得预美仕者盖无一二"。[2]

总之，宋代后妃"不私外家"，与"自古母后多私外家"[3]形成鲜明对照。诚然，在宋代的后妃当中，也有因偏向外家而受到指责者。如《宋史·后妃传》批评宋真宗刘皇后"晚稍进外家"，用"晚"字限制其时间，以"稍"字限制其程度，堪称确当。至于宋仁宗张贵妃的伯父张尧佐因沾了侄女的光而担任要职，遭到士大夫抨击之类，第三章将涉及。

---

[1] 范公偁：《过庭录》。
[2] 《长编》卷453元祐五年十二月壬子。
[3] 《范太史集》卷25《听政札子》。

四　垂帘太后心在社稷

上面是就后妃的整体状况而言，下面再专门说说垂帘太后。宋代的垂帘太后从总体上说在历史上享有"仁贤"的美誉，原因大致有三个。三个原因的重要程度并不相等，姑且加以并列。

原因之一：某些垂帘太后表现出相当高的政治才干。如宋真宗刘皇后有"帝王大度"，《宋史·后妃传》称：

> 太后称制，虽政出宫闱，而号令严明，恩威加天下。

这位"临朝威震天下"[1]的"女君"，其治绩并不在此前的宋真宗和此后的宋仁宗两位男性皇帝之下。她注重文治，提倡节俭，惩办贪官，大煞裙带风，禁止献羡余。所谓羡余，是指某些爱"国"不爱民的官僚将额外盘剥得来的赋税奉献朝廷，以便炫耀其政绩，目的无非在于升官。因此，张溥称赞刘皇后：

> 明智英断，亦宋一贤后。[2]

---

[1]《长编》卷107天圣七年正月癸卯。
[2]《宋史纪事本末》卷24《明肃庄懿之事》"张溥曰"。可参看拙稿《宋真宗刘皇后其人其事》，1992年中国宋史研究会年会论文。

宋仁宗曹皇后或许同她出身将门有关，在庆历八年（1048）闰正月，当宋仁宗惊惶失措之时，她镇定而机智地平定了发生在宫中的卫士之变。曹皇后临朝后，"颇涉经史，多援以决事。中外章奏日数十，一一能纪纲要"。宋哲宗孟皇后在建炎三年（1129）三月杭州发生苗刘兵变时，被迫垂帘。她巧于应变，终于促成兵变迅速平定，宋高宗很快复辟。

原因之二：垂帘太后大多在政治上倾向保守。这种倾向在北宋时期表现得尤其明显[1]。如宋真宗刘皇后听政期间，北宋王朝积弱不振的局面大体形成，理当改弦更张，但她却强调"尽用祖宗之成宪"[2]，并压制主张改革的官员，以致"政事得失，下莫敢言"[3]，痛失改革良机。宋仁宗曹皇后阻挠王安石变法，她一再告诫宋神宗：

> 祖宗法度不宜轻改。

至于宋英宗高皇后之保守，更是于史有名。她在元祐年间，临朝称制，重用旧党，排斥新党，不分青红皂白，一概废除新法，旧党将她艳称为"女中尧舜"，把她所采取的措施盛

---

[1] 参看林天蔚：《北宋积弱的三种新分析》第一节《四女主专政及其影响》，见《宋史研究集》第9辑。
[2] 《宋大诏令集》卷192《政事四十五·诫饬三·诫约不得言垂帘时事诏》。
[3] 《宋史》卷426《循吏传·吴遵路传》。

赞为"快话条贯"[1]。由于人们长期把北宋灭亡的原因错误地归咎于王安石变法,以致高皇后长期受到称誉。南宋时期此说很盛行:

> 我朝之治,元祐为盛。母后之贤,宣仁为最。[2]

直到明代后期,胡应麟仍然认为:

> 宣仁之懿德,其犹在和熹以上。[3]

宣仁是宋英宗高皇后的谥号,和熹是指历史上素有贤后之称的汉和帝邓皇后。宋代垂帘太后之所以保守,在很大程度上取决于当时的政治大气候,具体些说,即死守祖宗家法是整个宋代统治集团的主要政治倾向。她们在政治上倾向保守,事出有因,不宜过分责怪。如果我们从同男尊女卑的封建思想划清界限的美好愿望出发,转而跟在古人后面,赞美她们的保守,显然更不恰当。

原因之三:垂帘太后"心在社稷"。其主要表现有三。

第一,垂帘大多出于被迫。封建王朝在皇帝病重或年幼的严峻形势下,太后垂帘是稳固其统治所必须采取的应急手

---

[1] 不著撰人:《道山清话》,见《说郛》卷82。
[2] 《续编年资治通鉴》卷1建炎元年五月庚寅引《中兴大事记》。
[3] 《少室山房笔丛》卷6《乙部·史书占毕二》。

段。只是由于太后听政有时造成皇权旁落，甚至临朝太后像武则天那样自立为帝，因此太后垂帘又往往被视为一件很危险的事。如北宋人苏辙担心：

> 垂帘之后，外家用事，亦何所不至！[1]

南宋人叶梦鼎说：

> 母后垂帘，岂是美事？[2]

而宋代的后妃也往往并不愿意垂帘听政。如宋神宗向皇后一再推辞，宋徽宗"泣拜"，她"移时乃听"，并当即公开表示：

> 权同听政，本非吾志，艰难之初，欲止不敢。[3]

向皇后临朝期间，谨小慎微，处处谦让：

> 故事有如御正殿、避家讳、立诞节之类，皆不用。

宋哲宗孟皇后先后在张邦昌称帝时，以及苗刘兵变时两度垂

---

[1]《龙川别志》卷上。
[2]《宋史》卷414《叶梦鼎传》。
[3]《宋大诏令集》卷14《皇太后二·听政·皇太后手书付三省》。

帘听政，完全出于被迫。在宋光宗患病难以执掌朝政之际，知枢密院事赵汝愚不知想了多少办法才将宋高宗吴皇后说服。吴皇后听政后，对其家属说："垂帘非我志。"[1]宋理宗谢皇后在宋度宗死后，"大臣屡请垂帘同听政，强之乃许"。

第二，往往垂帘不久便卷帘。宋人普遍认为：

> 人主既壮，而母后听政，自非国家令典。[2]

宋仁宗曹皇后或许是出于怀疑宋英宗病后是否能够处理朝政之故，难于还政。宰相韩琦采取巧妙的办法，促使其撤帘。他向曹皇后提出辞职，曹皇后立即阻拦：

> 相公安可求退？老身合居深宫，却每日在此，甚非得已，且容老身先退。

韩琦抓住"老身先退"这句话，替曹皇后大戴高帽子：

> 前代如马、邓之贤，不免贪恋权势。今太后便能复辟，马、邓所不及！

马、邓是指汉明帝马皇后与汉和帝邓皇后。曹皇后刚起身

---

[1]《四朝闻见录》乙集《吴云壑》。
[2]《龙川别志》卷上。

退朝，韩琦立即下令撤帘。"帘既落，犹于御屏微见太后衣也。"[1]如果说曹皇后在听政1年零1个月之后还政，并非完全出于自愿，那么宋神宗向皇后则十分自觉。向皇后垂帘之初就表示"非久即还政"[2]。她说到做到，半年后便卷帘。无怪乎士大夫称赞她：

> 果于还政，事光前古，名垂后世。[3]

宋宁宗即位之初，吴琚劝告他的姑母宋高宗吴皇后：

> 垂帘可暂不可久。[4]

这话正中吴皇后下怀，她当即卷帘，成为宋代历史上听政时间最短的垂帘太后。宋宁宗杨皇后在宋理宗即位之初临朝称制，有的官员廉价奉承：

> 本朝世有母后之圣。

杨皇后的侄儿杨石当即反驳：

---

[1]《长编》卷201治平元年五月戊申。
[2]《宋会要》后妃1之17。
[3] 陈瓘：《上徽宗论向宗良兄弟交通宾客》，见《诸臣奏议》卷35《帝系门·外戚门下》。
[4]《宋史》卷465《外戚传下·吴益传附吴琚传》。

> 事岂容概言？昔仁宗、英宗、哲宗嗣位，或尚在幼冲，或素由抚育，军国重事有所未谙，则母后临朝，宜也。今主上熟知民事，天下悦服，虽圣孝天通，然不早复政，得无基小人离间之嫌乎？

杨石还"密疏章献（宋真宗刘皇后）、慈圣（宋仁宗曹皇后）、宣仁（宋英宗高皇后）所以临朝之由，远及汉、唐母后临朝称制得失"[1]。杨皇后读过密疏，便下手书：

> 吾晚年多病，志在安闲，嗣君可日御便殿听政，今后更不垂帘。

宋理宗一再请求"仍赐垂帘"，杨皇后"不允"[2]。她前后临朝仅8个月。

第三，垂帘太后"专奉帝室"。按照封建时代的观念，太后听政的主要职责在于维护封建王朝的万世一系，保证最高权力的正常转移，理当"专奉帝室，不为私计"[3]。对待先朝旧臣的态度如何，是衡量垂帘太后是否"专奉帝室"的重要标准之一。历史上的某些垂帘太后排斥大臣，重用外戚。与此相反，正如杨联陞先生所说："大体而言，宋朝女主对

---

[1]《宋史》卷465《外戚传下·杨次山传附杨石传》。
[2]《宋史全文》卷31宝庆元年四月丁酉。
[3]《龙川别志》卷上。

于士大夫算是尊重客气的。"[1]岂止尊重客气，某些垂帘太后简直是依靠。如宋仁宗曹皇后依靠顾命大臣韩琦处理朝政，一再强调"朝廷安可无公"。宋英宗高皇后在宋哲宗初年垂帘，"废先帝之政，逐先帝之臣"，但这里的"先帝"指的是她的儿子宋神宗。她使用母亲的权力[2]，"以母改子"。高皇后号称"进退群臣必从天下人望，不以己意为喜怒赏罚"[3]。她执政依靠的不是外戚，而是她的丈夫宋英宗时代的元老重臣司马光、吕公著、文彦博以及吕大防、范纯仁等。宰相吕大防在元祐七年（1092）十二月，因病请求辞职，高皇后苦苦挽留：

> 主上富于春秋，相公未可去位。更少俟岁月，吾亦就东朝矣。[4]

所谓"东朝"是指太后的住处，因汉代太后居住的长乐宫在未央宫之东而得名。由此可见，吕大防一旦引退，高皇后将六神无主，她何等依赖元老重臣。

对待在位皇帝的态度如何，是衡量垂帘太后是否"专奉帝室"的更为重要的标准。历史上某些垂帘太后对在位皇

---

[1] 杨联陞:《中国历史上的女主》，见《食货》复刊第1卷第11期。
[2] 林语堂认为，在中国传统的上层社会中，母亲的权力相当可观。请看其《吾国与吾民》第五章《妇女生活》。
[3] 《范太史集》卷25《听政札子》。
[4] 《宋宰辅编年录》卷10绍圣元年三月乙亥"吕大防罢相"。

帝敌视、迫害者有之，将他们废黜，另立他人，甚至取而代之者亦有之。与此相反，宋代的垂帘太后同在位皇帝虽然不是没有矛盾，但绝无废立之事，她们对在位皇帝大多爱护、教育、扶持备至。如宋仁宗曹皇后号称"慈爱天至"，甚至"亲持膳饮以食帝"。宋哲宗即位之初，只是个年仅8岁的儿童，宋英宗高皇后不愿在大庭广众之中同他平起平坐。廷试举人，大臣请求"帝、后皆御殿"，高皇后不许；官员请求高皇后受册于文德殿，她反驳道：

> 母后当阳，非国家美事。况天子正衙，岂所当御？

她号称"以大公至正之心，保护皇帝，周密严谨，委曲纤悉"[1]。高皇后死后，人们赞美她：

> 身居佛法龙天上，心在儿孙社稷中。

据《道山清话》记载，此言"当时传播，人莫不称叹"。宋哲宗孟皇后与宋高宗虽然并非母子关系，但孟皇后对宋高宗关怀照料，无微不至，宋高宗说："朕于太后如母子""爱朕不啻己出"。宋度宗杨淑妃在南宋王朝行将灭亡之际，扶持幼主，苦苦支撑。她在厓山（在今广东省江门市新会区境内）

---

[1] 梁焘：《上宣仁皇后论皇帝进学之时》，见《诸臣奏议》卷5《君道门·帝学上》。

海上，听说宋朝末代小皇帝赵昺死去，不禁哀叹：

> 我忍死艰关至此者，正为赵氏一块肉尔。今无望矣！[1]

话音刚落，即跳海而死。足见她何等"忠"于赵氏一家一姓，这在今天不宜过分宣扬，但在封建时代获得"仁贤"的美誉。

---

[1]《宋史》卷47《瀛国公本纪附二王本纪》。

第三节　宋代无武韦之事

所谓宋代"后妃仁贤"之说,其含义虽多,但关键在于宋代没有一个后妃敢于像武则天那样,取唐朝而代之,堂而皇之地做女皇帝;也没有一个后妃敢于像唐中宗韦皇后那样,公然发动宫廷政变,打算步武则天后尘。《宋史·后妃传序》一言以蔽之:宋代"无唐武、韦之祸"。然而对于此说,并非毫无疑问。宋真宋刘皇后不就是武则天第二吗?这个看法当时就有,至今仍存。疑问即使排除,人们还会进一步问:宋代何以无武、韦之事?这些正是本节试图回答的问题。

一　刘皇后并非武则天第二

在宋代的9位垂帘太后中,权势最大的无疑当推天圣、明道年间听政的宋真宗刘皇后。难怪宋人要将"天圣"解释为"二圣人",把"明道"解释为"日月同道"[1]。在今天看来,刘皇后莫说有武则天之心,即便有武则天之举,也根本不算什么问题。可是,刘皇后在历史上却因此长期遭到非

---

[1]《贵耳集》卷中。

议。如天圣、明道年间任参知政事之后，又官至宰相的吕夷简就认为，当时乃"治乱未可知"之时。有人劝吕夷简引退避祸，他执意不肯并坚定地说：

> 平、勃不去，所以安汉；仁杰不去，所以安唐。[1]

吕夷简以汉高祖吕皇后时的陈平、周勃和唐朝武则天时的狄仁杰自比，分明是把刘皇后视为企图改朝换代的吕皇后再世、武则天第二。早在宋真宗病危时，宰相王曾就通过刘皇后的亲戚钱惟演捎话给刘皇后，要她吸取吕皇后和武则天的教训：

> 汉之吕后、唐之武氏，皆非据之位，其后子孙诛戮，不得保首领。[2]

王曾的看法和吕夷简的忧虑完全相同。长期以来，不少人猜疑刘皇后有武则天之心，尽管有以下四个依据，但只要稍加辨析，即可发现大多似是而非。

依据之一：宋真宗在世时便怀疑刘皇后有不臣之心。在权力交班问题上，宋真宗晚年的确忧心忡忡，举棋不定，前后反复，做了些不合逻辑的事，说了些自相矛盾的话。一

---

[1]《五朝名臣言行录》卷6之1《丞相许国吕文靖公（夷简）》。
[2]《五朝名臣言行录》卷5之1《丞相沂国王文正公（曾）》。

次,他"尝盛怒语辅臣":

> 昨夜皇后以下皆之刘氏,独留朕于宫中。

宰相李迪马上进谏:

> 果如是,何不以法治之?

宋真宗思索"良久"后说:

> 无是事也。

宋真宗病中"语言或错乱"[1]并且已经自行更正,但这却成了刘皇后有武则天之心的依据。其实,宋真宗曾经一再肯定刘皇后:

> 皇后素贤明,临事平允,深可付托。
> 内廷有皇后辅化宣行,庶无忧也。[2]
> 皇后裁制于内,万务平允,四方向化。
> 皇后所行,造次不违规矩,朕无忧也。[3]

---

[1]《长编》卷96天禧四年十一月己巳。
[2]《长编》卷96天禧四年十一月乙丑、闰十二月乙亥。
[3]《长编》卷98乾兴元年二月甲寅。

依据之二：刘皇后有效法武则天之意。她垂帘后询问大臣：

> 唐武后何如主？

此问可做多种解释。或许是问者无心而听者有意，有"鱼头参政"之称的鲁宗道立即怒形于色：

> 唐之罪人也，几危社稷。

刘皇后"默然"[1]。所谓"默然"，实际上是对鲁宗道的看法加以默认，有两件事可以作为佐证。一件是刘皇后拒绝立家庙。大理寺丞方仲弓上书刘皇后，"乞依武后故事，立刘氏庙"。鲁宗道认为：

> 若立刘氏庙，如嗣君何？[2]

刘皇后与鲁宗道的意见大致相同，她置这封上书于不顾。另一件是刘皇后抨击武则天。有位官员向刘皇后"献《武后临朝图》"，刘皇后"掷其书于地"并说：

> 吾不作此负祖宗事。

---

[1]《宋宰辅编年录》卷4天圣七年二月庚申"鲁宗道卒"。
[2]《五朝名臣言行录》卷5之3《参政鲁肃简公（宗道）》。

这分明是对武则天以周代唐的抨击。可见，说刘皇后有步武则天后尘之意，根据未免太不充分。

依据之三：刘皇后有僭越行为。她的生日被定为长宁节，同宋仁宗的生辰乾元节一样，普天同庆。她父亲刘通的名字举国避讳，如通州改称崇州、通判改称同判之类。群臣给她上了一个与皇帝一样冗长的尊号，先叫"应元崇德仁寿慈圣太后"，后称"应天齐圣显功崇德慈仁保寿太后"。她出入的礼仪、乘坐的车子同皇帝没有多少差别，并且以自己的名义派遣官员出使契丹。她与宋仁宗平起平坐，同御承明殿，听百官奏事。其实，这些做法大多沿袭前朝故事，即使在封建时代亦未可厚非。由于刘皇后是宋代第一位垂帘太后，当时听政仪制尚未建立。仪制问题既烦琐又细微，大臣之间如丁谓与李迪便有争议，而刘皇后一般是照大臣的意见办事。这里需要补充的是，刘皇后往往按照宋真宗的意图用人。据欧阳修《归田录》卷1记载，宋真宗"晚年每为章献明肃太后（刘皇后）言可大用者数人""其后章献皆用之"。宋真宗认为龙图阁直学士鲁宗道"忠实可大用"，刘皇后刚垂帘，立即把他提拔为参知政事，便是一例。此外，如天圣七年（1029）二月，权三司使事薛奎出任参知政事，刘皇后告诉薛奎：

先帝常以卿为可任，今用卿，先帝意也。[1]

---

[1]《长编》卷107天圣七年二月丁卯。

殿前副都指挥使杨崇勋在明道元年（1032）八月被提拔为枢密副使，当年十二月又升任枢密使，刘皇后向宋仁宗解释，其原因在于：

> 先帝称杨某忠孝亮直，可任大事。[1]

这些事实已经表明刘皇后并无武则天之心。在仪制问题上，刘皇后对大臣的意见同样十分尊重。如宋仁宗生病时，刘皇后能否独自上朝？宰相丁谓认为不可，刘皇后只得依从。刘皇后受尊号册仪式应当在哪里举行？宰相王曾反对在天安殿，刘皇后决定改在文德殿。刘皇后与宋仁宗同时外出，谁的车子应当走在前面？参知政事鲁宗道说"妇人有三从"，刘皇后立即命令自己的车子走在后面。应当承认，刘皇后在礼仪问题上通常比较谦让。如在刘皇后垂帘之初，大臣已商定长宁节一如乾元节之例，但刘皇后"多所裁损"。宋仁宗准备在天圣五年（1027）大年初一，"率百官先上皇太后寿，然后御天安殿受朝贺"。刘皇后反对：

> 岂可以吾故而后元会之礼哉？

王曾上奏说：

---

[1] 宋祁：《景文集》卷60《杨太尉墓志铭》。

> 陛下以孝奉母仪，太后以谦全国体，请如太后命。[1]

至于天圣七年（1029）冬至，宋仁宗先上寿、再受朝，遭到范仲淹反对：

> 天子无北面，且开后世弱人主以强母后之渐。[2]

此事在今天看来，近乎于无聊，在当时即使是个问题，其责任也主要在宋仁宗。当然，与后来宋代某些垂帘太后不御殿、不听奏、不立生辰节、不遣使契丹相比，刘皇后"自奉之礼或崇重太过"[3]。这位出身孤苦的银匠之妻好不容易才正位中宫并垂帘听政，要自我炫耀一下也属情理中事。刘皇后在礼仪问题最受指责之处，莫过于明道二年（1033）春天"欲以天子衮冕见太庙"。参知政事薛奎质问道：

> 陛下大谒之日，还作汉儿拜耶？女儿拜耶？[4]

刘皇后不久去世。据说她临死前"疾不能言而犹数引其衣"，宋仁宗不知是何意，薛奎说：

---

[1]《长编》卷99乾兴元年十一月乙亥、卷104天圣四年十二月丁亥。
[2]《五朝名臣言行录》卷7之2《参政范文正公（仲淹）》。
[3]《司马文正公集》卷25《上皇太后疏》。
[4] 文莹：《续湘山野录》。

> 其在衮冕也！然服之，岂可见先帝乎？

宋仁宗"卒以后服葬之"[1]。刘皇后居然着天子装，这在封建时代固然属于僭越行为。因而直到明末清初，王夫之仍大加挞伐：

> 刘后以小有才而垂帘听政，乃至服衮冕以庙见，乱男女之别而辱宗庙。[2]

但仅据此就说她拟效法武则天自立为帝，只怕根据仍然不足。

依据之四：刘皇后企图另立幼主。此说导源于相互联系的两件事。一件是：据传刘皇后"梦周王祐来告，将脱生荆王宫中"[3]，于是她"欲进荆王为皇太叔"[4]。周王是早年死去的宋真宗之子赵祐，而荆王则是宋太宗之子赵元俨，他在当时的宗室当中辈分最高。但赵元俨在刘皇后垂帘期间的表现，《宋史》卷245《宗室传二·周恭肃王元俨传》有记述：

> 仁宗冲年即位，章献皇后临朝，自以属尊望重，恐为太后所忌，深自沉晦。因阖门却绝人事，故谬语阳

---

[1]《欧阳文忠公集》卷26《薛公墓志铭》。
[2] 王夫之：《宋论》卷4《仁宗》。
[3]《龙川别志》卷上。
[4]《五朝名臣言行录》卷6之1《丞相许国吕文靖公（夷简）》。

狂,不复预朝谒。

"谬语阳狂"显然是韬晦之计。从中不难看出,赵元俨与刘皇后叔嫂之间内心深处相互戒备之深。既然如此,刘皇后怎么可能封他为皇太叔?另一件是:

> 又以荆王子养于宫中,既长而弗出。[1]

"荆王子"是指赵元俨的小儿子赵允初,人称"五相公"。其实,在宋代养宗室子于宫中不足为奇,赵元俨在宋太宗时便"终日侍左右在宫中"[2]。可是宰相吕夷简反对,刘皇后耐心解释:

> 无他欲,令与皇帝同读书耳。

吕夷简不仅不听,竟胡乱上纲:

> 前代母后多利于幼稚,试披史籍即可见。嫌疑之际,不可不谨。

刘皇后只得接受吕夷简建议,将赵允初"即日遭令出宫"[3]。

---

[1]《五朝名臣言行录》卷6之1《丞相许国吕文靖公(夷简)》。
[2]《景文集》卷58《荆王墓志铭》。
[3]《五朝名臣言行录》卷6之1《丞相许国吕文靖公(夷简)》。

吕夷简如此"防微杜渐",实属捕风捉影。假如刘皇后心存另立幼主之想,势必对宋仁宗加以迫害,然而事实并非如此。刘皇后与宋仁宗某些时候确有矛盾,但不能以偏概全。史称:

> 太后保护帝既尽力,而帝所以奉太后亦甚备。[1]

他们两人总的说来关系不错。至于刘皇后尽心教育宋仁宗,更是备受宋人称赞。在学习上,刘皇后选择孙奭、冯元等硕学鸿儒出任侍讲、侍读。宋仁宗尽管是皇帝,孙奭仍敢于严格要求。据彭百川《太平治迹统类》卷6《庄献垂帘》记载:

> 上在经筵,或左右瞻瞩,或足敲踏床。奭拱立不讲,每讲礼貌必庄。上亦为竦然改听。

在生活上,刘皇后"躬亲调护",尤其不许宋仁宗幼年近色,以致"后宫为庄献(宋真宗刘皇后)所禁遏,希得进"[2]。直到宋哲宗即位之初,右正言范祖禹上疏指责宋英宗高皇后对宋哲宗管教不严时,仍引用司马光的话对刘皇后大加颂扬:

---

[1]《长编》卷112明道二年五月癸酉。
[2]《长编》卷113明道二年十二月甲寅。

> 章献明肃太后保护仁宗皇帝，最有为法。自即位以后、未纳皇后以前，居处不离章献卧内，所以圣体完实，在位最久。章献于仁宗，此功最大。[1]

南宋时期，照不少士大夫看来，"章献不如宣仁（宋英宗高皇后的谥号）"。但朱熹认为，仅就管教少年天子而论，宣仁"反不及章献"[2]。

总之，刘皇后有武则天之心是难以求证的假设，刘皇后无武则天之举是不可动摇的事实。据《宋史》卷310《李迪传》记载，刘皇后晚年询问曾经把她当作武则天第二来反对的李迪：

> 卿向不欲吾预国事，殆过矣。今日吾保养天子至此，卿以为何如？

李迪回答道：

> 臣不知皇太后盛德，乃至于此。

宋人并非一概将刘皇后视为武则天第二。如嘉祐末年，知谏院司马光给予刘皇后很高的评价：

---

[1]《三朝名臣言行录》卷13之1《内翰范公（祖禹）》。
[2]《朱子语类》卷129《本朝三·自国初至熙宁人物》。

> 章献明肃皇太后保护圣躬，纲纪四方，进贤退奸，镇抚中外，于赵氏实有大功。[1]

南宋人张端义《贵耳集》卷中称：

> 章献明肃保佑仁宗十二年之政，诸贤在朝，天下泰和。

更有甚者，某些宋人将刘皇后盛赞为"今世之任、姒"[2]。所谓任、姒，是指周文王的母亲太任和周武王的母亲太姒。后来，李贽在《史纲评要》卷28中将刘皇后艳称为"贤后"，并替她鸣不平：

> 人几以汉之吕、唐之武并之，则冤矣。

蔡东藩虽然认为把刘皇后称为"贤后"未免过分，但他说：

> 刘氏有吕、武之才，无吕、武之恶。

权势最大的刘皇后尚且如此，无怪乎蔡东藩进一步认定有宋一代"没有女祸"。

---

[1]《司马文正公集》卷25《上皇太后疏》。
[2]《翰苑新书》后集上卷4《皇太后》。

二 宫禁制度较严密

宋代为什么"没有女祸"？原因相当复杂，较为明显的是观念方面的缘故和受到制度的限制。

就观念来说，早在北宋初年，杜太后号称"有礼法"。此后后妃有的"绘《古列女图》，置坐右为鉴"，有的对有关礼法"悉能记之"。这批贵妇人从总体上说不如唐代后妃有"志气"，她们大多下意识地拜倒在封建礼法之下。宋代后妃"动以礼法""柔顺好礼""动循礼度"一类的记载，散见于有关传记资料。她们在观念上与武则天大不相同。

以制度而论，"无后妃预政之理"在宋代不是一句空话，这条较为抽象的原则有比较具体的制度做保证。其中，宫禁制度特别值得注意。嘉祐年间，知谏院司马光说：

> 门阙之禁，不可不严。[1]

宋徽宗时，右正言任伯雨讲：

> 宫门之禁，法最严密……在律亦宫禁之法为最重。[2]

如果说司马光的话只是强调而已，那么任伯雨的话则大体上

---

[1]《司马文正公集》卷20《论夜开宫门状》。
[2]《历代名臣奏议》卷212《法令》"宋徽宗时任伯雨又上奏"。

反映了宋代的实际情况。《宋刑统》卷1《名例律》规定，如谋毁宫阙，即属于十恶之一的谋大逆，被视为最为严重的犯罪。《宋刑统》卷7《卫禁律》，如"阑入宫殿门"，将受到严惩：

> 诸阑入宫门徒二年，殿门徒二年半，持仗者各加二等。入上阁内者绞，若持仗及至御在所者斩。

所谓"阑入"，即"不应入而入"。"加二等"，徒刑一等为半年，"徒二年"将改为"徒三年"；因徒刑最重为三年，"徒两年半"将改为最轻一等的流刑即"流二千里"。而"上阁"则是指崇元殿，"殿东为左上阁""殿西为右上阁"。崇元殿曾先后改称乾元殿、朝元殿、天安殿、大庆殿等，是宫城正南门内的正殿。不仅如此，《卫禁律》将"宿卫人冒名自代""因事入宫辄宿""应出宫殿不出""通传宫人书信""夜开宫殿门出入"等均视为犯罪，并且做出了具体的惩罚规定。如关于"通传宫人书信"的法律条文是：

> 虽非阑入，辄私共宫人言语，若亲为通传书信及衣物者，绞。

即使是依法允许入宫的人，莫说与宫人传书带信，哪怕是同宫人闲聊了几句，也得处以绞刑。惩罚之重，一望而知。

对于《宋刑统》有关宫禁制度的规定，有以下四点需要说明。

首先,《宋刑统》虽颁行于北宋初年,但其中有关宫禁制度的条文通行于整个两宋时期。庆历元年(1041),知谏院孙沔把有关条文的精神概括为:

> 阑入则抵罪,误至则伏诛。[1]

嘉祐年间,知谏院司马光在《论夜开宫门状》[2]中指出:

> 夜开宫殿门及城门者,皆须有墨敕鱼符。

与《宋刑统》的条文完全吻合。他要求进一步严加控制:

> 非有急切大事,勿复夜开。必不得已,须至夜开者,即乞陛下亲降手敕,加以御宝。

南宋人蔡采之强调:

> 君门九重,睡榻之侧,岂容他人咳唾![3]

---

[1] 孙沔:《上仁宗论宫禁五事》,见《诸臣奏议》卷29《帝系门·嫔御》。
[2] 《司马文正公集》卷20。
[3] 蔡采之:《碧湖杂记·宫禁不严》,见《说郛》卷29。

这些都是《宋刑统》的有关条文在宋代长期通行的佐证。

其次,《宋刑统》关于宫禁制度的规定不仅适用于宫外人,而且适用于宫内人。《宋刑统》卷7《卫禁律·阑入庙社宫殿门》"议曰":

> 宫内人不应入殿门,至殿门阈未逾者,杖九十。殿内宿卫人至上阁未逾者,杖一百。

所谓"阈",即门限。宋代士大夫因此见到"大内车盖出入,朝暮往还",往往立即上书皇帝,请求"止绝宫人出入"[1]。

再次,《宋刑统》有关宫禁制度的条文不仅适用于普通人,而且在原则上适用于达官显贵、皇亲国戚乃至后妃。《宋刑统》卷21《斗讼律·宫殿内争殴》规定:

> 诸于宫内忿争者,笞五十,声彻御所及相殴者,徒一年。

明道二年(1033),宋仁宗郭皇后与尚美人在宋仁宗跟前,"争忿"并"相殴"。她们二人虽未被处以徒刑,但先后被废为庶人。这一处分对于她们来说,并不比徒刑轻。此外值得注意的是,宋代最高统治者不断地对宫禁制度做补充规定。

---

[1] 孙沔:《上仁宗乞止绝宫人出入》,见《诸臣奏议》卷29《帝系门·嫔御》。

如宋真宗在大中祥符二年（1009）七月规定，"皇亲诸命妇应入宫廷觐见者"，必须"前一日具奏待报"。长公主尽管"不须待报"，但应于前一日"以随从女仆人数具奏"[1]。宋真宗刘皇后乾兴元年（1022）三月规定：

> 内外命妇入见皇太后，于内中别设客殿。唯长公主并亲王夫人许殿上起居。

并且强调"不得交杂往还""如有犯者，并奏取旨"[2]。宋仁宗于宝元二年（1039）五月、皇祐四年（1052）九月，一再强调：

> 皇亲戚里遇节序庆贺及乾元节、南郊，方许入内进奉。其朔望，更不得入内。臣僚命妇并女冠、尼寺等非遇乾元节、南郊及庆贺，毋得妄作名目，告求入内。[3]

很清楚，这些补充规定主要是针对包括后妃亲属在内的一切皇亲国戚。

最后，尤其值得注意的是《宋刑统》关于宫禁制度的规定虽然一字不改地抄自《唐律疏议》，但宋代执行得比唐代

---

[1]《宋会要》礼56之14。
[2]《宋会要》后妃1之10。
[3]《宋会要》礼56之14。

严格。只要读一读《新唐书·后妃传》，即可发现不少违反宫禁制度的事例。如唐太宗让其妻兄、宰相长孙无忌"出入卧内"；武则天的男宠冯小宝、张易之、张昌宗等更是宫廷中的常客；唐中宗时，"左右内职皆听出外"；韦皇后将其男宠马秦客、杨均等"引入后廷"；上官昭容"营外宅，邪人秽夫争候门下"；唐玄宗听任杨贵妃的三位姐姐"出入宫掖"。当时人感叹：

> 如此天下焉得不乱！[1]

从总体上说，上述情况在宋代简直不可想象。难怪宋哲宗朝宰相吕大防对包括唐代在内的前代痛加谴责：

> 前代宫闱多不肃，宫人或与廷臣相见。

同时又津津乐道：

> 本朝宫禁严密，内外整肃，此治内之法也。[2]

吕大防的话不免有夸张的成分，但宋代的宫禁制度不仅本身较严密，而且执行得亦较认真。下面四件事便是其例证。

---

[1]《碧湖杂记·宫禁不严》。
[2]《长编》卷480元祐八年正月丁亥。

例一：宋仁宗怒斥张贵妃。据宋人邵伯温《邵氏闻见录》记载，一次，宋仁宗在张贵妃的住所，发现颇为珍贵的定州（今属河北）红瓷器，不免感到惊奇，马上查询："安得此物？"张贵妃以御史中丞王拱辰所献作答。张贵妃虽然是庆历、皇祐年间最受宋仁宗宠爱的妃子，但宋仁宗这时胸中的怒火难以按捺，他训斥道：

尝戒汝勿通臣僚馈遗，不听何也？

当即将红瓷器打得粉碎。又一次，宋仁宗看见张贵妃身着用名贵的灯笼锦做成的衣服，立即询问此物从何而来。张贵妃解释道：

文彦博以陛下眷妾，故有此献。

宋仁宗"终不乐"。文彦博违反宫禁制度，私自与后妃往还，成为他后来罢相的重要原因之一。邵伯温讲罢此事，最后赞叹道：

呜呼，仁宗宠遇贵妃，冠于六宫，其责以正礼尚如此，可谓圣矣！

例二：宋英宗高皇后不许其儿子徐王赵颢、魏王赵頵擅自入宫。这件事发生在宋神宗病危期间，宋哲宗被立为太子之后。高皇后死后不久，侍读学士范祖禹记述道：

> 徐王、魏王，皆亲子也，以朝廷之故，疏远隔绝。魏王既病没，然后一往。太皇太后疾已革，然后徐王得入。

高皇后为了防避意想不到的变故，从严贯彻宫禁制度，不惜将母子深情放在一边。范祖禹大加称赞：

> 所以如此，岂有他求哉？凡皆为赵氏社稷、宗室宗庙也。[1]

直到靖康元年（1126），谏议大夫杨时仍赞不绝口：

> 元丰末年，伏见神宗皇帝不豫，哲宗幼冲，宣仁圣烈皇后（高皇后）有旨，令岐王（赵颢），嘉王（赵𫖮）非宣召不得入内。其周防之虑深矣。[2]

例三：宋高宗吴皇后不准其侄子吴琚动辄出入宫中。据南宋人叶绍翁《四朝闻见录》乙集《吴云壑》记载，吴皇后垂帘时，告诫吴琚：

---

[1]《范太史集》卷25《听政札子》。
[2] 杨时：《上钦宗论宣仁诬谤未明瑶华位号未复》，见《诸臣奏议》卷26《帝系门·皇太后》。

> 垂帘非我志也，不比大哥在时。汝辈自此少出入，庶免干预内廷之谤。

"大哥"指宋孝宗。吴皇后对于宫禁制度，可谓自觉坚守。叶绍翁赞扬吴皇后：

> 其严待家人如此，谓之以"圣"，宜哉！

例四：赵汝愚、韩侂胄难以会见宋高宗吴皇后。此事发生在绍熙五年（1194），枢密使赵汝愚有头等国家大事要同身为太皇太后的宋高宗吴皇后商议。然而按照当时的规矩，"宫禁不与外事"[1]。在宫禁制度下，"外朝与中禁势相隔绝"[2]。赵汝愚只得委托他人转达，吴皇后的姨侄、知阁门事韩侂胄无疑是个合适的人选。可是，韩侂胄同样难以和吴皇后相见，他辗转委托并苦苦央求宦官张宗尹、关礼，才将这一头等国家大事转达。足见当时宫禁制度之严。

行文至此，人们难免会问：宫禁制度作用何在？当时人称："非深严不为尊，非禁戒不为备"[3]。借以显示皇权的尊严和确保皇帝的安全，是其作用之所在。此外还能防止宫中

---

[1] 《续宋编年资治通鉴》卷10淳熙十六年二月。
[2] 《贵耳集》卷下。
[3] 孙沔：《上仁宗论宫禁五事》，见《诸臣奏议》卷29《帝系门·嫔御》。

人"交通内外,泄漏机密"[1]。至于对男性进入宫中,限制尤其严格,是为了维护皇族血统的所谓纯正。在宋朝统治者看来,宫禁制度是一项重要的"治内之法"。什么叫"治内"?说得含蓄些,即治理后宫;说得明白些,便是对付后妃,防止她们"通私谒以乱政,纵外亲而干法"[2]。孙沔认为宫禁制度的主要作用在于:

> 使内言不出于阃,外言不入于阃,所以防未然而限中外也。[3]

所谓"限中外",就是分割内廷和外朝,将后妃的活动空间局限在内廷之中,把她们与官员以至宗室、外戚的政治联系切断。可见,宫禁制度是后妃干政遇到的一大障碍。除此之外,止绝内降在防范后妃干政方面的作用也不小,这项制度在余论里再介绍。

三 后妃实力有限

宋代无武韦之事,后妃实力有限也是一个重要缘故。东汉时期在历史上以太后久专国政而闻名,当时的皇后大多

---

[1] 陈瓘:《上徽宗论向宗良兄弟交通宾客》,见《诸臣奏议》卷35《帝系门·外戚下》。
[2] 庞籍:《上仁宗乞序正宫掖》,见《诸臣奏议》卷29《帝系门·嫔御》。
[3] 孙沔:《上仁宗论宫禁五事》,见《诸臣奏议》卷29《帝系门·嫔御》。

出身于世家豪族，如南阳阴氏、邓氏，扶风窦氏、安定梁氏等。东汉的皇后及其家族"实际上是盘踞全国各地的豪强世族的政治代表"[1]。至于唐代，照朱熹看来，"武后却可畏"，其根源在于：

> 武后乃武功臣之女，合下便有无君之心。[2]

宋代的情况与东汉、唐代不同，正如范祖禹所说：

> 祖宗以来，无强族根据朝廷。[3]

正是在这一历史大背景下，宋代后妃出身复杂，其家庭实力相当有限。本章第一节已经涉及，这里再把权势最大的宋真宗刘皇后作为典型加以剖析。

宋真宗刘皇后"起于寒微""无宗族"。她的亲属无非是其前夫龚美一家及其姻亲。刘皇后做美人之后，仍念旧，将龚美认作干哥哥，改姓刘。刘美"初事真宗于藩邸，以谨力被亲信"[4]。再加上刘皇后这层关系，升迁较迅速，曾任勾当皇城司一类的要职，官至侍卫马军都虞候、权领马军司事。刘皇

---

[1] 顾蓉、葛金芳：《雾横帷墙——古代宦官群体的文化考察》第99页。
[2] 《朱子语类》卷132《本朝六·中兴至今日人物下》。
[3] 《上哲宗乞罢韩忠彦政事》，见《诸臣奏议》卷35《帝系门·外戚下》。
[4] 《宋史》卷463《外戚传上·刘美传》。

后垂帘时，他已死去。刘皇后临朝后，她的亲属主要是刘美的儿子刘从德、刘从广以及刘美的女婿马季良、妻兄钱惟演。

刘从广"少出入禁中，侍仁宗左右，太后爱之如家人子"[1]。无奈他死时，年仅13岁，根本不可能担任实职。刘皇后对刘从德之疼爱，又非其弟弟可比。《宋史》卷463《外戚传上·刘美传附刘从德传》称：

> 从德齿少无才能，特以外家故，恩宠无比。

嘉州（治今四川乐山）土豪王蒙正之女"姿色冠世"被宋仁宗看上，刘皇后以"妖艳太甚，恐不利少主"[2]为理由，将她许配刘从德。刘从德推荐的明明是庸才，刘皇后却赞不绝口：

> 儿能荐士，知所以为政矣！

但刘从德仅官至知州便短命，刘皇后"悲怜之尤甚"[3]。

至于马季良做官，全靠刘皇后栽培。据江休复《江邻几杂志》记载：

---

[1]《宋史》卷463《外戚传上·刘美传附刘从广传》。
[2]《挥麈录》后录卷2《富文忠封还词头》。
[3]《宋史》卷463《外戚传上·刘美传附刘从德传》。刘从德死于天圣九年十一月，《宋史》本传称其终年为24岁，而《长编》卷110作42岁。42可能是24之误。

> 马季良家本茶商，刘美女婿也，于是召试馆职，太后遣内侍赐食，促令早了，主试者分为作之。

刘皇后打算把马季良提拔为龙图阁待制，遭到宰相王曾反对。她趁王曾病假之机，突击加以任命。但因马季良出身茶商，又无才干，终刘皇后之世，仅官至兵部郎中、江南安抚使。在刘皇后的亲戚中，曾任执政大臣的只有钱惟演一人。他在宋真宗生前历任翰林学士、枢密副使等要职，刘皇后垂帘之初又升任枢密使。然而钱惟演只做了4个月枢密使，便因遭到士大夫反对而被解职。其详情在下一章再讲。

刘皇后的亲属无疑相当骄横。早在宋真宗晚年，"皇后宗人横于蜀，夺民盐井"。刘皇后垂帘以后，刘从德的岳父王蒙正"恃太后亲，多占田嘉州"。他在任荆南驻泊都监时，"挟太后姻横肆"。京西转运使司官吏马崇正仗着他是"太后姻亲"，招摇过市，"猾横不法"[1]。更为严重的是，外戚家里的奴婢居然左右官员升迁。据《宋史》卷288《赵稹传》记载：

> 时，权出宫掖，稹厚结刘美人家婢，以故致位政府。命未出，人驰告稹，稹问曰："东头？西头？"盖意在中书也。闻者皆以为笑。

无怪乎直到宋英宗即位之初，知谏院司马光仍感叹：

---

[1]《皇宋通鉴长编纪事本末》卷34《外戚骄横》。

> 章献明肃太后……特以亲用外戚小人，故负谤天下。[1]

不过，刘皇后的亲属在权势上受到下面两个方面的限制。

首先，士大夫对刘皇后的亲属竭力加以限制。参知政事吕夷简的办法是：

> 多称引前代母后临朝以致祸之道，以劝戒焉。[2]

刘皇后的亲属一旦犯法，士大夫一般主张严惩不贷。如天圣九年（1031）九月，王蒙正之子王齐雄"捶老卒死"，刘皇后亲自出面说情：

> 齐雄非杀人者，乃其奴尝捶之。

知开封府程琳当即顶了回去：

> 奴无自专之理，且使令与己犯同。

"太后默然，遂论如法"[3]。

其次，刘皇后也不愿意过分放纵其亲属。或许与宋代后妃

---

[1]《三朝名臣言行录》卷7之1《丞相司马文正公（光）》。
[2]《五朝名臣言行录》卷6之1《丞相许国文靖公（夷简）》。
[3]《皇宋通鉴长编纪事本末》卷34《外戚骄横》。

"不私外家"这一传统有关,同时刘皇后又深知眼前把他们捧得高,日后势必摔得重这个深刻的历史教训。她曾经感叹:

> 自古外戚之家,鲜能以富贵自保。[1]

尤其在垂帘前及听政之初,刘皇后比较谨慎。刘美在世时,宋真宗"屡欲委之兵柄,以皇后恳让故,中辍者数四"[2]。这也许是刘皇后装模作样,但每当"赐族人御食",她"必易以铅器",并强调:

> 尚方器勿使入吾家也。

应当是事实。

鉴于以上两个因素,加之刘美起初只不过是一个"以锻银为业"的银匠,其家族毫无根基,因此,刘皇后亲属的势力简直不能同武则天当年相比。何况刘皇后去世后,其亲属纷纷落马。而武则天死后,其亲属直到唐玄宗时余威尚存,前后宰制有唐一代政局长达百年之久[3]。总之,刘皇后的政治实力与武则天有天壤之别。

最后需要指出,刘皇后并不是一个孤立的偶然现象。宋

---

[1]《长编》卷102天圣二年九月庚子。
[2]《宋史》卷463《外戚传上·刘美传》。
[3] 参看陈寅恪:《记唐代之李武韦杨婚姻集团》,载《历史研究》1954年第1期。

代后妃或"家世寒微",或出身"衰旧之门",或生长在"小官门户"。退一万步说,她们即便有武则天之心,也不具备步武则天后尘的实力。总之,无论从哪方面说,宋代都不是产生武则天第二的时代。

第三章 宋代外戚与政治

所谓外戚是指皇帝的母族、妻族，也包括皇帝的姐妹和女儿的夫族。由于他们与皇帝关系特殊，往往对朝政具有特殊的影响力。外戚一旦权势恶性膨胀，皇帝将被玩弄于股掌之上，甚至取而代之。西汉外戚辅政的问题就很突出，前期有吕产、吕禄执掌兵权，窦婴、田蚡拜相，卫青、霍去病、李广利拜将；中期有霍光、许嘉等辅政；后期有王凤、王音、王根、王莽等相继专权，直至王莽代汉。西汉外戚权势虽大，但往往失败得很惨。正如东汉人崔骃所说：

> 汉兴以后，迄于哀、平，外家二十，保族全身，四人而已。[1]

东汉的情况与西汉相似，在为数众多的外戚中，"亦只阴、郭、马三家保全，其余皆无不败者"[2]。有的学者认为，历代皆有外戚干政之患，唯独宋代没有。如日本学者宫崎市定在

---

[1]《后汉书》卷52《崔骃传》。
[2]《廿二史札记》卷3《两汉外戚之祸》《汉外戚辅政》、卷2《武帝三大将皆由女宠》。

《宋元的经济状况》一文中说:"外戚在中世每每是篡夺的根源,可是在宋代,他们对于皇室内部的事情也没有任何发言权了。他们就好像把自己的女儿供奉给神祇一样,只能引以为荣,欢喜一阵罢了。要想与皇室联姻从而平起平坐,那是不许可的。"[1] 追根究底,这个说法来自《宋史·后妃传序》及《外戚传序》。前者断言,宋代"无汉王氏之患"。后者指出,宋代"终无外家干政之患"。此说不无可推敲之处,对韩侂胄和贾似道这两大外戚应当做何解释,就是个显而易见的问题。鉴于研究者从前未曾深究,本章拟做初步探讨。

---

[1] 宫崎市定:《宋元的经济状况》,载《宫崎市定论文选集》上册。

第一节 宋代无王莽之"患"

两宋王朝长达300多年之久,外戚的权势因时而异,每个阶段均有其代表人物,不宜笼统而论。如北宋中期的钱惟演和张尧佐、北宋后期的韩忠彦和郑居中、南宋前期的钱端礼和张说以及南宋中期的韩侂胄和南宋后期的贾似道。探讨韩侂胄其人的论文颇多,但从外戚与政治的关系这一角度着眼者极少。对于贾似道其事,人们知道得不少,那是因为冯梦龙《古今小说》中有一篇《木绵庵郑虎臣报冤》,尽人皆知,小说家言不可尽信。至于钱惟演、张尧佐等人的生平事迹,人们或许还比较生疏。鉴于上述情况,下面不妨说得具体些。

一 钱惟演与张尧佐:众矢之的

从政治史的角度看,宋代大多数外戚并无多大实际意义。杨景宗(生卒年不可考)与李用和(988—1050)便是例证。

杨景宗字正臣,益州郫县(今四川省成都市郫都区)人。他是宋真宗杨淑妃的叔伯弟弟,青年时代曾因聚众赌博被判刑。杨淑妃入宫做美人之后,杨景宗弟以姐贵,历任各地知州，曾任领皇城司这一要职，官至节度观察留后。可是，他旧病复发、恶习加剧，"性暴戾，所至为人患，使酒任气"[1]，特别是"好以木挝击人"，因而外号"杨骨挝"[2]。杨景宗的意义仅仅在于将外戚的腐朽与凶残面相暴露无遗。

李用和字审礼，杭州人。他是宋真宗李宸妃的弟弟，人称"李国舅"。他早年"沦落颠沛""佣于凿纸钱家"，因病"为纸家弃于道左"，有人"见而怜之，收养于家"[3]。李宸妃的儿子宋仁宗即位后，李用和陡然官运亨通，历任殿前都虞候、侍卫亲军副都指挥使、殿前副都指挥使等职，官至节度使兼侍中。他死后，翰林学士宋祁为其作墓志铭，这篇遵命之作，满纸阿谀之词，但其中"常谢宾客，罕所荐进，朝或大议论，不敢知，故无党"[4]等语，则大致属实。李用和文化层次很低，对于朝政显然难以发表"议论"。

北宋前期，外戚无闻人。到北宋中期，才出了两位风云人物——钱惟演与张尧佐，常常遭到士大夫抨击，成为众矢之的。

钱惟演（962—1034）字希圣，钱塘（今浙江省杭州市部分地区）人。他系吴越亡国之君钱俶之子，太平兴国三年（978）随从父亲来到开封。此人"博学能文辞"，但热衷于攀高亲，并企图靠裙带关系做大官。钱惟演与赵宋皇室有着

---

[1]《长编》卷176至和元年正月壬申。
[2] 魏泰：《东轩笔录》卷2。
[3]《东轩笔录》卷2。
[4]《景文集》卷58《李郡王墓志铭》。

多重婚姻关系,他将其妹妹嫁与宋真宗刘皇后的干哥哥刘美之后,又为他的儿子钱暖娶了宋仁宗郭皇后的妹妹,还同宋太宗的女儿荆国大长公主是儿女亲家。乾兴元年(1022)七月,钱惟演靠刘皇后的关系,做了两年枢密副使之后,又出任枢密使。可是,宰相冯拯"恶其为人",立即上奏反对:

> 惟演以妹妻刘美,乃太后姻家,不可与机政,请出之。[1]

于是,钱惟演在当年十一月被解职。此后,他两次企图出任宰相,两次遭到强烈反对。一次,钱惟演"因朝京师,图入相",刘皇后已经通过宦官告诉他障碍太大,但他"犹顾望不行",监察御史鞠咏态度很坚定:

> 若相惟演,当取白麻廷毁之。

白麻是诏书的别称,此处是指宰相委任状。钱惟演"乃亟去"。另一次,钱惟演"托疾久留京师",已被任命为判陈州(治今河南省周口市淮阳区),仍"迁延不赴,且图相位"。天章阁待制范讽当即上奏:

> 惟演为枢密使,以皇太后姻属罢之,示天下以不

---

[1]《宋史》卷317《钱惟演传》。

私，今固不可复用。

殿中侍御史郭劝支持范讽的主张，刘皇后只得"促其行"。钱惟演"虽官兼将相，阶勋品皆第一，而终不历中书"。他欲壑难填，有"抑郁不得志"之叹：

> 吾平生不足者，惟不得于黄纸尾押字耳！[1]

张尧佐（987—1058）字希元，永安（在今河南省巩义市东南）人，系宋仁宗张贵妃的从堂伯父。他起初只不过是一介寒士，考中进士，步入仕途，在地方上做小官，据说有一些政绩。这时恰逢张贵妃深受宋仁宗宠爱，宋仁宗"以其所出微，欲使之依士族以自重，乃稍进用尧佐"[2]。张尧佐从此飞黄腾达，亦因此卷入政治漩涡，每次升迁几乎都酿成政治风波。庆历四年（1044）三月，张尧佐刚晋升提点开封府界公事，右正言供谏职余靖立即上疏谴责张尧佐"识见浅近，依托后宫嫔嫱之势"，请求宋仁宗不必"躐等待之，以腾物议"[3]。皇祐二年（1050），张尧佐在三司使任上，正逢"参知政事阙员"，他"朝暮待命"。侍御史彭思永坚决反对，表示"虽赴鼎镬无恨"。他告诫宋仁宗，"妃族秉政""非国

---

[1]《宋宰辅编年录》卷4乾兴元年十一月丁卯"钱惟演罢枢密使"。
[2]《涑水记闻》卷8。
[3] 余靖:《余襄公奏议》卷上《论张尧佐不当与府界提点奏》。

家之福"[1]。台谏官纷纷上疏，指责张尧佐"亲连宫掖，不可用为执政之官"[2]。宋仁宗只得在当年闰十一月下诏：

> 后妃之家毋得除二府职任。[3]

可是，宋仁宗赓即又把张尧佐任命为宣徽南院使、淮康军节度使、群牧制置使、景灵宫使。对此，台谏官反对的声浪更激烈。宋仁宗上朝，张贵妃送至殿门并一再叮咛道：

> 官家今日不要忘了宣徽使！

宋仁宗以"记得"二字相答，谁知在朝堂上包拯"大陈其不可，反覆数百言，音吐愤激，唾溅帝面"。宋仁宗回宫，一边"以袖拭面"，一边对张贵妃说：

> 中丞向前说话，直唾我面。汝只管要宣徽使，岂不知包拯是御史中丞乎！[4]

这段记载有误，包拯当时任知谏院，御史中丞是王举正。然

---

[1]《二程集·河南程氏文集》卷4《明道先生文四·故户部侍郎致仕彭公行状》。
[2]《包拯集》卷6《按劾·弹张尧佐三附答语》。
[3]《宋史》卷12《仁宗本纪四》。
[4] 朱弁：《曲洧旧闻》，见《说郛》卷41。

而从中可以看出，台谏官何等愤慨！张尧佐只得辞去宣徽南院使和景灵宫使。不久，宋仁宗又将张尧佐任命为宣徽使、判河阳（治今河南孟县西），殿中侍御史唐介上奏反对。宋仁宗勃然大怒，"却其奏不视，且言将远窜"。唐介理直气壮地说：

> 臣忠愤所激，鼎镬不避，何辞于谪？

唐介被贬往岭南，"由是直声动天下，士大夫称真御史"[1]。张尧佐在历史上的价值仅仅在于映衬包拯、唐介等人的刚直。

如果说钱惟演"抑郁不得志"，毕竟还做过枢密院长官，那么对于张尧佐来说，执政大臣可望而不可及。所谓执政大臣，在宋代是指副宰相及枢密院长官。由于士大夫盯得很紧，他们难以对朝政发生影响。总之，在北宋前期和中期，外戚执政仅有钱惟演一人而已，至于外戚宰相则了无一人。

二 外戚宰相：韩忠彦和郑居中

外戚无宰相的局面到北宋后期被打破，韩忠彦、郑居中在宋徽宗时先后拜相。

韩忠彦（1038—1109）字师朴，相州安阳（今属河南）

---

[1]《宋史》卷316《唐介传》。

人。他入仕为官后,升迁较迅速,一靠"力学为文章,登进士第"[1],二靠其父韩琦在宋仁宗、宋英宗、宋神宗三朝任宰相长达12年之久,在官场中颇具影响力。元祐四年(1089)六月,韩忠彦出任尚书左丞,跻身执政大臣。他的弟弟韩嘉彦在当年七月选为宋神宗之女唐国长公主的驸马,韩忠彦立即一再"以嘉彦选尚为嫌,乞罢免",宋哲宗"不许"[2]。对于宋哲宗这一决定,"物议籍籍,以为未当"[3],台谏官员纷纷上疏反对。知谏议大夫范祖禹说:

> 国朝旧制,婚姻之家无预政事者。今嘉彦尚主而忠彦执政,此非祖宗故事,不可为子孙法。[4]

宋哲宗只得在元祐五年(1090)三月,让韩忠彦改任同知枢密院事。元符三年(1100)正月,宋徽宗即位,宋神宗向皇后垂帘,韩忠彦于当年四月出任宰相。对于这一决定,士大夫更是激烈反对。给事中刘拯抗疏论驳:

> 韩忠彦虽以德选,然不可启贵戚预政之渐。[5]

---

[1] 毕仲游:《西台集》卷15《丞相仪国韩公行状》。
[2] 《宋会要》帝系8之53。
[3] 傅尧俞:《上哲宗论韩忠彦为左丞以其弟嘉彦尚主未当》,见《诸臣奏议》卷35《帝系门·外戚下》。
[4] 《三朝名臣言行录》卷13之1《内翰范公(祖禹)》。
[5] 《宋史》卷356《刘拯传》。

宋徽宗亲政后，韩忠彦在崇宁元年（1102）五月罢相。其主要原因固然是谏官吴材、王能甫斥责他"变神考（神宗）之美政，逐神考之人材"[1]，但也与韩忠彦的外戚身份有关。为此，宋徽宗在崇宁二年（1103）七月专门下了一道《诫约勿援韩忠彦例以戚里宗属为三省执政官诏》[2]：

> 朕观前世外戚擅事，终至祸乱天下。唯我祖考创业垂统，承平百有余年，外戚之家未尝与政。厥有典则，以贻子孙。

他把当年韩忠彦出任宰相的责任推到向皇后头上，声称"方朕恭默，弗敢有言"，指责这一决定"上违祖宗成宪，下袭[3]前世祸乱之失"，并且规定：

> 自今勿复援忠彦例，以戚里宗属为三省执事。世世守之，著为甲令。

此后韩忠彦被视为旧党，名列元祐党人碑，一再遭到贬逐。

郑居中（1059—1123）字达夫，开封人，进士及第。与韩忠彦不同，郑居中飞黄腾达，最初靠的是宋徽宗郑皇后的

---

[1]《宋史》卷356《吴材传》。
[2]《宋大诏令集》卷162《政事十五·官制三》。
[3] "袭"原作"虞"，据《宋会要》职官1之30改。

关系。郑居中"自言为贵妃从兄弟",郑皇后"家世微,亦倚居中为重"。郑居中"由是连进擢"[1],历任直学士院、给事中、翰林学士等要职,并在大观元年(1107)出任同知枢密院事。这时,郑贵妃"宠冠后宫,于居中无所赖"。她反对这一决定,"以外戚秉政辞",郑居中于是被解职。此后,郑居中晋升,靠的是自己在官场中纵横捭阖。蔡京一度因星变被罢相,郑居中得知宋徽宗有复用蔡京之意,立即上疏称赞蔡京当政期间"建学校,兴礼乐"之类的政绩。蔡京复相以后,为了报答郑居中,支持他出任枢密院长官。蔡京上疏说:

> 枢密本兵之地,与三省殊,无嫌于用亲。

但郑贵妃的亲信宦官黄经臣竭力反对,郑居中未能达到目的。郑居中不知内中隐情,埋怨蔡京忘恩负义,从此处处同蔡京作对。此后,每当宋徽宗厌恶蔡京专权之时,郑居中往往受到提拔。如郑居中在大观三年(1109)四月升任知枢密院事,尽管御史中丞吴执中以"外戚不宜在政地"为理由上章反对,但宋徽宗固执己见,"还其章,而谕所以用居中之意"[2]。又如政和六年(1116)五月,宋徽宗"恶(蔡京)专",

---

[1]《宋史》卷351《郑居中传》。本章以下引文凡出自此传者,不再一一注明。
[2]《宋史》卷356《吴执中传》。

拜郑居中为相,"使伺察之"。这时郑贵妃已正位中宫,她上奏反对:

> 外戚不当预国政,必欲用之,且令充妃职。[1]

郑居中因此只做了15个月宰相。南宋后期人吕中讲到这件事,指出:

> 此已往之失,不可效尤也。[2]

与钱惟演、张尧佐不同,韩忠彦、郑居中对朝政有影响。如韩忠彦在宋徽宗初年任相期间,认为旧法、新法"均为有失,欲以大公至正消释朋党",这一主张对向皇后推行建中之政影响较大。郑居中在宣和年间任领枢密院事期间,反对宋金结盟夹攻辽朝,以致此议一度"稍寝"。但韩忠彦、郑居中未曾独相,绝非大权在握的权臣。韩忠彦与曾布并相期间,史称:

> 忠彦既为左相,柔懦,天下事多决于(曾)布。[3]

右相曾布的权势反而在韩忠彦之上。韩忠彦之所以"柔懦",

---

[1]《宋史》卷243《后妃传下·宋徽宗郑皇后传》。
[2]《续宋编年资治通鉴》卷13嘉泰二年十二月甲申"吕中曰"。
[3]《宋宰辅编年录》卷11元符三年十月丁酉"韩忠彦左仆射"。

原因或许在于总有士大夫指责他身为外戚不应做宰相。至于郑居中，早已失去后台，只能靠投机钻营，沉浮宦海，其权势比韩忠彦更小。

三　钱端礼的宰相梦

南宋前期同北宋前期和中期一样，无外戚宰相。只有孟忠厚在宋高宗时，钱端礼、张说在宋孝宗时，曾任执政大臣。

孟忠厚（？—1157）字仁仲，洺州（治今河北邯郸市永年区东南）人。他是宋哲宗孟皇后的侄子。绍兴十二年（1142）九月，安葬宋徽宗遗骨，总护使本应由宰相秦桧充任，但他不肯外出，推荐孟忠厚代其行。总护使至少应当由执政大臣担任，于是孟忠厚被任命为枢密使。秦桧这样做，据说其目的在于"去张俊枢密之任"。果不其然，枢密使张俊"与忠厚不协"，孟忠厚出任枢密使，他立即"请罢去"[1]。当年十一月，山陵事毕，秦桧又指使谏官以外戚不应任执政为理由，请求解除孟忠厚的枢密使职务，孟忠厚本人也"求去位"。若干年以后，参知政事魏良臣仍上奏称赞孟忠厚"在戚里最号贤者"。宋高宗向他解释，当初任用孟忠厚的原因在于：

---

[1]《三朝北盟会编》卷212绍兴十二年九月六日"孟忠厚枢密使"、十一月五日"枢密使张俊罢"。

> 向来徽宗梓宫须宰相护送，秦桧辞不肯行，遂差忠厚以枢密事护送。

而罢免孟忠厚的原因则在于：

> 朕深不欲以国戚任军旅及朝廷之事，万一有过，治之则伤恩，释之则废法。如太后子弟，但加以爵禄奉祠而已。

魏良臣连忙说：

> 陛下圣明，深得所以待外戚之体。[1]

很清楚，孟忠厚任枢密使仅两月，并且从未行使其职权。

钱端礼（1109—1177）字处和，钱塘人，是吴越王钱俶的六世孙。他升迁较迅速，其原因有三：一是由于他的祖母是宋仁宗的女儿秦鲁国大长公主；二是因为他的女儿是宋孝宗的嫡长子邓王赵愭的妃子；三是据说他在明州（治今浙江省宁波市鄞州区）通判任上颇有政绩。钱端礼历任知临安府、权户部侍郎兼枢密都承旨等要职，隆兴二年（1164）十一月出任签书枢密院事兼权参知政事，同年十二月又升任参知政事兼权知枢密院事。当时朝廷无宰相，钱端礼得陇望蜀，企

---

[1]《系年要录》卷170绍兴二十五年十二月甲申。

图拜相。殿中侍御史唐尧封上疏反对:

> 帝姻不可任执政。

宋孝宗向唐尧封解释:

> 朕以公选用人,即非私意。[1]

唐尧封坚持己见,被调任太常少卿。吏部侍郎、同修国史陈俊卿上奏说:

> 本朝无以戚属为宰相者,今若此,惧不可为子孙法。

宋孝宗"以为然"。钱端礼专门派人向陈俊卿通报:

> 闻两宫皆许相已,即相,当引公共政。

"两宫"是指皇上和太上皇即宋高宗。陈俊卿对此不予回答,他利用进读《宝训》的机会,向宋孝宗进谏:

> 本朝家法,外戚不预政,最有深意,陛下所宜谨守,无使天下后世有以此议圣德者。

---

[1] 楼钥:《攻媿集》卷92《观文殿学士钱公行状》。

宋孝宗"首肯久之"[1]。钱端礼想做宰相，美梦难成，他对陈俊卿怀恨在心，不久将陈赶出朝廷，任知建宁府（治今福建建瓯）。可见，钱端礼与孟忠厚不同，他不仅行使权力，而且加以滥用，权势显然较大。但到乾道元年（1165）二月，邓王被立为太子之后，钱端礼在当年八月引嫌辞职。他担任执政大臣前后9个月，时间比孟忠厚长些，但仍然相当短暂。

张说（？—1180），开封人，其表字不可考。由于他是宋高宗吴皇后的妹夫，曾任知阁门事，并先后兼任枢密院副都承旨、都承旨。知阁门事执掌朝会、游幸、宴享、朝见、谢辞等礼仪，是皇帝身边的近臣，号称武臣清要之选，宋人有"阁门之职，祖宗所重"[2]之说。此后，张说曾两次出任签书枢密院事，两次都遭到士大夫强烈反对。第一次在乾道七年（1171）二月，"命既下，朝论哗然不平"。同知枢密事刘珙"耻与之同命，力辞不拜"[3]。左司员外郎兼侍讲张栻"极谏其不可"，并谴责宰相虞允文：

近习执政，自相公始。

虞允文"惭愤不堪"[4]。中书舍人范成大不草词，劝告宋孝宗：

---

[1] 朱熹:《朱文公文集》卷96《陈公行状》。
[2] 不著撰人:《靖康要录》卷4靖康元年五月二十五日。
[3] 《宋史》卷470《佞幸传·张说传》。本章引文凡出自此传者，不再一一注明。
[4] 《宋史》卷429《道学传三·张栻传》。

> 知阁如州郡典客，不应使典客与知州、通判同列！

宋孝宗"感悟"[1]，收回成命。第二次在乾道八年（1172）二月，宋孝宗又把张说任命为签书枢密院事，他对中书舍人周必大说：

> 朕将用花臂膊者为枢密使。

周必大的回答是：

> 臣敢为天下倡！[2]

"起居郎莫济不书录黄，直学士院周必大不草答诏"，宋孝宗只得"令姚宪权给事中，书读行"[3]。侍御史李衡、右正言王希吕"交章论列"。李衡语气较温和，王希吕言辞很激烈。这次，宋孝宗不听劝告，大动肝火，"怒希吕甚，手诏'与远恶监当'"。左丞相虞允文缴回手诏，宋孝宗越发愤怒。右丞相梁克家说：

> 希吕论张说，台纲也；左相救希吕，国体也。

---

[1]《贵耳集》卷上。
[2]《贵耳集》卷中。
[3]《宋史全文》卷25乾道八年二月乙巳。

宋孝宗"怒稍解"[1]，但王希吕等官员仍受到程度不等的处分。张说在乾道九年（1173）十月又升任知枢密院事，他担任枢密院长官达两年零三个月之久。张说相当跋扈：

> 与右相梁克家议使事不合，克家罢去而说留，其窃政权、倾大臣类如此。

从中不难看出，张说的权势比钱端礼更大。但他的结局很惨。淳熙元年（1174）七月，张说因"欺君之罪"被贬往外地，死于贬所。值得注意的是，《宋史》不将张说列入《外戚传》《奸臣传》，而将他置于《佞幸传》。所谓佞幸者，因谄媚而得宠之小人也。足见，张说只是小角色，并非大外戚。

四 "假杨国忠"韩侂胄

宋代的大外戚出现于南宋中期，他叫韩侂胄（1152—1207）。此人字节夫，相州安阳人。他是北宋名相韩琦的曾孙，但并没有沾上曾祖父的光，而是得益于他的三重外戚身份。韩侂胄既是宋高宗吴皇后的姨侄兼侄女婿，他的侄曾孙女[2]在宋宁宗即位后又被立为皇后。他的父亲韩

---
[1]《宋史》卷383《虞允文传》。
[2] 据《朝野杂记》甲集卷1《恭淑韩皇后》。《宋史》韩皇后本传称韩侂胄为韩皇后父韩同卿之季父，"季父"显系"季祖"之误。

诚[1]并无政绩，只因娶下宋高宗吴皇后的妹妹而官至承宣使，韩侂胄以父荫入仕。他本人娶吴皇后的侄女为妻，因而出任知阁门事这一要职。韩侂胄的侄曾孙女做皇后以后，更是"天下皆知侂胄为后族"。

韩侂胄的权势越来越大，原因有二。

一是参与拥立宋宁宗。此事主谋系知枢密院事、宗室赵汝愚，但"宫中及一时之议皆归功于侂胄"。于是韩侂胄"出入宫掖，居中用事"[2]。吏部侍郎兼侍读彭龟年上《论韩侂胄干预政事疏》，警告宋宁宗：

> 一旦外戚乃得阴乘其机，簧鼓于外，则陛下总揽之权，恐为此人所盗矣。

并哀叹：

> 自古戚里侵权，便是衰世之象。外家干政，即是亡国之本。[3]

二是斗倒宗室赵汝愚。宋宁宗即位后，韩侂胄与赵汝愚立即因权力再分配问题而相互钩心斗角。赵汝愚当即升为

---

[1] 一说韩诚系韩侂胄养父，其生父为太学博士王宣子。此说见周密《癸辛杂识》续集下《韩平原姓王》。
[2] 《齐东野语》卷3《绍熙内禅》。
[3] 彭龟年：《止堂集》卷5《论韩侂胄干预政事疏》。

枢密使，稍后又出任宰相。韩侂胄想做节度使而不可得，仅仅升任观察使、枢密都承旨，他对此耿耿于怀。赵汝愚解释道：

> 吾宗臣也，汝外戚也，何可以言功？

韩侂胄越发愤愤不平，他利用其身为外戚的有利条件，并通过各种关系，培植亲信，控制言路，摆出一副同赵汝愚决一死战的架势。庆元元年（1195）二月，赵汝愚做宰相仅半年，就被扣上"以同姓居相位，将不利于社稷"[1]的罪名，远贬外地。韩侂胄此后步步高升，庆元五年（1199）九月封平原郡王，嘉泰二年（1202）十二月加太师，开禧元年（1205）七月拜平章军国事，立班丞相之上，被尊称为"师王"。

平章军国事这类职务不常设，专门用来优遇元老重臣，北宋时期仅授予吕夷简、文彦博、吕公著三位资深宰相。吕夷简在庆历二年（1042）、文彦博在元祐元年（1086）任平章军国重事，吕公著在元祐三年（1088）任同平章军国事。当时这一官职通常属于荣誉职务，即便掌握一些权力，多半仅具咨询性质，大权仍在宰相手里。然而韩侂胄担任此职，不是徒拥虚名，而是大权在握。他的头衔既不叫同平章军国事，也不叫平章军国重事，而叫平章军国事，意思是"政事

---

[1]《宋史》卷474《奸臣传四·韩侂胄传》。本章以下引文凡出自此传者，不再一一注明。

无所不关"。当时人说：

> 侂胄系衔，比申公（吕公著）省同字，则其礼尤尊；比潞公（文彦博）省重字，则其所与者广。[1]

韩侂胄出任此职前后，"威行宫省，权震宇内"。史称：

> 庆元以来，政出于韩……宰相已为具官，左右不复预事，曹吏号为冷局。[2]

韩侂胄作为外戚，权势竟如此之大。直到南宋后期，吕中仍大加谴责：

> 外戚不得预政，此祖宗家法也。自建隆至绍熙，列圣相承，不敢失坠……侂胄何人，夤缘戚里，干预朝政，且躐取帝师之任。是祖宗三百年之家法，至侂胄而尽坏之矣。[3]

史称韩侂胄专政达14年之久，其实韩侂胄在这14年中未必都能一个人说了算。叶绍翁《四朝闻见录》戊集《侂胄

---

[1]《两朝纲目备要》卷8开禧元年七月庚申"韩侂胄平章军国事"。
[2]《四朝闻见录》戊集《侂胄师旦周筠等本末》。
[3]《续宋编年资治通鉴》卷13嘉泰二年十二月甲申"吕中曰"。

师旦周筠等本末》称:

> 自赵忠定(赵汝愚)为相之时,人从侂胄觅官者,韩犹答以当白之庙堂。自京镗居相位,韩答以当白与丞相议之。自陈自强相,韩对客有请,直曰"当为敷奏"而已。

可见,韩侂胄的权势有个逐渐增大的过程。何况反对韩侂胄的政治势力始终存在。如庆元二年(1196)正月韩侂胄的政敌赵汝愚死于衡州(治今湖南衡阳),"天下闻而冤之"[1]。临安街头出现悼念赵汝愚的诗篇:

> 两手旋乾复转坤,群邪何事肆流言。
> 狼胡跋疐伤周旦,鱼腹衔冤葬屈原。
> 一死固知公所欠,孤忠犹赖史长存。
> 九原若见韩忠献,休说渠家末世孙。[2]

"忠献"是韩琦的谥号。这首诗的作者将赵汝愚比喻为"周旦""屈原",而韩侂胄一伙则被痛斥为"群邪""狼胡"。又如对于"举朝之臣知有侂胄,而不复知有人主"[3]的状况,

---

[1]《宋史》卷392《赵汝愚传》。
[2] 刘一清:《钱塘遗事》卷2《赵子直》。
[3]《两朝纲目备要》卷7嘉泰二年二月"弛学禁"。

一位赴京应试的宗室举子颇为不满。他在旅店的墙壁上题诗一首：

> 寒卫冲风怯晓寒，也随举子到长安。
> 路人莫作皇亲看，姓赵如今不似韩。

有位读者在这首诗的旁边批了八个字：

> 霍氏之祸，萌于骖乘。[1]

他把韩侂胄比喻为西汉时的霍光。所谓"骖乘"即陪乘，指陪同尊者乘车之人。更有甚者，一位名叫王公瑾的伶人公然当面嘲弄韩侂胄。伶人是从前对戏曲演员的称呼，如果演的是滑稽戏，则称俳优。余英时先生指出，俳优"既在社会秩序之内，又复能置身其外。所以他们可以肆无忌惮地用插科打诨的方式说真话，讥刺君主"[2]。于权贵，更不待言。王公谨便是一例。事情是这样的，一次，真里富国[3]派使者来南宋献驯象，韩侂胄对王公谨说：

> 不闻有真里富国。

---

[1] 岳珂：《桯史》卷5《大小寒》。
[2] 余英时：《士与中国文化》第114页。
[3] 在今中南半岛泰国湾东北岸的尖竹汶一带。

王公谨回答道：

> 如今有假杨国忠。

韩侂胄"虽憾之，而无罪加焉"。王公谨把他称为"假杨国忠"，一是由于宋高宗吴皇后、宋宁宗韩皇后先后在庆元三年（1197）、六年（1200）死去，韩侂胄这时在宫中只能依靠曹婕妤，"恃以为亲属"[1]；二是因为韩皇后的至亲是其父亲韩同卿，可是当时的情况竟是：

> 同卿每惧满盈，不敢干政。时天下皆知侂胄为后族，不知同卿乃后父也。[2]

韩侂胄为制服反对势力，采取两大举措，但都未能得手。

举措之一是"庆元党禁"。由于赵汝愚是道学中人，而朱熹等道学家又是赵汝愚的依靠对象，韩侂胄指使其党羽称道学为"伪学"，称所谓伪学之党为"逆党"，并在庆元二年（1196）八月下令申严伪学之禁之后，又在庆元三年（1197）十二月设置"伪学逆党党籍"。党籍载有赵汝愚、朱熹等59人，名列党籍者均受到程度不等的惩处，凡是同他们有关系的人都不许参加科举考试，不得担任官职。值得注意的是，

---

[1]《续宋宰辅编年录》卷3嘉定十七年"史弥远独相"。
[2]《宋史》卷243《后妃传下·宁宗恭淑韩皇后传》。

韩侂胄的标准是：

> 凡相与为异者，皆道学人。[1]

以致在这59个所谓党人中，有不少人根本不是道学家，只不过在不同程度上支持赵汝愚，反对韩侂胄。很清楚，韩侂胄反对道学是假，打击异己是真。何况申严道学之禁实属用封建专制手段来解决意识形态问题，既不足为训，也不得人心。韩侂胄不得不在嘉泰二年（1202）二月宣布解除党籍并追复赵汝愚官职。

举措之二是"开禧北伐"。韩侂胄制造庆元党禁是为了打击异己，他发动开禧北伐则是为了抬高自己，"立盖世功名以自固"，其目的均在于稳固权位。从这个目的出发，韩侂胄急于北伐。只要有人报告"虏人困于鞑靼，而有危亡之形"[2]，他立即予以重用。于是，一些无耻之徒为了升官晋爵，歪曲事实，故意逢迎，说什么"王师若来，势如拉朽"[3]。这分明是自欺欺人，韩侂胄竟深信不疑。难怪宋元之际的著名学者王应麟不把对金主战者一概视为所谓"君子"。他说：

---

[1]《两朝纲目备要》卷4庆元二年正月甲辰"留正落职罢祠"。
[2] 魏了翁：《鹤山先生大全文集》卷21《答馆职策一道》。
[3]《鹤林玉露》甲编卷4《邓友龙使虏》。

> 绍兴、隆兴，主和者皆小人；开禧，主战者皆小人。[1]

相反，韩侂胄一听到"敌未可伐，幸太师勿轻信人言"[2]一类忠告，马上火冒三丈。他根本听不进逆耳之言，岂有不错误估计形势之理？宋军在开禧二年（1206）四月北伐，由于金军缺乏准备，起初打了一些胜仗。但其结果，正如武学生华岳事前所料："师出无功，不战自败。"[3]金军主力一出动，宋军便节节败退，"溃兵蔽野下，泣声不忍闻"[4]。韩侂胄本人的处境极其狼狈，叶绍翁《四朝闻见录》戊集《优伶戏语》称：

> 韩侂胄用兵既败，为之须鬓皆白，困闷莫知所为。

伶人在宴会上，当众嘲笑他"樊恼（烦恼）自取"。韩侂胄抬高自己不成，反倒身败名裂。

韩侂胄及其祖辈韩忠彦都是外戚宰相，相比之下，韩侂胄得意时权势固然大得多，但失败时下场更悲惨。南宋战败，向金求和，金方的先决条件之一是南宋必须交出首谋用兵之人即韩侂胄。礼部侍郎兼资善堂翊善史弥远与韩侂胄素

---

[1] 王应麟:《困学纪闻》卷15《考史》。
[2] 《四朝闻见录》乙集《开禧兵端》。
[3] 华岳:《翠微南征录》卷1《上宁宗皇帝谏北伐书》。
[4] 《桯史》卷14《开禧北伐》。

来关系紧张,并图谋取韩侂胄而代之。韩侂胄曾经反对宋宁宗立杨贵妃为皇后,杨氏正位中宫之后,图谋伺机报复。史弥远与杨皇后实现其图谋的时机已到,两人于是串通一气,派兵将韩侂胄杀害于临安玉津园,史称"玉津园之变"。韩侂胄死后,金朝要求南宋奉献其首级。南宋是否照办?在大臣当中,赞成者有之:

> 和议重事,待此而决。奸凶之首,又何足惜?

反对者亦有之:

> 韩首固不可惜,而国体为可惜。

他们气愤地说:

> 今日敌要韩首,固不足惜。明日敌要吾辈首,亦不足惜耶?[1]

然而大多数大臣主张:

> 与其亡国,宁若辱国。

最后,史弥远决定接受金朝的无理要求,凿开韩侂胄棺木,

---

[1]《四朝闻见录》乙集《函韩首》。

割下其首级，先枭于两淮，再送往金朝。在南宋朝野各界看来，这实属莫大的"辱国"之举。临安城内，人们题诗表示不满，其中一首云：

> 自古和戎有大权，未闻函首可安边。
> 生灵肝脑空涂地，祖宗冤仇共戴天。
> 晁错已诛终叛汉，于期未遣尚存燕。
> 庙堂自谓万全策，却恐防胡未必然。[1]

韩侂胄惨死于阴谋家史弥远之手。史弥远当政后，其表现更恶劣。可是列入《宋史·奸臣传》者有韩侂胄而无史弥远。对此，明代文人李东阳颇为不平：

> 议和生，议战死。生国仇，死国耻。两太师，究谁是？

李东阳的抱怨不无一定道理，不过还是明代学者潘辰的看法要准确些："都一无是处也"[2]。对于韩侂胄其人，历来毁誉不一。这个有争议的历史人物究竟应当如何评价，为本书主题所限，这里恕不细说。[3]

---

[1] 《齐东野语》卷3《诛韩本末》。
[2] 《困学纪闻》卷15《考史》翁元圻注。
[3] 可参看郦家驹：《试论关于韩侂胄评价的若干问题》，载《中国史研究》1981年第2期；拙稿《韩侂胄平议》，载《四川师范大学学报》1991年第1期。

五　贾似道——外戚起家的权臣

南宋后期的外戚贾似道（1213—1275），其权势与韩侂胄相比，有过之而无不及。此人字师宪，台州天台（今属浙江）人。他"少落魄，为游博，不事操行"[1]。但这个浪荡子在历任京湖、两淮安抚制置大使并加同知枢密院事、参知政事、知枢密院事之后，于开庆元年（1259）拜相，咸淳三年（1267）又特授平章军国重事。贾似道在宋理宗后期已大权在握，到宋度宗时，权势更大。《钱塘遗事》卷5《似道专政》称：

> 似道益自专，上称之曰师臣，通国称之曰师相，曰元老。

军国重事由贾似道在西湖葛岭的府第中处决，因而当时人说：

> 朝中无宰相，湖上有平章。

如果说对于韩侂胄，众说纷纭，那么对于贾似道，则众口一词，都斥之为权奸。其劣迹秽行，不胜枚举[2]。如强买

---

[1]《宋史》卷474《奸臣传四·贾似道传》。本章以下引文凡出自此传者，不再一一注明。
[2] 可参看朱瑞熙：《"蟋蟀宰相"贾似道》，载《文史知识》1983年第9期。

民田为公田，以致"大家破碎，小民无依，米价大翔，饥死相望"[1]；滥发纸币，结果"物价自此腾踊，民生自此憔悴"[2]；实行推排法，即丈量田亩以便征税，于是"江南之地，尺寸皆有税，而民力弊矣"。当时社会上有首讽刺诗广为流传：

> 三分天下二分亡，犹把江山寸寸量。
> 纵使一丘添一亩，也应不似旧封疆。[3]

问题在于：贾似道官运何以如此亨通？就其家世来说，并非巨室名族。他的祖父贾伟中进士后，入仕为官，仅官至知州。他的父亲贾涉只不过官至太府少卿、制置使而已。何况贾似道不是贾涉的正妻所生，而是庶出。他的母亲胡氏是个有夫之妇，贾涉"见而悦之"，问她：

> 汝能从我乎？

胡氏回答道：

> 有夫安得自由？待其归，君自为言。

---

[1] 高斯得：《耻堂存稿》卷1《彗星应诏封事》。
[2] 《齐东野语》卷17《景定彗星》。
[3] 《钱塘遗事》卷5《推排田亩》。

她的丈夫归家后,"欣然卖与"。嘉定六年(1213),贾涉在做万安(今属江西)县丞时,胡氏有孕在身,可是"不容于嫡"。知县陈履常替贾涉解围,将胡氏雇为仆人,以致贾似道生于县治。若干年后,贾似道才被允许回到家里,但胡氏"竟流落,嫁为石匠妻"[1]。贾似道的身世如此,在封建时代难免被人看不起。他后来飞黄腾达,主要是由以下三个因素所促成。

一是小有才干。贾似道入仕为官后,"益恃宠不检,日纵游诸妓家,至夜即燕游湖上不反"。一天夜里,宋理宗"望西湖中灯火异常",料定:"此必似道也。"第二天"询之果然",他责成知临安府史岩之加以劝戒。史岩之却说:

> 似道虽有少年气习,然其材可大用也。

果不其然,贾似道后来在担任湖广总领财赋期间,据说颇有政绩,受到朝廷嘉奖。嘉奖制书称赞他"器资拔俗,机警过人"[2],甚至把他同晋朝的杜预、唐代的刘晏相提并论。他在担任京湖、两淮安抚制置大使期间,筹措军饷、修筑城寨、挑选将领,在一定程度上加强了沿边地区的防御力量。当时人评论贾似道:

---

[1]《西湖游览志余》卷5《佞幸盘荒》。
[2] 徐元杰:《梅野集》卷7《收换湖会转官制》。

阃才有余，相才不足。[1]

其实贾似道出任宰相之初，也还有些作为。当时朝政相当腐败，"官以贿成，宦官、外戚用事"。贾似道把宦官董宋臣以及他所推荐的官员赶出朝廷，重申外戚"不得任监司、郡守"，以致"百官守法，门客、子弟敛迹，不敢干政"，因而"人颇称其能"[2]。可是好景不长，不久朝政越发黑暗。贾似道虽然声名狼藉，但平心而论，还算小有才干。既然宋理宗后期沉溺声色，怠于政事，而宋度宗又变本加厉，他们自然要把朝政交给贾似道宰制。

二是善于欺骗。贾似道最大的政治资本无非是鄂州（今属湖北）解围。他上表自吹自擂：

> 诸路大捷，鄂围始解，江汉肃清，宗社危而复安，实万世无疆之休。

所谓"休"者，吉庆之谓也。其实，鄂州解围的真相是：开庆元年（1259），忽必烈率蒙古军围攻鄂州，因士兵不服水土，作战并不顺利，加之蒙古大汗蒙哥死于钓鱼城（在今重庆市合川区境内）下，忽必烈急于返回北方，争夺汗位。正当忽必烈进退两难之际，贾似道一再派遣使者"请称臣，输

---

[1] 不著撰人：《三朝野史》，见《说郛》卷27。
[2] 《宋季三朝政要》卷3景定元年四月。

岁币"。于是，忽必烈金蝉脱壳，声称直趋临安，实则班师北去。贾似道"诸路大捷"云云，分明是隐瞒真相，谎报战功。然而宋理宗却信以为真，下手诏大加褒奖：

> 贾似道为吾股肱之臣，任此旬宣之计，隐然珍敌，奋不顾身，吾民赖之而更生，王室有同于再造。[1]

所谓"旬宣"，意思是巡视各地，宣布德教。此后，贾似道继续欺上瞒下。咸淳年间，襄阳已被元军围困达三年之久，宋度宗问贾似道：

> 襄阳久困，奈何？

贾似道为了邀宠固位，居然睁着眼睛说瞎话：

> 北兵已退，陛下安得此言？

宋度宗回答道：

> 适闻女嫔言之。

贾似道"询得其人，诬以他事赐死"，于是"无人敢言及

---

[1]《续宋宰辅编年录》卷18景定元年四月己酉"贾似道特授少师"。

边事"[1]。

三是宫中有后台。贾似道有位异母妹"有殊色",被采选入宫后,宋理宗有意将她立为皇后,只因有人反对:

> 不立真皇后,乃立假皇后![2]

加之身为皇太后的宋宁宗杨皇后也不赞成,因而未能正位中宫,仅被封为贵妃,但"有宠于理宗"。贾似道发迹靠的正是贾贵妃,他因此"诏赴廷对"。廷对之日,贾贵妃"于内中奉汤药以给之"。于是,贾似道在嘉熙二年(1238)中进士。贾似道拜相后,"严过省及覆试之禁",有人写诗挖苦道:

> 戊戌若还严覆试,如今安得有平章。[3]

贾贵妃虽然不久即去世,但贾似道羽毛业已丰满。可见,贾似道与韩侂胄一样,都是外戚起家的权臣。

贾似道任宰相达16年之久,并独相7年。他的权势固然很大,但也遭到了来自朝野两个方面的夹击。

就在野方面来说,主要是太学生。当时太学生的势力相

---

[1]《西湖游览志余》卷5《佞幸盘荒》。
[2]《宋史》卷243《后妃传下·理宗谢皇后传》。
[3]《钱塘遗事》卷4《严覆试》。

当大,周密《癸辛杂识》后集《三学之横》称:

> 凡其所欲出者,虽宰相台谏,亦直攻之,使必去其权,乃与人主抗衡。

贾似道采取控制与拉拢相结合的办法,对付太学生。他以科举应当精于择人为理由,置士籍,其实是为了加强对太学生的控制。按照士籍法令,所有士子都必须填写一张非常烦琐的登记表,内容包括"子孙何习,父兄何业"以及"娶某氏"等等,还要乡邻画押担保。有人题诗对此表示不满:

> 戎马掀天动地来,襄阳城下哭声哀。
> 平章束手全无策,却把科场恼秀才。[1]

与此同时,贾似道为了拉拢士子,采用了多拨学田、滥赐特奏名[2]、增加太学餐钱等手段。有人写诗讽刺道:

> 鼙鼓惊天动地来,九州赤子哭哀哀。
> 庙堂不问平戎策,多把金钱媚秀才。[3]

---

[1]《钱塘遗事》卷6《系籍秀才》。
[2] 特奏名又称恩科,是指朝廷分别赐予年龄大而又屡试落第的举人本科及第、出身或同出身。
[3]《齐东野语》卷17《咸淳三事》。

有记载说,"于是诸生咻其利而畏其威,虽目击似道之罪,而噤不敢发一语"[1]。其实,这并不完全是事实。如咸淳二年(1266),叶李、萧至等临安府士人威武不能屈,上书指责"似道专权,害民误国"[2]。德祐元年(1275),贾似道鲁港(在今安徽芜湖西南)兵败之后,太学、武学、临安府学的生员同台谏、侍从官员一道,上疏要求斩贾似道。

就在朝方面来说,某些在贾似道专权期间任宰执大臣的士大夫不愿与贾似道同流合污。如与贾似道同时担任宰相近两年的叶梦鼎认为"廉耻事大,死生事小",他坚称:

> 我断不为陈自强。[3]

陈自强在韩侂胄专权期间曾任宰相,"每称侂胄为恩王、恩父",他的口头禅是:"自强惟一死以报师王"[4]。贾似道对江万里加以笼络,因而他得以出任执政并拜相。可是,江万里"性峭直,临事不能无言"。贾似道动辄"以去要君",宋度宗"初即位,至涕泣拜留之"。江万里出面阻拦,并斥责贾似道:

> 自古无此君臣礼,陛下不可拜,似道不可复言去。

---

[1]《癸辛杂识》后集《三学之横》。
[2]《宋季三朝政要》卷4咸淳二年春。
[3]《宋史》卷414《叶梦鼎传》。
[4]《宋史》卷394《陈自强传》。

贾似道一时"不知所为",只得向江万里道谢:

> 微公,似道几为千古罪人。

可是心中"益忌之"[1]。在当时的宰执大臣当中,对贾似道来说,章鉴、陈宜中等人是所谓"平时素与己者"。然而当贾似道督师鲁港,他们立即"稍欲自异""以示不党于似道"。到鲁港兵败后,墙倒众人推,他们"切责贾似道不忠不孝",要求严惩其"误国丧师之罪"[2]。何况宋度宗的父亲福王赵与芮素来痛恨贾似道。

贾似道拜相时,便有人题诗曰:

> 收拾乾坤一担担,上肩容易下肩难。
> 劝君高著擎天手,多少傍人冷眼看。[3]

到他专权时,临安又出现民谣:

> 满头青,都是贾,这回来,不是耍。

众怒难犯,贾似道终于在德祐元年秋天,被远贬循州(治今

---

[1]《宋史》卷418《江万里传》。
[2]《宋史》卷418《陈宜中传》。
[3]《钱塘遗事》卷4《一担担》。

广东龙川县)。赵与芮"募有能杀似道者,使送之贬所"。山阴(今浙江绍兴市)县尉郑虎臣"欣然请行"[1],他于前往循州的途中,在木绵庵(在今福建漳州市南)将贾似道处死。贾似道的下场同韩侂胄相近,但人们对韩侂胄的惨死难免予以同情,而对贾似道的一生则只有嘲讽。这类诗歌较多,这里只举一首:

> 深院无人草已荒,漆屏金字尚辉煌。
> 祇知事去身宜去,岂料人亡国亦亡!
> 理考发身端有自,郑人应梦果何祥?
> 卧龙不肯留渠住,空使晴光满画墙。[2]

上面只是简略而言,篇幅已经不短。由上所述,不难得出三点认识。

第一,宋代外戚对朝政大多难以发生影响,有影响者不过韩忠彦、郑居中等寥寥数人,其中一度权势较大者仅钱端礼、张说二人,大权在握者仅韩侂胄、贾似道二人,但都不免死于他人刀下。总之,整个北宋时期以及南宋初期均无大外戚,大外戚仅见于南宋中后期。与汉、唐两代相比,从总体上看,宋代外戚的权势显然较小。

第二,韩侂胄、贾似道不是内朝的头目,而是外朝的首

---

[1]《续宋宰辅编年录》卷21德祐元年七月壬辰。
[2] 蒋正子:《山房随笔》,见《说郛》卷27。

领。尽管有人把韩侂胄比喻为西汉时期的霍光,其实不尽恰当。史称:

> 嘉泰末年,平原公(韩侂胄)恃有扶日之功,凡事自作威福,政事皆不由内出。

伶人王公瑾风趣地道:

> 今日政如客人买伞,不由里面。[1]

贾似道专政期间号称"内廷无用事之人"[2]。这些都是韩、贾二人不是内朝头目的明证。如果说有人将韩侂胄斥责为"假杨国忠",那么很少有人视贾似道为外戚,更多地把他看作权臣。近人将秦桧、韩侂胄、史弥远、贾似道称为南宋四大权臣并一并加以讨论,可谓颇有见地。的确,他们都是大权在握的外朝首领。似乎可以一言以蔽之,宋代大体无外戚内朝。

第三,韩侂胄、贾似道并无取宋朝而代之之举。《宋史·外戚传序》说,宋代"终无外家干政之患"。这个"终"字显然太夸张,韩、贾二人便是其反证。不过他们只是所谓

---

[1]《续宋宰辅编年录》卷3嘉定十七年"史弥远独相"。
[2]《癸辛杂识》后集《贾相制外戚抑北司戢学校》。

"壅阏上听,变易国是"[1]而已,并无"反状"。据说韩、贾二人均"家畜乘舆服御物",此事不仅查无实据,而且不足为凭。《西湖游览志余》卷5《佞幸盘荒》称:

> 似道有异志,遇一拆字者,以杖画地作奇字。拆字者曰:"相公之志不谐矣。道立又不可,道可又不立。"似道默然,礼遣之,恐事泄,使人害诸途。

这一记载岂止取材于道听途说,纯属捕风捉影。还是刘子健先生说得对:韩侂胄和贾似道"谁也不敢妄想篡位"[2]。总之,韩、贾二人莫说同王莽,即使与"挟天子以令诸侯"的曹操也不能同日而语。《宋史·后妃传序》称,宋代"无汉王氏之患";近人蔡东藩说,宋代"没有外戚祸"。从上述情况看,这个判断相当准确。

---

[1]《宋史》卷471《奸臣传序》。
[2] 刘子健:《宋太宗与宋初两次篡位》,载《中国史研究》1990年第1期。

第二节　宋代的待外戚之法

宋代为什么"无汉王氏之患",外戚实力有限是个显而易见的原因。岂止杨景宗、李用和等人,即使张尧佐、郑居中者流,其家族也无任何根基可言。钱惟演、钱端礼号称出身帝王之家,但吴越灭亡之后,钱氏一家尽管受到赵宋王朝的某些优待,亡国之君钱俶寄人篱下,早有朝不保夕之感。《宋史》卷480《吴越钱氏世家》称:

> 俶小心谨恪,每晨趋行阙,人未有至者,俶必先至,假寐以待旦。

在宋代的外戚中,以韩忠彦、韩侂胄的家世最为显赫,然而不仅韩侂胄未曾沾其老祖宗韩琦的光,即便韩忠彦身为三朝宰相韩琦的长子也"不以门阀自高"[1]。宫崎市定的看法可供参考,他在《宋元的经济状况》一文中说:"在中世有些贵族能夸耀他的门第比天子还光荣,可是在宋代,天子却是一切荣誉的源泉。"[2] 其实,这个原因在第二章中已经讲到,这

---

[1]《廿二史札记》卷26《继世为相》。
[2] 宫崎市定:《宋元的经济状况》,载《宫崎市定论文选集》上册。

里不必重复。除了外戚实力有限而外，外戚的权势受到较为严格的限制是个不容忽视的原因。宋光宗炫耀：

> 祖宗家法最善，汉唐所不及，待外戚尤严。[1]

宋宁宗时曾任吏部侍郎兼侍读的彭龟年说：

> 祖宗待外戚之法远鉴前辙，最为周密，不令务政，不令管军，不许通宫禁，不许接宾客。不惟防禁之，使不害吾治，亦所以保全之，使全吾之恩也。[2]

宋光宗和彭龟年抓住"防禁"这个要害，但对宋代"待外戚之法"的概括并不全面。

一 优遇与防范相结合

宋代对外戚既加以防范，又给予优遇，将防范与优遇二者相当巧妙地结合起来。北宋人张方平、吴执中的概括比宋光宗、彭龟年要周全些。张方平说：

> 保全外戚之道，则莫若赋之禄而使就第、教之学

---

[1]《玉海》卷130《官制·宗戚·绍兴内治圣鉴》。
[2]《止堂集》卷5《论韩侂胄干预政事疏》。

> 而使循礼……以义节之,是谓宠之;以恩骄之,是谓祸之。梁、窦无噍类于汉,武、韦不遗育于唐,是可戒矣。[1]

"武、韦"不用解释,至于"梁、窦"则是东汉时期的外戚名门。吴执中称:

> 祖宗垂训,百有余年,戚里宗属,不以与政,非待之薄、遇之不厚也。其忧深虑远,可谓至矣。养之以丰禄高爵,而不使之招权擅事,从容进退,以求保其安荣,诚所以厚之不薄也。[2]

张方平说"赋之禄而使就第",吴执中所称"养之以丰禄高爵,而不使之招权擅事",与《宋史·外戚传序》"崇爵厚禄,不畀事权"这一概括,意思完全相同。一言以蔽之,"崇爵厚禄,不畀事权"是宋代"待外戚之法"的两个基本点。

就"崇爵厚禄"来说,宋代外戚封王、建节者为数不少,便是其明证。据《宋史》卷166《职官志六·节度使》记载,仅宣和末年,外戚授节度使者即达10人之多。据南

---

[1]《乐全集》卷7《刍荛论二·主柄论·后妃》。
[2] 吴执中:《上徽宗论郑居中除同知枢密院事》,见《诸臣奏议》卷35《帝系门·外戚下》。

宋史家李心传统计，在南宋前80年中，外戚封王者7人。他们是宋哲宗孟皇后的侄子孟忠厚，宋徽宗韦贤妃的弟弟韦渊，宋高宗吴皇后的弟弟吴益、吴盖，宋孝宗郭皇后的弟弟郭师禹，宋宁宗杨皇后的干哥哥杨次山以及宋宁宗韩皇后的季曾祖韩侂胄。外戚建节者26人，除了上述7位封王者皆建节外，还有宋徽宗郑皇后的侄孙郑藻，韦贤妃的侄子韦谦、韦谠，侄孙韦朴，宋高宗邢皇后（系遥册者）的父亲邢焕、弟弟邢孝扬，吴皇后的侄子吴琚、吴瑰、吴珽、吴铸、吴珵，宋孝宗夏皇后的弟弟夏执中、谢皇后的弟弟谢渊，宋光宗李皇后的侄子李孝友、李孝纯，宋宁宗韩皇后的父亲韩同卿、从祖韩邈以及宋徽宗王贵妃的父亲王舜民，宋高宗刘贵妃的父亲刘懋[1]。外戚一旦官至节度使，其月俸钱即达400贯，比宰相还多100贯。可见，《宋史·外戚传序》说"宋法待外戚厚"，绝非无稽之谈。但有两点值得注意。

第一，即使是爵禄，朝廷通常也"不肯轻授"。北宋末年以前的情况尤其是这样，李心传指出：当时"外戚罕有建节者"，杜太后的弟弟杜审进"以元舅之尊，穷老才得节度使"[2]。此外，如宋太宗"孙妃之父止授南班散秩"[3]，并未建

---

[1] 据《朝野杂记》乙集卷11《故事·后家封王者》《中兴以来后家建节者》。李心传称："中兴七十年，后家建节者凡二十有二人。"证诸史实，"七十""二十有二"分别是"八十""二十有六"之误。可参看《廿二史札记》卷25《宋封王之制》。
[2] 《朝野杂记》甲集卷12《外戚节度使》。
[3] 《长编》卷169皇祐二年闰十一月甲子。

节。庆历年间,宋仁宗授予其舅舅李用和使相头衔,遭到御史中丞王拱辰反对:

>用和无功贪骄,而陛下名器听其所欲,恐非所以全安之。

宋仁宗尽管"不听",但下诏强调"余无得援例"[1]。李用和的儿子李珣"求为通事舍人",宋仁宗断然拒绝:

>朝廷爵赏,所与天下共也,倘戚里之家,兄弟迁补,如己所欲,朕何待诸勋旧乎?

宰相贾昌朝对此大加赞赏:

>母后之家自昔多蒙恩泽,今陛下能重惜爵禄,不肯轻赏,非惟示天下以至公,抑亦保全外戚之福也。[2]

宋仁宗曹皇后的弟弟曹佾被授予使相,某些大臣表示反对:"佾无功而得使相"[3]。此事发生在宋英宗即位之后,曹佾实属"晚岁始得之"[4]。宋人赞叹:

---

[1]《长编》卷156庆历五年闰五月己酉。
[2]《长编》卷159庆历六年七月壬寅。
[3]《东坡七集·东坡集》卷36《司马温公行状》。
[4]《朝野杂记》乙集卷11《故事·中兴以来后家建节者》。

> 钦圣（宋神宗向皇后）居中宫，而父（向）经生不拥节旄。宣仁（宋英宗高皇后）称制临朝，而犹子止于两使留后。[1]

"犹子"即侄子，高皇后的侄子高公绘、高公纪仅官至保静军节度使、集庆军节度观察留后。宋孝宗郭皇后的弟弟郭师禹、郭师元在淳熙年间"官不过承宣使"，当时人称赞宋孝宗：

> 不私戚里盖如此！

郭师元"不及建节而卒"[2]，郭师禹建节、封王则是在宋孝宗退位以后。

至于外戚封王，张端义《贵耳集》卷中称：

> 外戚生封王爵者，自（郑）绅始。

乐平郡王郑绅是宋徽宗郑皇后的父亲。此说不确切，曹佾早在元丰年间即被封为济阳郡王，成为宋代外戚封王第一人。陆游《老学庵笔记》卷4称："外戚封王自（曹）佾始。"此后，宋神宗向皇后的弟弟向宗回、向宗良分别被封为永阳、

---

[1]《玉海》卷130《官制·宗戚·绍兴戚里元龟》。
[2]《朝野杂记》甲集卷1《成穆郭皇后》。

永嘉郡王,均早于郑绅。向皇后谦让:

> 外家岂可过于恩泽,恐贻笑中外。[1]

宋高宗说:

> 祖宗待戚里皆有堂宪,朕不敢逾,岂以后族故私之邪![2]

他还说,对于外戚近亲"稍优异之,然躐等亦不可。高官厚禄留待立功将士,朕于外戚未尝假以恩泽。今后宫之家,官未有过保义郎者。此曹何厌之有,虽与之正任承宣使,又望节钺矣"[3]。这些同唐中宗当年所说:

> 我以天下与韦玄贞何不可!

形成颇为鲜明对照。

第二,即便崇爵厚禄,朝廷一般也"不畀事权"。元丰年间,中书舍人曾巩指出:

---

[1]《宋会要》后妃1之18。
[2]《宋会要》后妃2之4。
[3]《系年要录》卷64绍兴三年四月戊申。

> 宋兴以来，戚里、宦官日将日相，未尝得以擅事也，所以谨其操柄者如此。[1]

宦官问题留待第四章讨论，就外戚而言，此说与史实大致相符。众所周知，王、使相、节度使在宋代统统属于虚衔。至于实权，朝廷通常不肯给予外戚。仅在一部《宋史》中，"外戚不当预国政""当时无外姻辅政者""国朝故事主婿未尝居职"这类说法不胜枚举。宋哲宗时官至宰相的吕大防一语破的：

> 前代外戚多预政事，常致败乱。本朝母后之族皆不预事，此待外戚之法也。[2]

"崇爵厚禄，不畀事权"这条对待外戚的基本原则，在李用和身上体现得既明显又完整。宋仁宗一方面将他"列位将相"[3]，可谓富贵无比；另一方面又"不假之以权"，其职权很有限。皇祐年间，侍御史知杂事何郯称：

> 李用和处之正得宜也。

---

[1]《曾巩集》卷30《移沧州过阙上殿札子》。
[2]《长编》卷480元祐八年正月丁亥。
[3]《宋史》卷464《外戚传中·李用和传》。本章以下引文凡出自《宋史》卷463、464、465《外戚传》者，不再一一注明。

他又说:

> 前古外戚,成败之间,其鉴不远。崇宠过当,则不免祸咎;抑损得所,则必能安全。[1]

正因为有这条原则,达官显宦与皇族联姻,通常并不是他们实权增大的象征,往往倒是实权缩小的表现。北宋初年,大将石守信等人与宋太祖"约为联姻"、成为亲家之后,随即"兵权不在"[2],就是个明显的例证。也正因为有这样的原则,不少外戚号称淡于权势,并因而被称颂为得外戚体。在《宋史·外戚传》中,这类记载不少。如杜审琼"性醇质,在公畏慎";杜审进"虽居位节制,无骄矜之色,人推其醇厚";刘知信"虽无显赫称,亦以循谨闻于时";郭崇仁"性慎静,不乐外官";王贻永"能远权势""人称其谦静";李用和"能小心静默,推远权势,论者以此称之";曹佾"端拱寡过,善自保""退朝终日,语不及公事",宋神宗称赞他"真纯臣也";高遵惠"远嫌自保";任泽"自安绳检";孟忠厚"避远权势,不敢以私干朝廷";邢焕"未尝恃恩私请,识者取焉";杨次山"能避权势,不预国事,时论贤之";杨石"性恬淡,每拜爵命必力辞"。他和他的哥哥杨谷在宋理宗时被封为太师,杨谷拟接受,杨石劝告道:

---

[1]《长编》卷169皇祐二年八月己未。
[2]《长编》卷2建隆二年七月庚午。

> 吾家非有元勋盛德，徒以恭圣（宋宁宗杨皇后）故致贵显。曩吾父不居是官，吾兄弟今偃然受之，是将自速颠覆耳。矧恭圣抑远族属，意虑深远，言犹在耳，何可遽忘？

杨谷终于接受劝告，杨氏兄弟"合疏恳辞，至再三，不受"。上述这些记载，不免有溢美之处。但从中不难看出，在宋人的观念中，所谓"得外戚之体"，其含义是"能避远权势，不与人事"[1]。

二　关键在于不给实权

"不畀事权"是宋代待外戚之法的关键所在。元祐三年（1088）十月，中书舍人曾肇指出：

> 本朝承平百有余年，政出于一，群臣奉法遵职，外戚奉朝请。[2]

但"不畀事权""奉朝请"云云，不能简单地理解为外戚绝对不能担任任何实职。相反有极少数职务以外戚为选拔对

---

[1]《两朝纲目备要》卷7嘉泰二年十二月甲申"立贵妃杨氏为皇后"。
[2]《上哲宗论君道在立己知人》，见《诸臣奏议》卷3《君道门·君道三》。

象,枢密院副都承旨便是一例。元符三年(1100),左司谏陈瑾说:

> 神考(神宗)以文臣为都承旨,其副则参求外戚、武臣之可用者。[1]

与枢密院副都承旨相似,编制为数员的干当皇城司这一职务,一般也必须由具有外戚身份的武臣充任。[2]诚然,按照宋朝的制度,与必须由外戚担任的职务相比,外戚不能担任的职务无疑更多。这里姑且举出以下三大类。

其一,"不得任文资"。宋代的官员分为文、武两套资序,文官与武职的区分较之前代更加严格。[3]朝廷授予外戚官职通常不外三种,一种是武将虚衔如刺史、团练使、防御使、观察使、节度观察留后(后改称承宣使)、节度使等;另一种是环卫官,如诸卫上将军、大将军、将军等;还有一种是阁门官,如阁门使、副使、通事舍人(后改称宣赞舍人)、祗候等。值得注意的是,上述三种职务一概属于武臣资序。宋人说:

---

[1]《宋史》卷162《职官志二·枢密院》。
[2] 参看佐伯富:《宋代之皇城司——君主独裁权研究之一》,见《东方杂志》复刊第11卷第2期。
[3] 参看王曾瑜:《宋朝的文武区分和文臣统兵》,载《中州学刊》1984年第2期。

> 祖宗之法，后族戚里不得任文资。[1]

这条"祖宗之法"，宋徽宗在崇宁元年（1102）五月下诏重申，并且强调如果"令作文资"便是"隳紊纲纪"之举，要求有关部门"慎毋依随"[2]。宋光宗时官至宰相的留正在谈到外戚"不得任文资"时，指出：

> 此我宋家法，万世所当守也。

由于这一限制早已有之，宋真宗刘皇后垂帘期间，她的侄女婿马季良出任属于文资的工部郎中，实属破例。刘皇后死后，宋仁宗亲政，他立即将马季良改任属于武资的濠州防御使，理由是：

> 祖宗之制，不可以私恩废也。[3]

宋英宗时，虞部员外郎向经的女儿被选为颍王妃，朝廷马上将向经由文资转武职，改任贵州防御使。宋哲宗时，韩嘉彦"本文资"，他做了宋神宗之女唐国长公主的驸马，朝廷立即

---

[1]《朝野杂记》甲集卷1《宪节邢皇后》。
[2]《宋大诏令集》卷195《政事四十八·诫饬六·传宣内降特旨许三省密院契勘诏》。
[3]《中兴两朝圣政》卷3建炎二年正月壬子"留正曰"。

"授以右列（武职）"[1]，把他任命为左卫将军。

重文轻武，以文制武是宋朝的传统国策。外戚当然不愿任武职，而愿做文官。按照宋代的制度，包括外戚在内的皇亲国戚破例任文资，应当具备以下三个条件：第一，"被受人父、祖系文资"；第二，被受人本人在科举考试中曾经通过发解试；第三，被受人"曾补试入太学"[2]。建炎初年，给事中刘珏说，宋英宗高皇后的堂叔高遵惠"尝权侍郎"，宋神宗向皇后的从兄向宗旦"尝历卿士"，他们之所以任文资，固然是由于他们系皇后的"疏属"，但更主要的原因在于他们"皆登进士第"，不具备相同条件的外戚不能"援以为例"[3]。

其二，"不任侍从"。什么叫侍从？南宋人洪迈的解释是：

> 今尽以在京职事官自尚书至权侍郎及学士、待制均为侍从。[4]

"后族不任侍从"被宋人称为"祖宗之成宪"。这项规定在宋徽宗崇宁、大观、宣和年间一度遭到破坏：

---

[1]《系年要录》卷11建炎元年十二月庚辰。
[2]《宋大诏令集》卷195《政事四十八·诫饬六·传宣内降特旨许三省密院契勘诏》。
[3]《系年要录》卷11建炎元年十二月庚辰。
[4]《容斋随笔》三笔卷12《侍从两制》。

> 戚里内侍公然请托，内降御笔日以十数，三省奉
> 行文书而已。故皇后之父至为太师，帝女之夫乃作侍
> 从。[1]

南宋建立之初，宋徽宗时的积弊沿袭下来。建炎元年（1127）十二月，朝廷任命宋高宗邢皇后的父亲邢焕为徽猷阁待制、宋哲宗孟皇后的侄子孟忠厚为显谟阁直学士。外戚居然出任侍从，"于是物议大喧，以至相视失色"。右谏议大夫卫肤敏请求：

> 痛扫崇、观之积弊，悉复祖宗之成宪。

宋高宗只得将邢焕重新任命为光州观察使，并下诏说：

> 历考祖宗朝，后父无任文臣侍从官者。朕欲尊依旧
> 制，以复祖宗平治之时。岂可以近亲违戾彝宪？

最后一句话说得何等漂亮。可是一接触到孟忠厚的问题，宋高宗的腔调立即改变：

> 以隆祐太后（宋哲宗孟皇后）故，未忍夺忠厚职名。

---

[1]《系年要录》卷11建炎元年十二月甲子。

给事中刘珏、殿中侍御史张浚公开表示反对。卫肤敏"论孟忠厚未已":

> 忠厚乳臭小儿,目不知书,一旦以外戚子擢之从班,挠累圣之法,害中兴之政。

声称:

> 若臣言是,则当罢忠厚法从之职;臣言非,则当正臣妄言之罪。

宋高宗恼羞成怒,将卫肤敏调离谏职,任命为试中书舍人。卫肤敏并未屈服,他公然违抗圣旨,待在家中不肯就职,以致士大夫们很是不平。中书舍人汪藻上疏说:

> 有天下者当以大义灭亲,岂可徇家人之情,害祖宗之成法,至假外戚以名器,而示天下以不公![1]

宋高宗不得不俯从公议,听从宋哲宗孟皇后的主张,将孟忠厚重新任命为常德军承宣使,并下诏说:

---

[1]《系年要录》卷11建炎元年十二月甲子、庚子,卷12建炎二年正月壬子。

> 后族自今不许任侍从官，著为甲令。[1]

在士大夫们的力争下，一度受到破坏的所谓"祖宗成宪"重新确立。

其三，"不得为监司、郡守"。在宋代，担任某州观察使、防御使、团练使、刺史的外戚比比皆是，可是这些职务"大率不亲本州之务"[2]。朝廷一般不让外戚担任监司、郡守一类实权在握的地方长官。郡守是指知州也包括通判，监司则是宋代在各路陆续设置的转运使司、提点刑狱司、提举常平司等机构的统称。外戚倘若请求出任地方长官，往往被朝廷视为非分之想，难免碰壁。如皇祐年间，宋真宗杨淑妃的弟弟杨景宗"求为郡"，宋仁宗"不许"：

> 今与郡则一方之民受祸矣！[3]

外戚一旦破例出任地方长官，几乎一概遭到士大夫反对。如熙宁初年，宋太祖之孙安定郡公赵惟吉的女婿、宋神宗向皇后的从祖向传范出知郓州（治今山东东平）并兼任京东西路安抚使。知谏院杨绘立即反对：

---

[1]《宋会要》后妃2之1。
[2]《文献通考》卷47《职官考一·官制总序》。
[3]《长编》卷170皇祐三年六月戊子。

> 向传范后族,不当守郡,领安抚使。

枢密使文彦博辩护道:

> 传范累典郡,非缘外戚。

而宋神宗对杨绘则大加赞赏:

> 得谏官如此敢言,甚好,可以止他妄求者。[1]

宋哲宗时,朝廷任命宋英宗高皇后的堂弟高士敦知邢州(治今河北邢台)。此例一开,宋神宗向皇后的弟弟向宗良"继有陈乞,朝廷为罢士敦,以邢州授之"。御史中丞苏辙上疏说:

> 二人皆外戚之家,而夺一与一,于体不顺,乞赐追寝。[2]

建炎年间,宋高宗"降中旨,王羲叔与郡"。王羲叔的母亲是宋哲宗孟皇后的妹妹,他的姐姐又是宋徽宗的婕妤。这位外戚被任命为地方长官,"议者咸谓因戚里佞幸干请而与

---

[1]《宋朝事实类苑》卷5《祖宗圣训·神宗皇帝》。
[2]《长编》卷453元祐五年十二月甲寅、乙丑。

之"。右谏议大夫卫肤敏指责这是"以公朝爵位私之"[1]。宋理宗时,一度"用外戚子弟为监司、郡守",结果吏治败坏,影响很坏。鉴于朝野上下反应强烈,朝廷不久便"勒外戚不得为监司、郡守"[2]。

宋代确有若干外戚出任地方长官,其原因大致有三:第一,某些外戚地方官属于添差性质,添差官多半不厘务即不管事。如淳熙年间,宋高宗吴皇后的侄子吴珹通判秀州(治今浙江嘉兴)、吴琁通判平江府(治今江苏苏州),明确规定"不厘务"[3]。第二,某些外戚地方官并非实权在握。如乾德年间,杜太后的弟弟杜审肇知澶州(治今河南濮阳),宋太祖"以审肇未尝历郡务,乃命司封郎中姚恕通判州事,以左右之"[4]。第三,更为重要的原因在于宋代虽然不是无法可依,但很难做到有法必依。当时有法不依的事情不少,外戚"不得为郡守、监司"这项规定弹性较大。

三 外戚不预政

宋代外戚不能担任的职务相当多,其中最关键的是"不令预政,不令管军"。

先说"不令管军"。在宋代,朝廷尽管授予外戚武职,

---

[1]《系年要录》卷11建炎元年十二月甲子。
[2]《宋史》卷474《奸臣传四·贾似道传》。
[3]《宋会要》后妃2之16。
[4]《宋史》卷463《外戚传上·杜审琦传附杜审肇传》。

但"皆空官无实"[1]，他们通常并不负责统率军队。这项规定形成于北宋开国之初。乾德元年（963），宋太祖打算叫晋王赵光义的岳父符彦卿"典兵"。枢密使赵普当即表示反对：

> 彦卿名位已盛，不可复委兵柄。

宋太祖辩解道：

> 彦卿岂能负朕耶！

赵普反问：

> 陛下何以能负周世宗？

宋太祖无言以对，他接受了赵普的建议，"事遂中止"[2]。外戚"不令管军"，从此成为成例。

有的外戚对于"不令管军"的规定能够自觉遵守，如步军都虞候曹仪。景祐元年（1034），曹仪的堂姐被立为皇后，他马上"自乞罢军职"，宋仁宗立即照准。曹仪"落管军"[3]，做了个耀州观察使的闲职。某些外戚企图突破这一限

---

[1]《宋史》卷166《职官志六·环卫官》。
[2]《长编》卷4乾德元年二月丙戌。
[3]《长编》卷115景祐元年十二月己未。

制。如宋太宗李皇后的侄子李昭亮、宋太宗之子舒王赵元偁的女婿郭承祐、宋真宗李宸妃的侄子李璋。他们先后"除军中职务",但无一不遭到大臣抨击。大臣们反对道:

> 祖宗典故,宗室姻戚未尝委之典禁兵……今以兵权付之近戚,窃恐竟相扳援,渐干国政。[1]

宋仁宗时,郭承祐曾任大名府副都总管,枢密使杜衍"奏罢(其)军权"[2]。皇祐元年(1049),李璋"欲除军中职名",知谏院钱彦远上疏宋仁宗"论不可令李璋管军"[3]。

外戚"不令管军"的制度,南宋时"犹未改"[4]。建炎年间,宰相吕颐浩建议由宋高宗的舅舅韦渊担任建康军帅,但宋高宗"不欲以戚里管军,不许"。绍兴年间,宰相赵鼎鉴于北宋时存在着某些外戚在军队中担任职务的现象,将外戚任三衙长官称为"祖宗旧制",并建议宋高宗按照此旧制行事。宋高宗以"戚里未有可以当此任者"为理由,拒绝赵鼎的建议,并说:

---

[1] 何郯:《上仁宗论连姻臣僚更不得除授典掌侍卫及枢要之任》,见《诸臣奏议》卷34《帝系门·外戚上》。
[2] 《宋史》卷252《郭从义传附郭承祐传》。
[3] 钱彦远:《上仁宗论不可令李璋管军》,见《请臣奏议》卷34《帝系门·外戚上》。
[4] 《止堂集》卷5《论韩侂胄干预政事疏》。

> 戚里既擢用后，或有罪戾，罚之则伤恩，贷之则废法，故不得不慎也。

宋高宗的这句话被宋光宗朝宰相留正称赞为"真可为万世法"[1]。

应当指出，外戚"不令管军"同"不得为监司、郡守"一样，弹性较大。《宋史·外戚传》有传者60人，其中25人曾任三衙长官或正副总管一类的地区性统兵官，占总数的41.7%，比例可谓高矣。然而，李用和曾任殿前副都指挥使等三衙长官，但"不假之以权"；郭承祐"罢军权"之后，到"复军权"之前，历任永兴军副都总管、河阳兵马总管。照此看来，外戚出任这类官职，不无徒有其名者。此外，还有三点值得注意。第一，宋代对外戚近亲管军限制较严，而对外戚疏属管军掌握较宽。如高遵裕在元丰年间，直接带兵同西夏作战，是由于他只不过是宋英宗高皇后的远房叔父。第二，外戚在朝廷掌兵权者较少，在外地带军队者较多。在这25位管军外戚中，曾任地区性统兵官者19人，高达总数的76%；曾任三衙长官者6人，仅占总数的24%。第三，外戚不令管军的规定执行力度越来越大。在这25位管军外戚中，北宋23人，高达总数的92%；南宋2人，仅占总数的8%。北宋23位管军外戚几乎全部出现在北宋前期和中期。李心传据此指出：

---

[1]《系年要录》卷97绍兴六年正月乙未。

> 祖宗盛时,率用外戚典兵马。[1]

至于彭龟年所说,外戚不令管军,南宋"犹未改"。这个"犹"字分量不够,南宋比北宋执行得更严格。

再说"不令预政"。外戚"不可进处二府"[2]是宋代有案可查的一条成文法。皇祐二年(1050)闰十一月,宋仁宗明文规定:

> 后妃之家毋得除二府职任。[3]

二府是指掌管政务的中书门下和掌管军务的枢密院。换句话说,外戚不仅不能拜相,而且不能出任副宰相和枢密院长官。因此宋人既有"外戚不可为宰相"的观念,也有"后妃之家不得为执政官"[4]、外戚"无使枢密者"[5]等说法。政和八年(1118)四月,蔡京的儿子蔡鞗被选为茂德帝姬的驸马,蔡京立即上奏请求辞职:

> 检会崇(宁)诏书,今后勿复援韩忠(彦)例,以戚里家属为三省执政官。乞免五日一赴都堂治事。

---

[1]《朝野杂记》甲集卷10《外戚典枢密》。
[2]《历代名臣奏议》卷289《外戚》"皇祐三年何郯又奏"。
[3]《宋史》卷12《仁宗本纪四》。
[4] 刘攽:《彭城集》卷37《吴公墓志铭》。
[5]《朝野杂记》甲集卷10《外戚典枢密》。

蔡京这时已先后两次拜相，累计任相达14年之久。他飞黄腾达，靠的主要是投机钻营，并不是同皇族联姻。在人们的心目中，他并不是外戚。对于蔡京的请求，宋徽宗"诏答不允"[1]。外戚韩忠彦、郑居中等人虽然官至宰相，钱端礼、张说者流尽管出任执政，然而阻力很大、障碍颇多。这些在第一节已经讲到，这里不必重复。总之，宋代的外戚执政不过钱惟演、王贻永、孟忠厚、钱端礼、张说寥寥数人，而外戚宰相则只有韩忠彦、郑居中、韩侂胄、贾似道4人，其中权倾中外者韩、贾两人而已。即使是韩、贾两人，也不敢妄想篡位。上述情况同汉、唐两代相比，差别显而易见。难怪宋人说：

> 外家不任要职，亦不干预政事。[2]

而刘子健先生则认为：宋代"没有后党擅权，更谈不到篡位"[3]。如果对此不做绝对理解，这个论断应当说是正确的。

四　戚里应守法

在宋代，外戚不但有不少职务不能担任，而且朝廷对于

---

[1]《宋会要》帝系8之57。
[2]《系年要录》卷21建炎三年三月丙戌。
[3]　刘子健：《宋太宗与宋初两次篡位》。

他们的活动限制颇多。其中以"不许通宫禁、不许接宾客"两条最重要。

（一）"不许通宫禁"。宋代的宫禁制度适用于包括外戚在内的一切皇亲国戚。朝廷规定：

> 皇亲命妇不许因入内投进文字，求内批指挥差遣及非次改转恩泽。如有内批指挥，即令枢密院进呈，具此条贯执奏，不得辄便施行。[1]

宋仁宗曹皇后、宋高宗吴皇后便是自觉遵守宫禁制度的典型。治平年间，曹皇后"春秋高"，他的弟弟曹佾"亦老"。宋英宗多次主动提出"宜使入见"。曹皇后唯恐破坏了"外家男子，旧毋得入谒"的成规，"辄不许"。一天，宋英宗亲自将曹佾领到曹皇后住所，为这两姐弟"伸亲亲意"提供机会。可是，曹皇后竟对弟弟说：

> 此非汝所当得留！

赓即将他"遣出"[2]。宋高宗吴皇后对其弟弟吴益"常持盈满之戒"，要求他通常不得进入宫中。吴皇后说：

---

[1] 何郯：《上仁宗论后族戚里非次改官》，见《诸臣奏议》卷34《帝系门·外戚上》。
[2] 《宋史》卷242《后妃传上·慈圣光献曹皇后传》。

> 凡有宴召，非得吾言，不可擅入。[1]

一旦"戚姻入内，有所干求""后族戚里非次改官稍多"[2]，大臣们立即呼吁朝廷申严宫禁制度。如绍熙年间，韩侂胄违反宫禁制度，彭龟年上疏宋宁宗，指责他"数入禁近，干预政事""不去必为后患"[3]。韩侂胄因此一度被解职。

（二）"不许接宾客"。这是一条朝廷反复予以重申的禁令。如景祐元年，宋仁宗下诏：

> 闻戚里之家，多与朝士相接，或漏禁中语，其令有司察举之。[4]

崇宁二年（1103），宋徽宗下诏：

> 官员不得与宗室戚里之家往还。[5]

南宋时期，此禁依然如故。建炎三年（1129），宋高宗根据

---

[1]《西湖游览志余》卷10《才情雅致》。
[2] 何郯：《上仁宗论后族戚里非次改官》，见《诸臣奏议》卷34《帝系门·外戚上》。
[3]《止堂集》卷5《论韩侂胄干预政事疏》。并参据《宋史》卷393《彭龟年传》。
[4]《长编》卷114景祐元年五月庚午。
[5]《宋会要》刑法2之43。

宋哲宗孟皇后的建议，下诏告诫外戚"不得辄与朝政，交通贵近，务循退静，以保家族"，并重申"不得于私第谒见宰执"[1]。绍兴三年（1133），宋高宗又下诏强调：

> 今后驸马都尉不许出谒及接见宾客。[2]

由于"家有宾客之禁"，外戚"无由与士大夫相亲闻"，他们很难相互串通，窃弄权柄。外戚如果确有必要"接宾客"，必须经过朝廷特许。如庆历年间，宋真宗李宸妃的侄子、宋仁宗的表弟兼女婿李玮请求与宾客往还，宋仁宗令其"具凡所接宾客以闻"。绍兴年间，宋高宗的驸马潘正夫请求通宾客，宋高宗特许他"至所居州军，与知通州官相见一次"[3]。

外戚倘若违犯宾客之禁，不免受到惩处。如皇祐元年（1049），宋太宗之子舒王赵元偁的女婿郭承祐"屡谒宰相陈执中于本厅，坐久不退"，因而遭到御史弹劾。宋仁宗为此专门下诏：

> 中书、枢密非聚议，毋得通宾客。[4]

元符三年（1100），宋神宗向皇后的弟弟向宗良、向宗回兄

---

[1]《系年要录》卷21建炎三年三月丙戌。
[2]《宋会要》帝系8之32。
[3]《宋会要》帝系8之49、32。
[4]《长编》卷166皇祐元年五月戊寅。

弟"交通宾客,漏泄机密",更是酿成了一场不小的政治风波。翰林学士承旨蔡京等"奔走其门,务相交结",因而"物议籍籍"。右正言陈瓘上疏指责道:

> 宗良兄弟依倚国恩,凭藉慈荫,夸有目前之荣盛,不念倚伏之可畏,所与游者连及侍从,希宠之士愿出其门。

并弹劾蔡京:

> 谄事外戚,不畏上天,一至如此,岂惟有害于朝廷,实亦无益于外家。

请求朝廷"流窜蔡京"[1]。政和年间,宋徽宗郑皇后的父亲郑绅与其族侄、知枢密院事郑居中"时复往还"。郑皇后说:

> 执政大臣等并掌机密,自来不许与后妃之家往还,朝廷大政亦非戚里所当与闻。

郑居中"为朝廷近臣,凡所设施,悉干机要",而与郑绅

---

[1] 陈瓘:《论向宗良兄弟交通宾客》《上徽宗论蔡京交结外戚》,见《诸臣奏议》卷35《帝系门·外戚下》。

"过从,如亲无间""甚非公朝所以别嫌明疑,为天下劝也"。宋徽宗采纳郑皇后的建议,命令郑绅与郑居中"不得交往",要求他们"各严分守,以允公议"[1]。

或许正是由于宾客之禁较严,不少外戚不与外界交往。宋仁宗曹皇后的弟弟曹佾号称"得外戚之体",他在宋神宗时的表现据说是:

> 佾口不敢荐一人,佾门不敢接一人,日饮醇酒,以自娱乐而已。[2]

宋高宗吴皇后的弟弟吴益更是独自优游于湖光山色之间,"游人望之,俨如神仙"。宋高宗赞曰:

> 富贵不骄,戚畹称贤。扫除膏粱,放旷林泉。沧浪濯足,风度萧然。国之元舅,人中神仙。[3]

相当奢侈的吴益居然受到这样高的评价,无非是因为他能够自觉遵守宾客之禁。

如果说"不许通宫禁"之类属于特殊性的限制,那么通常性的法律,外戚照样应当遵守。宋代号称:

---

[1]《宋会要》后妃1之23—24。
[2]《历代名臣奏议》卷289《外戚》"宋徽宗即位初右正言陈瓘上奏"。
[3]《齐东野语》卷10《吴郡王冷泉画赞》。

> 隆恩于诸母之党,而行法于中宫之家。[1]

外戚虽然备受朝廷"隆恩",但是朝廷要求外戚守法。景祐年间,宋仁宗曹皇后的叔父曹琮作为一族之长,一再告诫族人不得"乱朝廷法"。曹琮在奏疏中说:

> 陛下方以至公厉天下,臣既备后族,不宜冒恩泽,乱朝廷法。族人敢因缘请托,愿置于理。

因而"时论称之"[2]。治平年间,宋英宗亲手写下"谨守法律"四个大字,用以教诲其妻弟高士林。宋英宗高皇后垂帘听政期间,"绳检族人,一以法度"[3],并要求作为族长的堂叔高遵惠切实加以监督。元祐七年(1092),高皇后以宋哲宗的名义下诏:

> 宗室、外戚、臣僚之家违犯酒禁,累及三次,并勾收槽杖。[4]

其含义无非是包括外戚在内的皇亲国戚以及达官显宦同普通人家一样,必须遵守当时所实行的酒禁。

---

[1]《系年要录》卷11建炎元年十二月庚辰。
[2]《长编》卷115景祐元年十一月辛亥。
[3]《宋史》卷464《外戚传中·高遵裕传附高遵惠传》。
[4]《长编》卷472元祐七年四月丁卯。

外戚如果敢于违法,朝廷一再宣称"不以戚里废法""戚里有过,例绳国法"[1]。这类说法无疑具有一定的欺骗性。如宋英宗号称"素愤戚里之奢僭",他即位之初,发现宋仁宗的表弟李璋"家犯销金,即日下有司,必欲穷治"。知开封府沈遘提醒宋英宗:

> 陛下出继仁宗,李璋乃仁宗舅家也。

宋英宗恍然大悟:

> 初不思也,学士为我平之。

沈遘将销金衣出示工匠并问:"此销金乎?销铜乎?"工匠回答道:"铜也。"[2]沈遘立即下令把销金衣烧毁了事。这分明是指金为铜,与指鹿为马何异!

不过也应当看到,外戚因违法而受到惩处的事实确实不少。如开宝四年(971),"河决澶州""坏民田",宋太祖大怒,他的舅舅、知澶州杜审肇因渎职被"免归私第"[3]。大约同时,宋太祖的妻弟王继勋"所为多不法",宋太祖将其"削夺官爵,勒归私第",稍后"配流登州"[4]。太平兴国

---

[1] 不著撰人:《群书会元截江网》卷17《纪纲》。
[2] 《东轩笔录》卷10。
[3] 《长编》卷12开宝四年十一月庚戌。
[4] 《宋史》卷463《外戚传上·王继勋传》。

年间，不少外戚违反规定，"多遣亲信市竹木秦陇间"，并且偷税漏税，"所过关渡，称制免算"。竹木运到开封后，又与某些官员勾结，把竹木全部卖给有关部门，"多取其直"。宋太祖听说此事，怒不可遏，把参与其事的表哥杜彦珪、表弟刘知信降职，宋太祖的驸马王承衍、石保吉、魏咸信被处以"各罚俸一年"[1]。宋真宗时，"禁销金严甚"。外戚杜氏自恃为宋太祖、宋太宗的表妹，有恃无恐，竟身着销金服装，大摇大摆进宫。宋真宗虽然是其表侄，但毫不留情，"见之，怒，遂令出家为道士"。处分如此严厉，"由是天下无敢犯禁者"[2]。元符年间，宋英宗的驸马王诜"自恃豪贵，抑勒雇人，不畏公法"，被宋哲宗处以"罚铜三十斤"。宣和年间，宋徽宗的驸马曹湜"凶豪肆志"，朝廷决定由开封府派人将其押往房州（治今湖北房县）安置，他的父亲曹戬因"不能训子"[3]而被解职。

上面这些事情都发生在北宋时期，南宋时期同样不乏这类事例。如绍兴元年（1131）十月，朝廷审理"伪告身文字"案，"事连潘永思"。此人是宋高宗潘贤妃的叔父，所谓"伪告身"即伪造委任状。宋高宗得知此情，当即表态：

永思虽戚里，即有过，安可废法！

---

[1]《长编》卷21太平兴国五年八月己丑。
[2]《长编》卷72大中祥符二年八月癸巳。
[3]《宋会要》帝系8之54、57。

潘永思因此被罢官,并被依法逮捕。大臣们称赞道:

> 卓哉,此举![1]

绍兴三十二年(1162)八月,知阁门事、外戚孟思恭"奉使受贿",刚即位的宋孝宗决定给予"罢现任"的处分。谏议大夫任古认为这是大事化小,不足以平民愤。他上疏说:

> 孟思恭奉使受贿,而朝廷不能正其典刑。夫人之有过而不治,在国法为可废。国之有法而不能施,在朝廷为可羞。

宋孝宗只得对孟思恭做进一步处理。留正赞叹道:

> 法行必自近始,人主所以整齐天下也……用法之公如此,左右之人孰敢凭恃以坏纪律哉![2]

大概正是根据上述情况,《宋史·外戚传序》说,外戚倘若"怙势犯法",朝廷对他们"绳以重刑,亦不少贷"。这话不免包含夸张的成分。

总之,历史上外戚专权局面的形成往往是由于母后左右

---

[1]《宋会要》帝系11之1。
[2]《系年要录》卷200绍兴三十二年八月乙丑,辛未。

政局，外戚受到重用。而宋代推行了一整套以"不畀事权"为重点的待外戚之法，外戚的权势受到较为严格的限制，以致垂帘太后虽多，但"没有外戚祸"。宋代的待外戚之法何以相当严密，与北宋取后周而代之，本身就是外戚篡位有关。如所周知，周世宗和宋太宗两人是连襟，他们都是大将符彦卿的女婿。如果说宋太宗是标准的后周外戚，那么宋太祖则是与后周有外戚关系的姻亲。然而正是这两兄弟以外戚的身份，合伙篡夺后周政权。刘子健先生讲得很有道理："宋代起于姻亲夺位，从此于外戚加意防范。"[1] 至于宋代的待外戚之法得以较为顺利地推行，后妃特别是垂帘太后大多"不私外家""心在社稷"是个重要原因。从这个意义上说，宋代"无唐武韦之祸"与"无汉王氏之患"是一回事。

---

[1] 刘子健：《宋太宗与宋初两次篡位》。

第四章 宋代宦官与政治

前三章讲了宋代皇帝的血亲和姻亲,最后这章说说作为皇帝的家奴和亲信的宦官。宦官堪称史界热门论题,但丰硕的研究成果集中在"宦官之祸最烈"的汉、唐、明三代,至于宋代则备受冷落。史学名家柴德赓发表《宋宦官参预军事考》[1],已是多年前的往事。此后宋代宦官问题很少有人问津[2],以致其状况究竟如何,迄今只怕还若明若暗,实有探究的必要。

---

[1] 载《辅仁学志》第10卷第1、2期合刊。
[2] 近得台北中兴大学王明荪教授寄赠大著《宋辽金史论文稿》,书中最后一篇题为《谈宋代的宦官》。

第一节 北宋的宦官问题

眼下人们偶尔谈到宋代宦官问题，有的采用黄宗羲《明夷待访录·阉宦上》的论断，"阉宦之祸历汉、唐、宋而相寻无已"[1]，认为宋代宦官问题同汉、唐两代一样严重。有的沿袭蔡东藩《宋史演义》的说法：宋代"抑制宦官，没有阉祸"，甚至将此说引申为宋代宦官与政治无关。两种说法截然相反，究竟谁是谁非？有宋一代到底有无所谓"阉祸"，其原因何在？这些正是下面试图回答的问题。鉴于两宋在这个问题上差别比较明显，本节的讨论范围限定在北宋时期，南宋时期的情况下节再说。

一 宦官广泛参政

北宋宦官与政治无关之说事出有因，可以从当时人的言论中找到某些依据。如据邵伯温《邵氏闻见录》卷1记载：

> 太祖刻石禁中曰："后世子孙无用南士作相，内臣主兵。"

---

[1] 明人张燧的见解与此相似，他在《千百年眼》卷11《历代宦寺之祸》中说："自秦以历汉、唐、宋，其所以灭亡之故，俱出阉宦。"

但此事大抵不可信，已故著名史家张荫麟在《宋太祖誓碑及政事堂刻石考》[1]中有辨析。王禹偁曾炫耀，宋太祖对宦官严加约束，"止令掌宫掖中事，未尝令预政事"[2]。曾肇声称：

> 本朝承平百有余年，政出于一……宦寺供扫洒而已。[3]

这些片言只语，不足凭信。治平二年（1065）三月，侍御史知杂事吕诲在谈到宦官问题时指出：

> 我朝因循前弊尚多，久未更革。[4]

后来马端临在对比唐、宋两代职官制度异同时，同样认为：

> （宋代）惟内侍所掌，犹仿佛故事。[5]

"仿佛"二字，相当确当。北宋宦官的职责与唐代相似，绝

---

[1] 载《文史杂志》第1卷第7期。
[2] 《邵氏闻见录》卷7。
[3] 《上哲宗论君道在立己知人》，见《诸臣奏议》卷3《君道门·君道三》。
[4] 吕诲：《上英宗论差中官为陕西钤辖》，见《诸臣奏议》卷62《百官门·内侍中》。
[5] 《文献通考》卷47《职官考·官制总序》。

不限于侍候皇帝及其家属这类服务性工作，也不限于看守宫门、传达命令一类事务性差事。

单就宦官机构特别是其下属部门的法定职责来说，便超出了给事宫掖的范围。北宋的宦官机构有两个：一个是入内内侍省，曾经叫作内中高品班院、入内内班院、入内黄门班院、内侍省入内内侍班院，简称后省，其官员有都都知、都知、副都知、押班等；另一个是内侍省，曾经叫作内班院、黄门院、内侍省内侍班院，简称前省，其官员有左右班都知、副都知、押班等。后省"尤为亲近"[1]，地位高于前省。前后两省的下属部门如往来国信所，其职责是掌宋辽通使交聘之事；军头引见司，其职责是掌诸军拣阅、引见、分配之政。这些职掌显然不属于宫掖中事。

何况北宋宦官并不仅仅任职于前后两省及其下属部门，某些机构的官员甚至明文规定必须由宦官担任或者以宦官为主要选用对象。如《宋史》卷164《职官志四》称：

> 三馆……以内侍二人为勾当官；
> 群牧司……副使一人，以阁门以上及内侍都知充。

《两朝国史志》云：

> 皇城司，勾当官三人，以诸司使副、内侍都知、押

---

[1]《宋史》卷166《职官志六·入内内侍省、内侍省》。

班充。[1]

朝廷又常常临时差派宦官兼领外事。在《宋史·宦者传》中有传的北宋宦官共43人，除冯世宁1人而外，其他42人概莫能外地担任他职、兼领外事。在这42人中，曾奉命到外地完成特殊使命者19人；负责治理黄河、兴建宫殿、筑城修路等土木工程者15人；出使党项、辽朝者5人；曾管勾修国史、干当实录院者4人；或勾当群牧司或任群牧副使，管理马政者7人；勾当三班院，主管武官三班使臣的注拟、升移、酬赏等事者6人；担任经制市舶司、勾当内藏库、监在京榷货务、提举诸司库务之类的职务，或奉命议更茶法、经制财用、督运物资，参预理财活动者7人。此外，某些宦官或权州事，或知军事，或提举保甲，或任山陵使，或掌弓箭军器库。诸如此类，不一而足。

由上所述可以看出，北宋上层宦官从政者较多、参政面较广，他们并不单纯是皇帝的家内奴隶，而且是皇帝的一种重要的政治工具。尤其值得注意的是，上层宦官往往奉皇帝之命，承担以下四种事关重大的差事。

一是率军作战。在43名入传宦官中，曾带兵打仗者多达18人。李神祐、窦神宝等人早在宋太祖时就如此。更为人所熟知的是王继恩、卫绍钦在宋太宗时率军弹压王小波、李顺事变，李宪、王中正在宋神宗时带兵同西夏作战，童贯、谭

---

[1]《宋会要》职官34之15。

积在宋徽宗时既率军弹压方腊，又带兵出征燕山。岂止率军作战而已，童贯在宋徽宗时曾领枢密院事，全面主管军政。

二是监视军队。在43名入传宦官中，曾奉命监军、史有明文者虽然只有6人，但曾任钤辖者14人、都监者16人、巡检者9人、走马承受者8人，北宋从开国到灭亡，代代不乏其人。钤辖、都监、巡检尽管是等级不同的地区性统兵官，但正如柴德赓所指出的，同时也具有监军的性质。至于走马承受（宋徽宗时曾改称廉访使者），从某种意义上说，是低级别的监军。其全称为"某路都总管司走马承受并体量公事"。这一职务设置之初，虽有"止令奏报公事，不得侵预边事"[1]之说，实际上其主要职责除了传递军令、奏报战果、察访敌情而外，便是监视军队[2]。因此，当时人直截了当地说：

> 承受公事，以察守将不法为职。[3]
> 虽名承受，其实监军也。
> 军政不专于主帅，而关决于承受。[4]

---

[1] 周煇：《清波别志》卷上。
[2] 参看阎沁恒：《宋代走马承受公事考》，载《宋史研究集》第11辑；魏志江：《宋代"走马承受"设置时间考》，载《中国史研究》1990年第4期。
[3] 《宋史》卷467《宦者传二·李舜举传》。
[4] 余应求：《上钦宗论中人预军政之渐》，见《诸臣奏议》卷63《百官门·内侍下》。

皇帝甚至"以走马承受一言,便易边帅"[1],以致其"气焰赫然,都总管反趋承之不暇"[2]。总之,这一职务地位虽低,权势却重。

三是侦探臣民。在43名入传宦官中,曾掌、领、勾当、干当、管干皇城司者多达11人。当时人说:

> 皇城司在内中最为繁剧,祖宗任为耳目之司。[3]

其职责不仅是拱卫皇城,而且有权派遣亲事卒侦探臣民动静。皇帝通过这一机构,"欲知军事之机密与夫大奸恶之隐匿者"。李神福、刘承规在宋太宗时勾当皇城司,石得一在宋神宗时长期担任此职。元祐元年(1086)四月,御史中丞刘挚上疏弹劾石得一:

> 得一恣残刻之资,为罗织之事,纵遣伺察者,所在棋布,张阱而设网,家至而户到,以无为有,以虚为实,上之朝士大夫,下之富民小户,飞语朝上而暮入于犴狴矣。

其中显然包含着旧党恶意攻击新党的成分,但石得一因管干

---

[1]《三朝名臣言行录》卷12之2《枢密王公(岩叟)》。
[2]《清波别志》卷上。
[3]《宋会要》职官34之23。

皇城司而"权势烽焰，震灼中外"[1]，则是可想而知的事实。宦官即使不任职于皇城司，也往往侦察臣民动静并有权直接上奏皇帝。如高居简在宋仁宗、宋英宗时，"闻外廷议论，必以入告"，外号"高直奏"[2]。

四是审理案件。在43名入传宦官中，如果仅仅依据《宋史·宦者传》，曾担任这类差事者不过3人而已，但实际人数不止于此。《宋史·宦者传》称，雍熙年间，阎承翰受宋太宗派遣，前往广州，将图谋不轨的广南东路转运使王延范逮捕下狱并就地处死，仅由此也可见宦官权势之大。宋仁宗以后，皇帝亲自下诏审讯犯法官员，称为诏狱，并形成制度，其主持者常常是皇帝特派的宦官。宦官在宋神宗时主持诏狱的情形，旧党刘挚描述道：

> 凌辱棰讯，惨毒备至，无所求而不得，无所问而不承，其阴害不可胜数。于是上下之情惴惴，朝夕不敢自保，相顾以目者殆十年。[3]

这固然是一面之词，不可尽信也不可不信。绍圣三年（1096），审理宋哲宗孟皇后的案件居然由入内押班梁从政、管当御药院苏珪两位宦官主持。殿中侍御史刘次升上疏：

---

[1]《长编》卷375元祐元年四月乙巳。
[2]《宋史》卷468《宦者传三·高居简传》。
[3] 刘挚：《上哲宗弹奏王中正等四宦官之罪》，见《诸臣奏议》卷63《百官门·内侍下》。

> 自古推鞫狱讼，皆付外庭，未有宫禁自治，高下付阉宦之手……今事不经有司，狱成阉宦，此天下人心不能无疑也。[1]

宋哲宗对此不予理睬。诚然，宦官参预审理案件，也有主持公道的。如宋真宗时，邓守恩"按狱于濮州，雪冤人十余"[2]；又如庆历五年（1045）八月，右正言欧阳修因言事得罪宰相贾昌朝、陈执中而被诬告，宋仁宗命令权发遣户部判官苏安世与宦官王昭明共同主持诏狱。苏安世屈从宰相之意，居然说：

> 不如锻炼。

所谓锻炼，即拷打折磨、罗织罪名。王昭明当即予以反驳：

> 上令某为监勘，正欲尽公道，锻炼何等语也。[3]

欧阳修才得以解脱。王昭明居然敢于违反宰相意图，无非是依仗有皇帝做后盾。

---

[1]《历代名臣奏议》卷75《内治》"绍圣三年陈次升上奏"。
[2]《宋史》卷466《宦者传一·邓守恩传》。
[3] 李元纲：《厚德录》，见《说郛》卷94。"王昭明"原作"王德明"，据《长编》卷157改。

二　宦官参政原因何在

从总体上说，宦官与士大夫是两个不同的利益群体、两股对立的政治势力。皇帝何以如此信用宦官，大多数士大夫很不理解，非常反感。他们关于只可令宦官服扫除、通诏令，不可令其外出干事、采访外事一类的奏疏，像雪片一样飞向皇帝。其实，北宋宦官较广泛地参预政事，自有其深刻的制度性原因。

首先，封建皇帝集权专制制度在北宋时期又有所发展，宦官作为这一制度的产物，其权势在当时的历史条件下不可能受到严格抑制。士大夫们出于自身的利益和偏见，使劲叫喊：

宦寺之权重，则皇纲不振。[1]

他们总是片面地夸大皇权与宦权的对立，对二者的一致性竭力予以抹杀。由于宦权在通常情况下依附并服务于皇权，皇帝的看法与士大夫不同，他们把信用宦官作为振兴皇纲的一个重要手段。不少宦官即使在封建文人笔下，也受到"公忠奉上""服勤左右甚淳谨""宣传指挥颇称旨"一类的称赞。皇帝因而"爱其忠"，以致"眷遇最厚"，甚至赋予他们"细务悉令裁决，不须中覆"的特权。在《宋史》有传

---

[1]《宋史》卷351《郑居中传附安尧臣传》。

的43名北宋宦官当中,受到这类称赞的多达23人,超过总数的一半。诚然,他们所说的"忠"无非是忠于赵氏一家一姓而已。

其次,猜忌武将以至文臣是北宋王朝的一项基本国策。皇帝势必让宦官较广泛地参预政事、干预军事,以牵制文臣、武将。有人问朱熹:

> 唐之人主喜用宦者监军,何也?

朱熹回答道:

> 是他信诸将不过,故用其素所亲信之人。[1]

其实,北宋时期的情况又何尝不是如此。按照马端临的看法,北宋皇城司指挥的数千名亲事卒,类似于汉朝的北军、唐代的北衙。他在记述皇城司这个重要机构不让殿前司将领统辖,而交由入内内侍省的宦官主管时说:

> 皇城司,以入内两都知主……而殿前不复预此。

马端临唯恐人们不懂,最后特意加上一笔,画龙点睛:

---

[1]《朱子语类》卷128《本朝二·法制》。

> 此祖宗处军政深意也。[1]

深意在于借助宦官力量,防止武将作乱。朱熹讲到此事,可谓一语破的:

> 以制殿前都指挥之兵也。[2]

尽管士大夫们喋喋不休:

> 以宦人豫边事,将不得尽其用。[3]

但这事关基本国策,很难在原则上被皇帝采纳。岂止武将,皇帝有时信用宦官超过文臣。突出的事例要算宋太宗重用王继恩、卫绍钦,猜疑赵昌言。淳化五年(994)春天,宋太宗将宦官王继恩任命为剑南西川招安使,率军入蜀弹压李顺事变,军中之事"便宜决遣"。后来,朱熹就此事批评宋太宗:

> 朝臣、诸将中,岂无可任者,须得用宦者![4]

---

[1]《文献通考》卷58《职官考十二·干办皇城司》。
[2]《朱子语类》卷128《本朝二·法制》。
[3]《长编》卷203治平元年十二月丙午。
[4]《朱子语类》卷128《本朝二·法制》。

当年秋天，参知政事赵昌言已出任川峡招安行营都部署。有个僧人胡言乱语：

> 昌言额纹有反相，不宜委以蜀事。

有位地方官又添油加醋：

> 赵昌言素有重名，又无子息，不可征蜀，授以兵柄。

宋太宗大吃一惊：

> 朝廷皆无忠臣，言莫及此！[1]

他立即不让赵昌言入蜀，由宦官卫绍钦代其行。对于这类现象，士大夫牢骚满腹：

> 国家择天下贤才，以为公卿百官，而犹不可信。顾任此厮役小人，以为耳目，岂足恃哉！[2]

皇帝有时不信任大臣而信用宦官，完全是出于稳固其统治的

---

[1]《宋朝事实》卷17《削平僭伪》。
[2]《司马文正公集》卷21《论皇城司巡察亲事官札子》。

需要。的确，历史上虽然有干政擅权的宦官，可是无黄袍加身的阉人，而篡权夺位的文臣、武将却屡见不鲜。柴德赓说得对：宋太宗"信内侍，取其不反耳"。

上面是就根本原因而言，至于北宋宦官势力的发展，又与以下三种具体情况有关。

一是太后临朝称制。历史上宦官常常因后妃专权而用事，太后垂帘听政之际往往成为宦官势力扩展之秋。

宋真宗刘皇后是个精明干练的"女主"，既"留心庶狱"，又"好问外事"。她作为一位女性，要了解下情只能主要依靠宦官。史称："每中使出入，必委曲询究，故百官细微，无不知者。"[1]刘皇后听政之初，宦官雷允恭因"凡机密事令传达禁中"而"势横中外"[2]。雷允恭在任山陵都监期间因擅易皇堂被赐死后，宦官罗崇勋、江德明等又因"访外事"而"势倾中外"[3]。难怪当时人吕诲说：

> 太后临朝，制命出于帷幄，威福假于内官。[4]

刘皇后称制期间，太常博士范讽因巴结宦官而出任右司谏，翰林学士蔡齐、群牧判官司马池、知陈留县王冲等人则因得罪宦官而受到不同程度的处罚。更有甚者，有功于北宋王朝

---

[1]《东轩笔录》卷9。
[2]《宋史》卷468《宦者传三·雷允恭传》。
[3]《宋史》卷242《后妃传上·真宗章献明肃刘皇后传》。
[4]《历代名臣奏议》卷292《近习》"嘉祐三年吕诲上奏"。

的枢密使曹利用因抑制宦官而遭到报复，本人被害死，亲属受株连。

宋仁宗曹皇后尽管垂帘不过13个月，仍然有宦官任守忠"用事于中，人不敢言其过"[1]。宋英宗高皇后听政期间，宦官陈衍"怙宠骄肆，交结戚里，进退大臣，力引所私"[2]。宋神宗向皇后不眷恋权势，且仅临朝7个月，在她称制期间无宦官用事的明确记载。

二是刚明之主在位。"刚好专任，明好偏察"[3]，这类皇帝很容易信用包括宦官在内的所谓"近习"。

宋太宗是个刚明之主，号称"欲周知天下之事"[4]。当时宦官王继恩、刘承规、卫绍钦受到信用，与他以察察为明有关。但宋太宗主要依靠石熙载、柴禹锡、弭德超等所谓"随龙旧人"采访外事、参预密议、主持军政，宦官在宋太宗时权势还不算太大。

宋神宗是继宋太宗之后又一个刚明之主，他"好令内臣采访外事，及问以群臣能否"。司马光或许是出于旧党的偏见，上疏指责宋神宗：

> 深处九重之内，询于近习之臣，采道听途说之言，纳曲躬附耳之奏。

---

[1]《宋史》卷468《宦官传三·任守忠传》。
[2]《宋史》卷468《宦官传三·陈衍传》。
[3]《宋史》卷470《佞幸传序》。
[4]《东轩笔录》卷2。

建议"凡欲知天下之事,当询访外廷之臣"[1]。宋神宗听听而已,并未采纳。他信用的宦官有李宪以及王中正、宋用臣、石得一,被旧党刘挚怒斥为"四凶"。如果说宋神宗在熙宁年间与王安石的关系如同鱼水,还采取过某些抑制宦官的措施,那么他在元丰年间同李宪的情谊犹如密友,"言之亲莫如宪,日侍左右莫如宪"。李宪因此红极一时,"朝廷之威福权令持于其手,官吏之废置用舍出于其口"[2]。"士大夫或奴事之",其中最下贱的是彭孙。他敢于"气陵公卿",却"为李宪濯足",竟厚颜无耻地说:

太尉足何香也!

连李宪也感到恶心,"以足踏其头"并嘲笑道:

奴谄不太甚乎![3]

"太尉足香",一时之间,传为笑谈。

三是昏庸之君当政。早在唐代后期,大宦官仇士良就把引诱皇帝荒淫作为宦官擅权的经验,并在他告老归第时,向其徒子徒孙传授。仇士良先问:

---

[1]《司马文正公集》卷37《王中正第二札子》。
[2] 蔡承禧:《上神宗论遣李宪措置边事第三状》、刘挚:《上哲宗弹奏王中正等四宦官之罪》,见《请臣奏议》卷63《百官门·内侍下》。
[3] 苏轼:《仇池笔记》卷下《太尉足香》。

> 诸君善事天子,能听老夫语乎?

众宦官"唯唯"。仇士良于是大侃了一番:

> 天子不可令闲暇,暇必观书,见儒臣,则又纳谏,智深虑远,减玩好,省游幸,吾属恩且薄而权轻矣。为诸君计,莫若殖财货,盛鹰马,日以毬猎声色蛊其心,极侈靡,使悦不知息,则必斥经术,暗外事,万机在我,恩泽权力欲焉往哉?

众宦官"再拜"[1]。仇士良的揽权之术,从此被某些宦官奉为法宝。宋徽宗时的大宦官杨戬在其晚年也鹦鹉学舌,告诫门徒:

> 汝辈不可令天子罢修造,我所得恩泽及财物,皆缘修造。[2]

可见,宦官需要制造昏君,昏君符合宦官需要。

宋仁宗号称节俭,可是好色。他在后宫中创立十阁之制,以安置其最宠爱的十位嫔妃。十阁除"供具之外,仍置

---

[1]《新唐书》卷207《宦者传上·仇士良传》。
[2]《历代名臣奏议》卷293《近习》"靖康元年陈公辅上疏"。

官管干，增长事势"[1]。后宫规模因而扩大，宦官人数随之增多。大臣质问宋仁宗：

> 祖宗时宦官凡几何人？今凡几何人？

指出"内臣权任稍过"，请求"更加裁抑"[2]。可是，并未收到多少效果。

照宋徽宗初年曾任左正言的任伯雨看来，宋哲宗"穷奢极侈，殚工尽巧，以粪土用邦财，以寇雠用民力"，是个昏君。他认为：

> 起哲宗侈心者，随也。[3]

"随"者，宦官郝随也。他因此升任知入内内侍省事，在绍圣年间用事。

宋徽宗这位风流天子又远非宋仁宗、宋哲宗可比。明代史家张溥把他穷奢极欲的主要表现简要地概括为"宫新延福，山成万岁，花石应奉"，同隋炀帝的"东京西苑，神山离宫，开渠行舟"[4]相提并论。童贯、梁师成、杨戬、李彦

---

[1]《历代名臣奏议》卷75《内治》"熙宁三年吕诲上奏"。
[2]《历代名臣奏议》卷216《慎刑》。
[3] 任伯雨：《上徽宗论郝随特许复官》，见《诸臣奏议》卷63《百官门·内侍下》。
[4]《宋史纪事本末》卷50《花石纲之役》"张溥曰"。

这批宦官正是靠着施展仇士良当年的故伎，得到宋徽宗宠信，从而飞黄腾达。童贯有"媪相"之称，"握兵二十年，权倾一时""岳牧、辅弼多出其门"。梁师成有"隐相"之称，"凡御书号令皆出其手"[1]。

在北宋历史上，宋徽宗宣和年间，宦官权势最为显赫。这是肯定无疑的事实。问题在于：北宋宦官用事，究竟始于何时？通常有以下四种不同的说法。一是始于宋太祖说，柴德赓认为：

> 追原祸始，启于太祖。

二是始于嘉祐说，蔡京的季子蔡絛写道：

> 本朝宦者之盛，莫盛于宣和间，其源由嘉祐、元丰，著于元祐。[2]

三是始于宋神宗说，宋宁宗朝宰相赵汝愚指出：

> 神宗皇帝时，始令王中正、李宪稍预边事。[3]

四是始于崇宁说，两宋之交的著名学者胡安国声称：

---

[1]《宋史》卷468《宦者传三·童贯传·梁师成传》。
[2] 蔡絛:《铁围山丛谈》卷6。
[3]《宋会要》职官48之118。

> 崇宁以来,阉寺得志。[1]

从前面讲到的情况看,这四种说法只怕都不够确切。北宋宦官监军固然始于宋太祖朝宦官李神祐,可是南宋人吕中指出:

> 然但使之督战,未使之将兵也。[2]

何况谁也举不出宋太祖时有任何权势显赫的宦官,相反倒可以举出不少宋太祖防范宦官弄权的措施。柴德赓此说未免失之偏颇,应当说北宋宦官用事始于宋真宗刘皇后垂帘听政时。南宋人杨仲良《皇宋通鉴长编纪事本末》卷34专门辟有《宦寺专恣》一节,用不少史实证明宦官在刘皇后称制期间"交通请谒,权宠颇盛"。

三 宦官卷入政争

宦官参预政事,势必卷入政争。北宋宦官卷入的政争大致可以分为两类。

一类是皇室内部的纷争。有据可查的始于宋太祖死时,王继恩站在宋太宗一边,公然违反宋太祖宋皇后的旨意,促

---

[1] 《困学纪闻》卷15《考史》。
[2] 吕中:《宋大事记讲义》卷3《太祖皇帝·平盗贼》。

成宋太宗登基，宋太宗因而"忠之，自是宠遇莫比"[1]。此后，这种现象时或出现。如王仁睿在宋太宗时，秉承宋太宗旨意，参与告发宋太宗的弟弟秦王赵廷美谋反，结果赵廷美被谪贬到房州，不久忧悸而死。阎文应在宋仁宗时，先取悦深受宋仁宗宠爱的杨、尚二美人，大力怂恿宋仁宗废掉郭皇后；后来又以杨太后为后台，迫使宋仁宗将杨、尚二美人赶出宫门。任守忠在宋仁宗曹皇后垂帘时，攻击其养子宋英宗，以讨好曹皇后；曹皇后卷帘时，立即转而投靠宋英宗，诽谤曹皇后，以致这两母子关系一度紧张。郝随、刘友端在宋哲宗时，为深受宋哲宗宠爱的刘婕妤出谋划策并赤膊上阵，结果孟皇后被废黜，刘婕妤得以正位中宫，而孟皇后的亲信宦官则惨遭审讯。直到北宋末年，做了太上皇的宋徽宗与其儿子宋钦宗相互猜疑，宋钦宗的亲信宦官梁方平、李毂甚至主张在宋徽宗从镇江返回开封时，或拒之于城外，或严密加以警备。

另一类是官僚之间的党争。如宋真宗时，寇准与丁谓两位宰执大臣党同伐异，宦官周怀政与寇准串联通同，而雷允恭则同丁谓沆瀣一气。宋仁宗时，以吕夷简、张耆为首领的二府大臣与孔道辅、范仲淹为代表的台谏官员相争，阎文应党附二府，攻击台谏。熙宁年间，程昉支持新法，出任制置河北河防水利，史称他"挟（王）安石势而慢韩琦"[2]。元

---

[1]《宋史》卷466《宦者传一·王继恩传》。
[2]《宋史》卷468《宦者传三·程昉传》。

丰年间，李宪、王中正、宋用臣、石得一因受到宋神宗重用而被视为新党，到元祐初年受惩处。元祐年间，张士良等八人因受到宋英宗高皇后信用而被视为旧党，在崇宁元年（1102）九月被列入元祐奸党碑。

北宋宦官除卷入政争而外，还捅了些娄子。这些娄子大致也可以分为两类。

一类是率军作战惨败。如康定元年（1040），宋军与西夏军队在三川口（在今陕西延安市安塞区东）遭遇，鄜延都监、宦官黄德和带兵首先临阵脱逃，刘平、石元孙两名将领兵败被俘，战后黄德和因此被处死。更为典型的事例是李宪、童贯和谭稹。李宪在元丰四年（1081），趁西夏发生政变，率领40万大军，兵分5路，攻打灵州（治今宁夏灵武西南）。这场势在必胜的战争居然以损兵折将近20万而告终，宋神宗"中夜得报，起环榻行，彻旦不能寐"[1]，从此身染疾病。童贯担任陕西宣抚使期间，熙河经略使刘法在他的迫使下，于宣和元年（1119）三月，冒然同西夏军队交锋，刘法战死，丧师10万；担任河北宣抚使期间，宋军在他的瞎指挥下，于宣和四年（1122）五月、十月，两度惨败于行将覆灭的辽朝军队，士卒死者延绵百余里。谭稹从宣和五年（1123）七月到六年（1124）九月，接替童贯出任河北宣抚使，他在战争中，同样怯懦退败。童贯再次担任河北宣抚使以后，金朝军队在宣和七年（1125）冬天刚发动进攻，他在

---

[1]《宋史》卷242《后妃传上·英宗宣仁圣烈高皇后传》。

太原立即逃跑。无怪乎当时人不禁浩叹:

> 国家近年边事,专委童贯、谭稹,终成大祸,几危社稷。[1]

另一类是企图废立皇帝。主要有两件事,一件是王继恩在宋太宗病危期间,串通参知政事李昌龄、知制诰胡旦,企图拥立已被废为庶人的宋太宗长子赵元佐这个精神病患者为皇帝。号称大事不糊涂的宰相吕端得知这一企图,果断予以制止,王继恩等人被贬黜并流放。另一件是周怀政在宋真宗重病期间,串通一批同伙,企图杀掉宰相丁谓,拥立太子赵祯为皇帝,奉宋真宗为太上皇,废宋真宗刘皇后为庶人。丁谓事前得到密报,在宋真宗和刘皇后的支持下,抢先将周怀政逮捕并处斩。但是应当替周怀政说句公道话,他的企图原本出自宋真宗的旨意。事情是这样的:宋真宗在大中祥符末年得病,"自疑不起,尝卧枕(周)怀政股,与之谋,欲命太子监国"[2]。当时周怀政兼任管勾左右春坊这一颇为重要的东宫官,他对此自然十分赞成。按照封建时代的规矩,周怀政错就错在不该把这一宫廷重大机密告诉宰相寇准。寇准得知此情,立即向宋真宗建议:

---

[1] 杨时:《上钦宗论不可复近阉人》,见《诸臣奏议》卷63《百官门·内侍下》。
[2]《长编》卷96天禧四年七月甲戌。

> 皇太子人所属望,愿陛下思宗庙之重,传以神器,择方正大臣为羽翼。

宋真宗"然之"[1],当即点头认可。后来宋真宗不知是老来健忘,还是屈服于来自刘皇后方面的压力,竟出尔反尔。此外,据说任守忠在宋仁宗晚年,曾"居中建议,欲援立昏弱以徼大利"[2],遭到宋仁宗拒绝;陈衍在元符年间,"撼太子",太子"惧,多以邸中旧宝带赂之,得稍止"[3];童贯、梁师成、杨戬在宋徽宗时,"有动摇东宫意"[4]。这三件事,详情难考。至于传言宋英宗高皇后和宰相王珪在宋神宗病危期间,打算抛开宋神宗之子延安郡王赵煦,另立宋神宗之弟雍王赵颢为帝,宦官张士良等曾参与其事,这一说法事涉当时的党争,多半是出自蔡确、章惇等人的编造。

上述两类娄子难免引起联想,要做以下两种比较。

一种是将北宋的宦官同唐代后期做纵向比较。唐代后期,皇帝和大臣铲除专权宦官的图谋几乎全部失败,宦官相反能够"易置人主,诛夷大臣"[5],皇帝由宦官拥立的多达七人、被宦官害死的多达三人。北宋时期,宦官不能再像唐代后期那样动辄废立皇帝、生杀大臣,虽然有极少数宦官企图

---

[1]《宋史》卷281《寇准传》。
[2]《宋史》卷468《宦者传三·任守忠传》。
[3]《铁围山丛谈》卷6。
[4]《宋史》卷468《宦者传三·梁师成传》。
[5]《文献通考》卷57《职官考十一·内府局》。

这样做,但无一不败露并最后受到严惩。宦官之祸的说法产生于封建时代,本身就是一个不够确切的概念。如果宦官之祸的含义是宦官废立皇帝、生杀大臣,那么宦官之祸在北宋不存在,至少没有变为现实。至于童贯到头来受到惩办,固然是罪有应得,但客观地说,在其十大罪状中有一条叫"家中有非法之物"[1],这不是捕风捉影,便是子虚乌有。以为童贯企图创造历史奇迹,准备做阉人皇帝,只能是天方夜谭。

另一种是把北宋的宦官与文臣、武将做横向比较。北宋某些宦官率军作战确实遭到惨败,但值得注意的是当时的文臣、武将带兵打仗,败得更多也更惨。某些宋人把童贯北征之败叫作童贯之祸或宦官之祸,可是却没有一个宋人将曹彬岐沟关之败称为曹彬之祸或武将之祸、将范雍延州之败称为范雍之祸或文臣之祸。可见士大夫偏见有多深,持论何等不公允。宦官率军作战失利同文臣、武将带兵打仗败北一样,从不同角度表现了北宋政治的腐败,但显然又不能笼统地称之为宦官之祸。可见,张燧把北宋灭亡的原因归咎于宦官之祸,黄宗羲将北宋的宦官问题同汉、唐两代等量齐观,根据未免太不充分。蔡东藩认为宋代"没有阉祸",大体与史实相符,但不能无限引申,认为宋代宦官未曾卷入政治纷争、没有捅过政治娄子。

---

[1]《宋宰辅编年录》卷13靖康元年三月丙申"童贯池州居住"。

四　为什么北宋无"阉祸"

北宋没有发生所谓宦官之祸,《宋史·宦者传序》将其原因简要地概括为:

> 祖宗之法严,宰相之权重。

此说是否完全确当,下面分别从皇帝与宰执大臣两个方面来做些考察。

先就皇帝方面来说,他们对宦官既信用又抑制。《宋史·宦者传序》称:

> 宋世待宦者甚严。

"甚严"二字虽属过甚其词,但曾经加以抑制是事实。其主要缘故在于前代的教训不得不吸取,而北宋又推行的是所谓防弊之政。

唐代后期宦官自称定策国老,呼皇帝为门生天子的往事对北宋最高统治者刺激太大,南汉后主刘鋹委政于宦官以致朝政腐败的教训更是近在眼前。宋人邵博《邵氏闻见后录》卷22称:

> 汉、唐宦者可谓盛矣,然官不至师保也。刘鋹有宦者七千余人,始有为师保者。艺祖既缚鋹,以永鉴其祸。

"艺祖"即宋太祖,他吸取前代教训,"不受内臣所媚"[1]。王继恩在弹压王小波、李顺事变之后,宰相建议把他提拔为宣徽使,遭到宋太宗怒斥:

> 朕读前代书史,不欲令宦官预政事。宣徽使,执政之渐也,止可授以他官。[2]

翰林学士张洎为了讨好宦官,请求让宦官蓝敏正、裴愈出任翰林学士院正、副使,宋太宗断然拒绝:

> 此唐弊政,朕安可蹈其覆辙![3]

后来,宋真宗也说:

> 前代内臣恃恩恣横,蠹政害物,朕常深以为戒。

王旦等宰执大臣立即附和:

> 前代事迹昭然,足为龟鉴。[4]

---

[1]《邵氏闻见录》卷7。
[2]《宋朝事实》卷17《削平僭伪》。
[3]《长编》卷36淳化五年十一月丁巳。
[4]《长编》卷65景德四年二月壬申。

柴德赓指出宋太宗、宋真宗的这些话是"自为掩饰之词"并告诫人们应"不为其所惑",固然不无一定道理。特别是宋太宗为人较虚伪,他说"不欲令宦官干预政事"在很大程度上是在骗人。但因而认为宋太宗、宋真宗完全置唐代的教训于不顾,对宦官弄权毫无警惕,不免又武断了些。

在各种政治势力之间搞平衡,以便加以驾驭,是历代封建帝王为稳固统治一贯采用的手法。宋太祖是善于运用这一手法的能手,他对一切有可能权倾天下的政治势力以及有可能形成祸患的政治漏洞,无不"事为之防,曲为之制"。而他的后继者又表示对宋太祖所推行的防弊之政"谨当遵承,不敢逾越"[1]。宋太祖对宦官加以信用,只不过是利用此一政治势力去制约彼一政治势力,宦官自身也在被防范之列。宋太祖及其后继者抑制宦官的主要措施,可以归纳为以下五条。

一是控制宦官人数。唐太宗为了防宦官势力膨胀,把宦官总数控制在100人以内,封建史家传为美谈。宋太祖比唐太宗要求更严,他强调宦官"自有定员",不得超过50人,规定宦官年龄在30岁以上,又无养父,才准许养子一人作为继嗣,并在乾德四年(966)六月、开宝四年(971)七月两次下诏申严此禁,敦促"所在严加觉察,违者不赦"[2]。乾德四年六月诏令的要点是:

---

[1]《长编》卷17开宝九年十月乙卯。
[2]《宋会要》职官36之2。

> 内官年及三十以上乃许养一子，士庶不得以童男养为宦者。

开宝四年七月诏令的内容为：

> 自今（内侍）年满三十无养父者，始听养子，仍以其名上宣徽院，违者准前诏抵死。[1]

惩处可谓严厉。咸平年间，温、台等州巡检徐志通因私自阉割童男为宦者而受杖刑并刺配，宋真宗于是重申宋太祖禁令。大中祥符五年（1012）十一月，宋真宗强调：

> 中官皆养子，此弊宜深察。[2]

他亲自下令严惩违犯这一禁令的内侍杨怀恩。宋真宗以后，宦官人数有逐渐增多的趋势，朝廷不时重申禁令，甚至暂停宦官养子。如宋仁宗在皇祐五年（1053）闰七月，将宦官限额调整为180人。嘉祐年间，三司使韩绛上奏说：

> 内臣员多，请住养子。

这一建议被宋仁宗采纳。熙宁年间，宋神宗对宰执大臣说：

---

[1]《长编》卷7乾德四年六月丙午、卷12开宝四年七月己酉。
[2]《宋会要》职官36之7。

> 方今宦者数已多，而隶前省官又入内侍。绝人之世，仁政所不取。且独不可用三班使臣代其职事乎！

三班使臣系低级武官。宰相吴充当即表示：

> 此诚盛德事，臣等敢不奉行！[1]

宋哲宗在元祐二年（1087）二月，又把宦官限额压缩到100人。到宋徽宗宣和年间，宦官总数才完全失去控制，"动以千数"[2]。

二是设立宦官阶官。在马端临看来，唐代有个怪现象：

> 唐宦者所历散官与文官同……贵珰之阶官至金紫光禄大夫、正议大夫者多有之。

北宋为内臣设立独特的阶官体系，以区别于文官、武臣。马端临认为，其目的在于对宦官加以歧视。他说：

> 祖宗立法，不以内侍溷清流，故自有阶官。

元丰年间改革品阶制度时，有大臣"请并内侍官名易之"，

---

[1]《系年要录》卷200绍兴三十二年十一月甲寅。
[2] 王栐:《燕翼诒谋录》卷5。

表 4-1 北宋中低级内臣阶官

旧官	新官
东头供奉官	供奉官
西头供奉官	左侍禁
殿头	右侍禁
高品	左班殿直
高班	右班殿直
黄门	仍旧
祗候殿头	祗候侍禁
祗候高班	祗候殿直
祗候高班内品	祗候黄门内品
祗候内品	仍旧
贴祗候内品	仍旧

表 4-2 北宋高级内臣阶官

旧官	新官
延福宫使	正侍大夫
景福殿使	中侍大夫
宣庆使	中亮大夫
宣政使	中卫大夫
昭宣使	拱卫大夫
皇城使	武功大夫

宋神宗反驳道：

> 祖宗为此名，有深意，岂可轻议！[1]

很清楚，所谓"深意"，就在于歧视宦官。北宋内臣阶官从较低级的贴祗候内品到较高级的东头供奉官（后改称供奉官），凡11阶。现据宋徽宗政和二年（1112）九月颁布的《改武选官名诏》[2]列表4-1，表中的旧官是政和二年以前的名称，新官则是政和二年所改。

东头供奉官之上的高级内臣阶官从较低级的皇城使到最高级的延福宫使，凡6阶，详见表4-2（据《宋史》卷169《职官志九·叙迁之制》所作）。

---

[1]《文献通考》卷64《职官考十八·宋朝内侍官新旧阶》。
[2]《宋大诏令集》卷163《政事十六·官制四·改武选官名诏》。

对此有两点需要说明：第一，以上内臣阶官除皇城使而外，是宋太宗以后为安排功绩卓著的宦官而陆续设置的。如宣政使是宋太宗在淳化五年（994）八月为奖赏王继恩而特置的，其用心则在于显示宦官有别于文官、武臣。此外，昭宣使特置于淳化四年（993）二月，以奖赏王延德等；宣庆使特置于大中祥符元年（1008），以奖赏李神福；景福殿使特置于大中祥符五年（1012）十二月，以奖赏刘承规。而延福宫使则是在明道元年（1032）特置的[1]。第二，以上内臣阶官"临时用例，取旨改转"[2]，普通宦官与此无缘。

三是压低宦官品级。唐代初期内侍省不置三品官，内侍最高官为从四品上，这常常被人们作为唐太宗压制宦官的一项重要措施而加以称道。北宋初年，内中高品都知、押班为宦官最高官，不过是正六品；景德三年（1006）五月增设的入内内侍省都都知，号称内臣之极品，也不过是从五品，其品阶仍低于唐代初期的内侍。北宋都知、押班的月俸钱为25贯，只能同当时的县令相比较，河南洛阳县令为30贯，万户以上县令为20贯，宦官最高官虽高于后者，但低于前者。与文官、武臣相比，宦官升迁相当难。文官、武臣有一定的升迁年限，可是宦官不能照此办理。史称：

> 宋初以来，内侍未尝磨勘转官，唯有功乃迁。

---

[1]　据《事物纪原》卷6《横行武列部》。
[2]　《宋史》卷169《职官志九·叙迁之制》。

宋仁宗在景祐年间下诏对此略加放宽：

> 内臣入侍三十年，累有勤劳，经十年未尝迁者，奏听旨。

庆历以后，宦官"有劳至减十五年，而入仕才五七年有劳至高品已上者"。针对这一现象，宋仁宗在嘉祐六年（1061）又下诏加以限制：

> 内臣入侍并三十年磨勘，已磨勘者，其以劳得减年者毋得过五年。[1]

磨勘是指官员在升迁官阶时的考课。按照北宋初年的规定，宦官要升任押班以上的官职，必须具备以下四个条件：

> 内臣旧制须经边任五年，又带御器械五年，仍限五十岁已上及历任无赃私罪，方预选充押班等。[2]

带御器械是皇帝身边的近侍。至于宦官授官，宋真宗以前不过观察使，宋真宗以后不过节度观察留后即承宣使。大观二

---

[1]《宋史》卷169《职官志九·叙迁之制》。
[2] 赵抃等：《上仁宗论带御器械须得老成谨畏之人》，见《诸臣奏议》卷61《百官门·内侍上》。

年（1108）五月，童贯成为北宋历史上第一个宦官节度使。南宋史家李心传说：

> 真庙以来，宦者官虽尊，止于遥郡承宣使而已。宣政间，始除童贯、杨戬、梁师成、谭稹、李彀、梁方平等十许人。靖康初政，皆贬夺之。[1]

所谓"遥郡承宣使"，遥郡是指带有阶官，以区别于不带阶官的正任。正任的地位高于遥郡。

四是限制宦官活动。王禹偁说，宋太祖时，宦官"或有不得已而差出外方，止令干一事，不得妄采听他事奏陈"[2]。后来，宋太祖不准宦官"采听他事"的旧规尽管遭到破坏，可是宦官的活动仍然受到某些限制。如元祐三年（1088）九月，明文规定：

> 宗室不得与内臣之家为亲。

理由是：

> 内臣出入宫掖，若与宗室联姻，非便。[3]

---

[1]《朝野杂记》甲集卷12《官制三·宦官节度使》。
[2]《邵氏闻见录》卷7。
[3]《长编》卷414元祐三年九月庚申。

至于其原因，显然在于防止宦官与宗室串通一气，危及皇权。又如朝廷规定：

> 诸内侍官辄与外朝官非亲戚往来，或出谒接见宾客者，并流二千里。[1]

上述条文虽然见于南宋法律文书，但在北宋时至少已有类似的不成文法。因此，大臣在奏章中谈到宦官问题时，一再强调："不宜外臣与之交结"[2]。景祐末年，吕夷简对宋仁宗说：

> 臣待罪宰相，不与中贵私交。[3]

嘉祐三年（1058）六月，贾昌朝将出任宰相，但遭到台谏官弹劾：

> 昌朝建大第，别创客位以待宦官。[4]

结果不仅未能拜相，而且解除枢密使。嘉祐五年（1060）十一月，陈升之被任命为枢密副使，有"铁面御史"之称的右司谏赵抃上疏反对，理由是：

---

[1] 谢深甫监修：《庆元条法事类》卷4《职制门一·禁竭》。
[2] 《历代名臣奏议》卷164《选举》"庆历八年何郯上奏"。
[3] 王辟之：《渑水燕谈录》卷2《名臣》。
[4] 《宋史》卷285《贾昌朝传》。

> 升之交结宦官，进不以道。[1]

知谏院唐介更是指名道姓地说：

> 升之与宦者史志聪、王世宁交结，以图柄任。[2]

宋仁宗向台谏官员耐心解释：

> 朕选用执政，岂容内臣预议邪！[3]

双方的矛盾始终无法调解，宋仁宗只得把他们统统解职。宦官阎士良在宋仁宗时、任守忠在宋英宗时、陈衍在宋哲宗时受到惩处，其罪名之一便是"与中外大臣交相结托"。宋真宗即位之初，见到王继恩"士人诗颂盈门"，便"恶其朋结"[4]。宋徽宗发现宰相王黼与宦官梁师成秘密往来，"大不乐"[5]。对于内臣不得与外官交结这一禁令，某些宦官能够加以遵守，号称"约己慎履"。如北宋前期的蓝继宗，史称：

> 继宗事四朝，谦谨自持，每领职，未久辄请罢。家

---

[1]《东坡七集·东坡集》卷38《赵清献公神道碑》。
[2] 杜大珪：《名臣碑传琬琰集》下编卷15《陈成肃公升之传》。
[3]《宋史》卷312《陈升之传》。
[4]《宋史》卷466《宦者传一·王继恩传》。
[5]《鹤林玉露》乙编卷1《不交近习》。

有园池，退朝即亟归，同列或留之，继宗曰："我欲归种花、弄游鱼为乐耳！"[1]

又如孙可久，据吴处厚《青箱杂记》卷10记载：

> 仁宗朝内臣孙可久，赋性恬淡，年逾五十，即乞致仕。

所谓"致仕"，即退休。他过着"优游自适"的生活，屯田员外郎柳永赠诗一首，其中有一联为：

> 曾珥貂珰为近侍，却纡绦褐作闲翁。

五是不许宦官掌机密。用宋朝人的话来说即：

> 貂珰不以典机密。

此举被当时人称颂为"祖宗良法"[2]。北宋初年，宦官曾经通过通进、银台司，预闻机密。通进司的主要职责是领天下章奏案牍及文武近臣奏疏进呈，而银台司的主要职责则是掌抄录天下奏状案牍事目进呈并发付有关机构检查，这些职责都

---

[1]《长编》卷115景祐元年十二月己卯。
[2]《群书会元截江网》卷17《纪纲·时政》。

事关朝廷机密。北宋初年的情况是：

> 通进、银台司隶枢密院，凡内外覆奏文字必关二司，然后奏御。外则内官及枢密吏掌之，内则尚书内省籍其数以下有司，或行或否，莫得而纠察也。

宋太宗在淳化四年（993），任命文臣向敏中、张咏为同知通进、银台二司公事，并改变了二司的隶属关系。其主要目的之一在于避免"内官"即宦官预闻机密，因而直到宋光宗时，权侍左郎官刘光祖还对此称赞备至：

> 祖宗之良法美意，所以杜中常侍用事之渐。[1]

如果说后来的明代设有名叫"内书堂"的宦官学校，以致不少宦官文化素养相当高，从而为他们掌机密提供条件，那么宋代通常不许宦官学习文化。宋仁宗时，宰相贾昌朝在兼任侍讲期间，曾以编书为名，"其实教授内侍"，大臣们上疏反对，宋仁宗予以采纳，史称"谏官吴育奏罢之"[2]。因此在宋仁宗以前，宦官当中还有刘承规、张继能等"好儒学""喜读书"，孙可久、裴愈、裴湘等"好吟咏""有诗名"[3]。可是

---

[1]《历代名臣奏议》卷70《法祖》"宋光宗时刘光祖上奏"。
[2]《宋史》卷285《贾昌朝传》。
[3] 吴处厚：《青箱杂记》卷10。

宋仁宗以后,这类记载明显减少,梁师成尽管附庸风雅,然而"实不能文"。宋人往往如此轻蔑地说:

> 宫中左右皆阉宦,有何知识?[1]

说到梁师成,人们都知道他以内掌机密而于史有名。需要说明的是,唐代的内枢密使、翰林院使以及明代掌印太监、秉笔太监之类是固定的制度,而梁师成在北宋则是个比较特殊的例外,两者差别显而易见。

众所周知,唐代后期宦官得以专权,是由于最高统治者让他们掌机要、典兵权、任监军,以致形成了凌驾于宰相之上的宦官内朝。按照宋代的"祖宗家法",不许宦官掌机要,已如上述。北宋率军作战的宦官虽多,但能够像唐代的神策中尉那样独掌兵权的,只有童贯一人。莫说走马承受,即便钤辖、都监、巡检之类,其地位和权势,都不能同唐代的监军使相比。应当说宦官内朝在北宋时期是不存在的。即使以宦官权势最为显赫的宋徽宗亲政期间而论,当时也并非宦官独自横行,而是"六贼"共同当道。在"六贼"中,恰好是外官三人即蔡京、王黼、朱勔,内官三人即童贯、梁师成、李彦。至于其首恶,则非蔡京莫属。他们在发迹之时曾相互利用,得势之后又互相牵制。尽管当时人有梁师成"贵震一

---

[1]《宋宰辅编年录》卷17隆兴元年正月庚午"史浩右仆射"。

时，虽蔡京、童贯皆出其下"[1]等各种不同的说法，但并不可信，其实他们的权势因时而异。从总体上说，宦官仍然难以凌驾于宰相之上，至多只能平起平坐。

五　士大夫与宦官对立

再就宰执大臣方面来说，他们与宦官既对立又勾结，通常是以对立为主。宰执大臣一般主张对宦官的权势加以抑制，对用事的宦官加以制裁，其态度比皇帝更坚决，其武器则是上述抑制宦官的"祖宗之法"。前面已经讲到，宰相吕端、丁谓分别在宋太宗死时、宋真宗晚年，有效地防止了宦官王继恩、周怀政废立皇帝的图谋。此外，宋真宗宠信的宦官刘承规"病且死，求为节度使"，宋真宗在宰相王旦跟前，替他说情：

> 承规待此以瞑目。

王旦"执以为不可"，其理由相当有力：

> 他日将有求为枢密使者，奈何？[2]

---

[1]《三朝名臣言行录》卷12之3《谏官刘公（安世）》。
[2]《欧阳文忠公集》卷22《王公神碑铭》。

以致刘承规生前仅官至节度观察留后。据《宋史·宦者传》记载，治平年间，知谏院司马光指责用事宦官任守忠是"国之大贼、民之巨蠹"，请求"斩于都市"。宋英宗"犹未行"，宰相韩琦"出空头敕一道"，将任守忠流放到蕲州（治今湖北蕲春），并下令"即日押行"。他说："少缓则中变也。"另据范公偁《过庭录》记载，直到宋徽宗时，尚书右丞范纯礼仍然敢于藐视"恃宠专恣"的宦官阎守忠。阎守忠"一日至都堂宣谕，辞意甚傲，诸公拱应而已"。范纯礼厉声怒斥道：

老奴何敢尔！

阎守忠只得边往后退边连声说：

守忠不敢。

童贯建节后，他同蔡京的关系已由相互交结变为互相攻击。一次，宋徽宗打算将童贯封为使相，当上了宰相的蔡京坚决反对：

贯以宦者建节钺过矣，使相岂所当得邪！

宋徽宗只得把这个打算暂时放弃。[1]

---

[1]《宋宰辅编年录》卷12政和六年十一月"童贯签书枢密院事"。

由上所述不难看出,《宋史·宦者传序》将"宰相之权重"作为北宋没有宦官之祸的主要原因之一,不无道理。值得注意的是,宰执大臣只不过是与宦官对立的士大夫这一政治集团的代表,其他士大夫对宦官的态度也大都如此。如有个宦官奉命到亳州(今属安徽)督促百姓开挖河流,"多任喜怒,非理棰挞役民"。知州黄震"愤然殴之",这个宦官"舍役赴阙自诉"。宋真宗问:

> 黄震缘何殴汝?

宦官回答道:

> 言是我百姓,汝安得乱打!

宋真宗反而表彰黄震,将这名宦官"杖二十"。又如有废疾宦官在郑州寄居,"多沽私酒,恃结连内侍,轻州县,不法"。知州曾公亮"命吏搜捕,尽得其酿具,依法尽行",并上奏请求朝廷明确规定今后"中官老废者不得家外郡"[1],受到宋仁宗嘉许。直到崇宁年间,知秦州(治今甘肃天水)兼秦凤路安抚使钱昂仍然敢于藐视到这一带监军的童贯。一次,童贯违约迟到,钱昂询问:"太尉何来暮邪?"童贯回答道:"所乘骡小而难骑。"钱昂又问:

---

[1]《能改斋漫录》卷12《记事·斥中贵》。

> 太尉之骡雄也雌耶？

童贯以"雄者"相答，钱昂乘机说了一句双关语：

> 既尔难，奈何不若阉之！

童贯这位阉人"虽一时愧怒，而莫能报"[1]。

在士大夫当中，对抑制宦官的权势、制裁用事的宦官发挥作用较大的，除了宰执大臣而外，还有以下两类官员。

一类是两制官即翰林学士和知制诰（或中书舍人）。宋真宗刘皇后垂帘期间，尽管"宦官横炽"，可是刘皇后"每遣内侍至学士院"，翰林学士章得象"必正色严待之，或不交一言"[2]，因而受到人们称赞。岂止"正色严待"而已，两制官往往用封还词头的合法方式反对宦官升迁。如皇祐元年（1049）十一月，宋仁宗准备叫一年前因过失被免职的入内副都知杨怀敏官复原职，遭到知制诰胡宿抵制。胡宿强调祖宗之法必须遵行：

> 旧制，内臣都知、副都知以过罢去者，不许再除。

他理直气壮地告诉宋仁宗：

---

[1]《挥麈录》后录卷7《钱昂轻童贯》。
[2]《长编》卷119景祐三年十二月丁卯。

> 今中书送到词头，臣不敢草制，辄封还以闻。[1]

至和元年（1054）十一月，入内押班石全彬对朝廷授予的利州观察使有"不满之意"，宋仁宗"曲徇所求，以悦其心"，打算把他提升为入内副都知，同样被知制诰刘敞封还词头，其理由是："朝令夕改，古人所非"；"陛下赏罚，当信天下"[2]。元祐八年（1093）十一月，宋哲宗刚亲政便出内批，把梁从政、刘惟简任命为入内押班。中书舍人吕希纯以为"亲政之始，首录二人，无以示天下"，封还词头，宋哲宗只得表示"除命且留"。史称"由是阉寺侧目，或于庭中指以相示"道：

> 此缴还二押班词头者也。[3]

大约同时，翰林学士范祖禹上疏广泛论述从古到今重用宦官之害，这篇奏疏起到防止宋哲宗重新起用已被罢免的宦官王中正、宋用臣的作用。

另一类是台谏官即御史台和谏院的官员。欧阳修说：

> 仁宗时，宦官虽有蒙宠信甚者，台谏言其罪，辄斥之不吝也，由是不能弄权。[4]

---

[1]《长编》卷167皇祐元年十一月戊午。
[2]《长编》卷177至和元年十一月壬午。
[3]《宋史》卷336《吕公著传附吕希纯传》。
[4]《宋朝事实类苑》卷5《祖宗圣训·仁宗皇帝》。

这一说法大体属实。如入内副都知阎文应、陕西钤辖卢守勤、入内都知杨守珍分别在景祐二年（1035）、庆历元年（1041）、庆历八年（1048）因受到谏官姚仲孙、右正言叶清臣、殿中侍御史何郯弹劾而被谪贬，便是其证。这一现象并不仅仅出现在宋仁宗时。如入内都知任守忠、干当御药院高居简，以及泾原路安抚制置使李宪、签书泾原路经略司事王中正、宣政使宋用臣、入内副都知石得一分别在宋英宗、宋神宗、宋哲宗时因受到知谏院司马光、御史张唐英、御史中丞刘挚弹劾而受惩处。宋英宗高皇后垂帘听政之初，范祖禹曾任右正言，与宦官陈衍毗邻而居。陈衍尽管正受高皇后宠信，可是十分害怕范祖禹，以致在家里"不敢高声"。他对党羽说：

> 范谏议一言到上前，吾辈不知死所矣。[1]

宋哲宗亲政后，陈衍因受到御史来之邵、张商英弹劾而被流放到岭南。即使在宋徽宗时，童贯等宦官权倾一时，左正言陈禾仍毫不畏惧。他弹劾童贯之流"怙宠弄权"，要求把他们"窜之远方"，并质问宋徽宗：

> 天子大权，奈何使宦寺得与？

---

[1]《鹤林玉露》乙编卷1《不交近习》。

陈禾"论奏未终",宋徽宗"拂衣起"。陈禾"引上衣,请毕其说,衣裾落"。宋徽宗指责陈禾:

> 正言碎朕衣矣!

陈禾回答道:

> 陛下不惜碎衣,臣岂惜碎首以报陛下?此曹今日受富贵之利,陛下他日受危亡之祸!

他"言愈切",宋徽宗只得称赞他是个"直臣":

> 卿能如此,朕复何忧?[1]

这是句敷衍之词。宋徽宗对陈禾的逆耳之言并未信从,后来童贯等宦官权势更大,越发嚣张。宋徽宗退位后,"谏官、御史与国人议者蜂起"[2],宋钦宗迫于公议,终于将童贯等宦官贬窜。奉命前往南雄(今属广东)监斩童贯并函首赴阙、枭于都市的正是监察御史张澄。或许与职责有关,台谏官在抑制宦官弄权方面的作用,似乎大于两制官以至宰执大臣。

总之,北宋宦官问题错综复杂,不能简单化。宦官在北

---

[1]《宋史》卷363《陈禾传》。
[2]《宋史》卷468《宦者传三·童贯传》。

宋既有受到皇帝信用的一面，以致他们广泛参预政事并卷入政争；又有受到朝廷抑制的一面，宦官内朝难以形成，因而其权势再大，也很难像唐代后期那样废立皇帝、生杀大臣。蔡东藩认为宋代"抑制宦官，没有阉祸"，可谓言之成理，其片面之处在于对宦官受到信用这一面注意不够。柴德赓强调不应受北宋皇帝不让宦官参政这类虚言假语所迷惑，固然持之有故，其不足之处在于对宦官受到抑制那一面有所忽视。至于张燧、黄宗羲则有将宦官的权势和危害无限加以夸大之嫌，他们的北宋亡于阉祸一说只怕难以成立。

第二节　南宋宦官权势的削弱

南宋同汉朝、唐代以及北宋一样，一概属于封建皇帝集权专制的朝代。可是与汉朝、唐代乃至北宋相比，南宋宦官权势有所削弱。这是个值得重视的历史现象，或许正是由于较为明显，反倒被忽略。有鉴于此，本节将探究南宋宦官权势削弱的原因、表现及程度。

一　明受之变不可不戒

在通常情况下，宦官无非是皇权的附属品。为什么在封建皇帝集权专制的南宋时期，宦官权势反而削弱？这一历史现象由客观与主观两个方面的因素所促成，并非不可理解。

所谓客观因素是指两宋之际宦官势力接连遭受惨重打击。淳熙年间，吏部侍郎李椿根据其历史经验，总结出宦官势力发展演变三部曲：

> 阉寺之盛……始则人畏之，甚则人恶之，极则群起而攻之。[1]

---

[1]《中兴两朝圣政》卷60淳熙十年十二月。

宦官势力在两宋之际，两次恶性膨胀到人们"畏之""恶之"，直至"群起而攻之"的程度。

第一次发生在靖康元年（1126）。这年二月，开封百姓"群起而攻宦官，杀之者不可胜数"。宋钦宗迫于公议，将李志道等内侍治罪，童贯、梁师成、李彦等恶贯满盈的特大宦官先后被处死。靖康二年（1127）四月，在金军掳掠北上的十余万名各色人等中，有相当数量的内侍。还有一批宦官如容机、卢公裔在混乱中，作鸟兽散。宋高宗即位之初，宦官人数锐减。此情有左正言邓肃的上疏做证：

> 陛下临御以来，所用黄门，比之上皇（指宋徽宗），仅百之一；比之渊圣（指宋钦宗），仅十之一。[1]

黄门系对宦官的又一称呼，因其供职于黄门之内。可是不久南宋宦官又出现了"人数渐多，其势颇盛"的局面。

第二次发生在建炎三年（1129）。这年三月，御营前军统制苗傅、副统制刘正彦在杭州发动兵变，命令部下"分捕中官，凡无须者皆杀之"。单就苗、刘杀戮宦官这一点来说，得到了不少士大夫的同情和支持。如江淮两浙制置使兼知建康府（治今江苏南京）吕颐浩上疏说：

> 近闻将相大臣剿戮内侍，诚可以快天下之心，纾臣

---

[1]《历代名臣奏议》卷293《近习》"宋高宋时邓肃上疏"。

民愤怒之气![1]

宋高宗只得将宦官康履交出,由苗、刘当众腰斩。垂帘听政的宋哲宗孟皇后又顺水推舟,惩治了一批宦官。当时,留在宋高宗身边的宦官仅15人。其数量之少在历史上实属罕见。兵变平定后,宋高宗召回被流放到外地的宦官,中书舍人季陵上疏反对:

> 蓝珪之流,复有召命,党与相贺,气焰益张。众召僧徒,广设斋会,以追荐钱塘之被害者。行路见之,疑其复用,莫不切齿。[2]

季陵的建议虽然未被全部采纳,但宦官势力在遭到惨重打击后,一时毕竟很难复原。这无疑在客观上为朝廷削弱宦官权势提供了条件。

所谓主观因素是指南宋统治者不得不记取现实的教训。尽管早在北宋时期,士大夫就喋喋不休:

> 汉唐乱亡,皆坐内侍,为我宋鉴,可谓明矣。[3]

但这毕竟只是历史经验。而靖康之祸与苗刘之变则是触目惊

---

[1]《系年要录》卷21建炎三年三月庚寅。
[2]《系年要录》卷24建炎三年六月已酉。
[3]《历代名臣奏议》卷293《近习》"靖康元年许翰上言"。

心的现实,宋高宗亲历其境、身受其害,教训相当惨痛。他说:

> 每观汉、唐之祸及近时之变故,不得不防微杜渐。

宰相赵鼎赓即附和:

> 陛下圣虑及此,社稷之幸![1]

靖康之祸是一场宦官之祸,这个说法并不确切,可是南宋士大夫普遍这样认为。他们一再上奏劝告宋高宗,其中宰相赵鼎讲得比较简要:

> 政(和)、宣(和)之祸,流毒至今,不可不戒![2]

给事中兼侍读胡安国说得比较具体:

> 崇宁以来,阉寺得志,用王承休故事而建节旄,用李辅国故事而封王爵,用田令孜故事而主兵权,用龚澄枢故事而为师傅。[3]

---

[1]《系年要录》卷91绍兴五年七月庚辰。
[2]《历代名臣奏议》卷293《近习》"宋高宗时赵鼎上奏"。
[3]《困学纪闻》卷15《考史》。

王承休是前蜀的内侍，居然官至天雄军节度使；龚澄枢是南汉的宦官，竟累官内太师。宋高宗曾陷身金营，并险些被金军俘获，随同其父兄北上。他不用劝告，一即位便表示：

> 朕将规复旧章，不以手笔废朝典，不以内侍典兵权。[1]

宋高宗听说"士大夫有阴结内侍者"，立刻"既骇且怒，以谓此风浸不可长"[2]。他在建炎元年（1127）十月，下诏规定：

> 今后两省使臣不许与统制官、将官等私接见，往来同出入。如违，追官勒停，编管远恶州郡。[3]

这类规定如果严格加以执行，在南宋人看来，"尤足以惩崇（宁、大）观之积弊，而去靖康之乱根也"[4]。可惜并未及时兑现，以致当时人叹息：

> 建炎以来，此徒复炽。[5]

---

[1]《三朝北盟会编》卷102建炎元年五月二日"诏修国政"。
[2]《历代名臣奏议》卷293《近习》"宋高宗时赵鼎上奏"。
[3]《宋会要》职官36之24。
[4]《续宋编年资治通鉴》卷1建炎元年正月庚寅引《中兴大事记》。
[5]《系年要录》卷21建炎三年三月甲午。

苗刘之变固然是一次兵变，但由宦官跋扈所激成。内侍康履、蓝珪曾任康王府都监，并主管机宜文字，与宋高宗的关系相当特殊。他们"以藩邸旧恩用事，颇忽诸将"[1]。特别是康履，"有轻外朝心""尤妄作威福"，对武将大耍威风，甚至"踞坐洗足，立诸将于左右"。苗傅、刘正彦对此愤愤不平，他们发动兵变的理由便是：

> 陛下信任中官，凡中官所主者皆得美官。[2]

苗、刘公然称兵作乱，强迫宋高宗退位，逼迫孟皇后垂帘，拥立年仅三岁的皇子赵旉为皇帝，改元明受。苗刘之变因而又称明受之变。靖康之祸，宋高宗虽然受惊，毕竟幸免于难。明受之变，时间尽管短暂，但宋高宗身罹其祸。难怪兵变平定，宋高宗刚复辟便在建炎三年四月下诏：

> 自崇宁以来，内侍用事，循习至今，理宜痛革。

并强调：

> 自今内侍不许与主管兵官交通、假贷、馈遗、借役禁军、非所管职务擅行移文取索、贴占屋宇、乞提

---

[1]《系年要录》卷10建炎元年十月癸未。
[2]《宋史》卷469《宦官传四·蓝珪传附康履传》。

领外朝官职事、干预朝政。外朝非亲戚亦不得往还。如违，并行军法。[1]

此后，大臣们一旦发现宋高宗放纵宦官，立即直言极谏：

> 明受之变，起于内侍。覆车之辙，不可不戒！[2]

整个南宋时期，一提起靖康之祸与明受之变，统治者谈虎色变。这两大事件到淳熙年间早已成为历史陈迹，吏部侍郎李椿仍喟然长叹：

> 汉唐勿论，靖康、明受之祸未远！

宋孝宗"闻靖康、明受语"，马上回答道：

> 幼亦闻此。

他心有余悸，"蹙頞久之"[3]。总之，对于南宋统治者来说，削弱宦官权势既有必要，又有可能。

---

[1]《宋会要》职官36之24。
[2]《系年要录》卷28建炎三年十月庚寅。
[3]《宋史》卷389《李椿传》。

二　前后两省合而为一

绍兴七年（1137）十一月，宋高宗亲自下令，将违法宦官李绸押赴浔州（治今广西桂平）编管。宰相赵鼎当面奉承：

> 陛下于近习，不少假贷如此！

宋高宗不免自鸣得意：

> 小事便须绳治，无使滋长。

赵鼎即刻吹捧：

> 如此必不至如童贯之典兵、梁师成之预政。

宋高宗又引申道：

> 童贯、梁师成岂是一日至此？要在不可假以事权耳！[1]

类似的话，宋高宗说得不算少。他一再向大臣表白：

---

[1]《系年要录》卷117绍兴七年十一月丙午。

> 朕宫中小黄门数十辈，备扫除、趋走而已。近上者亦有数，未尝假以权也。
>
> 朕今在宫中，都知、押班、御药素号最亲密者，非时未尝见，见未尝不正色。[1]

此外，诸如"此曹何足惜""何尝假借此曹"[2]之类，不胜枚举。《宋史》卷166《职官志六·入内内侍省》称：

> 中兴以来，深惩内侍用事之弊。

对宋高宗及其后继者防止宦官专权，给予充分肯定。这些说法无疑言过其实，不过应当承认南宋统治者曾经采取措施削弱宦官权势，并且效果比较显著。

南宋统治者削弱宦官权势，具体措施不少，可归纳为五个方面。

其一，裁减宦官员额。宋高宗登基不久，即致力于此，并在绍兴六年（1136）七月下诏强调：

> 内侍官已裁减外，各有定额，今后不得额外增添。

此后，他又在绍兴九年（1139）六月、十八年（1148）闰八

---

[1]《中兴两朝圣政》卷18绍兴五年七月庚辰、卷28绍兴十二年八月丙子。"数十辈"，《系年要录》卷91作"数千辈"，显系鲁鱼亥豕之误。
[2]《系年要录》卷78绍兴四年七月己巳。

月,分别将内侍省寄班祗候的员额规定为15人、入内内侍省听唤使臣的员额规定为60人。特别值得注意的是,宋高宗在绍兴三十年(1160)九月下诏将内侍省撤销。诏书说:

> 内侍省所掌职务不多,张官置吏,徒有冗费,可废并归入内内侍省。[1]

两大宦官机构从此合而为一。

宋孝宗刚即位,殿中侍御史张震便指出"宦者员众",建议加以裁减。宋孝宗当即表示赞同:

> 朕有此意久矣。

并就宦官问题述说己见:

> 此曹人多则党盛,今人数已不少。若平时无事犹可,设使当母后少主之时,岂不能为祸。汉、唐之事是也![2]

他在绍兴三十二年(1162)十一月决定:

---

[1] 《宋会要》职官36之25—26。
[2] 《朝野杂记》甲集卷10《官制一·内侍两省》。

限内侍员，以二百人为额。[1]

后来考虑到太上皇宋高宗身边需要宦官，他才在乾道三年（1167）正月，把宦官员额增加到250人。

为了防止宦官人数增多，南宋统治者采用下面三条措施，严格控制宦官来源。

首先，严禁私设蚕室。所谓蚕室，即阉割之所。在"贫乏下户往往生子不举"[2]的南宋，宦官大肆阉割儿童为养子，以致"宫刑之室，宦官之家皆有之"。其后果极其严重：

蚕室中小儿，十不得四五，少得生全者。

朝廷因而严加禁止，实行"官置蚕室，选精于其事者掌之"。其目的据说在于体现"祖宗好生之德"[3]，其实主要是为了减少宦官来源。

其次，限制宦官进子。宋孝宗说：

祖宗时止许一人进一子，朕意欲依祖宗法。[4]

他在绍兴三十二年（1162）十一月，接受张震建议，会庆节

---

[1]《续宋编年资治通鉴》卷7绍兴三十二年十一月。
[2]《宋会要》刑法2之158。
[3]《历代名臣奏议》卷293《近习》"宋孝宗时李椿上奏"。
[4]《朝野杂记》甲集卷10《官制一·内侍两省》。

(宋孝宗生辰)停止宦官进子。宋宁宗时限制宦官进子的规定，至少可以举出下面两项。一项是：

> 诸内侍官授武功大夫至武翼郎者，荫补依所授官法，累奏不得过二人，即不许奏补内侍官。[1]

另一项是：

> 内侍省陈乞恩例，亲属充寄班祗候，以十年为限。[2]

再次，恢复考试制度。宋代有这样一项规定：

> 内侍遇诞节（皇帝生日）许进子，年十二试以墨义，即中程者，候三年引见供职。[3]

这项规定在南宋初年，一度遭到破坏。张震指出：

> 自渡江以来，一时草创，人数阙少，故权免试，便行勾唤供职。[4]

---

[1]《庆元条法事类》卷12《职制门九·荫补》。
[2]《文献通考》卷57《职官考十一·内侍省》。
[3]《朝野杂记》甲集卷10《官制一·内侍两省》。
[4]《宋会要》职官36之26。

宋孝宗即位以后，考试制度恢复，成绩不合格者不得担任宦官。

其二，限制宦官升迁。按照制度，"内辖一司，自来止以小珰为之，取其服勤恭谨，易以禁制"。入内内侍省的职务"以三年为任""官品高则外补"，目的在于"不使日增月益，声生气长，以贻害无穷"[1]。与这一制度相适应，出于削弱宦官权势的需要，宦官的升迁实行寄资法，其主要内容是内侍阶官依法至内东头供奉官止，再迁则转出，依外官例归吏部[2]。宋孝宗便以"严内侍寄资法"[3]而著称。宋宁宗在嘉定十六年（1223）十二月，更加明确地做出了限制宦官升迁的限定：

> 内侍官都知、副都知、押班许转至遥郡承宣使止，带御器械许转至遥郡观察使止，干办御药院、干办内东门许转至遥郡防御使止，非任门司以上不得转遥郡。[4]

"遥郡"是相对"正任"而言，遥郡的品位以所带阶官为准，正任能参预朝谒御宴，而遥郡则不能。由于限制颇多，宦官升迁困难，下面三件事便是其例证。

例一：宋高宗时，冯益特迁宣政使受攻击。中书舍人胡

---

[1]《历代名臣奏议》卷293《近习》"景定五年牟子才上奏"。
[2] 参看《容斋随笔》四笔卷16《寄资官》。
[3]《中兴两朝圣政》卷55淳熙四年七月乙卯。
[4] 龚茂良等：《吏部条法总类·磨勘门》，见《永乐大典》卷14629。

寅反对的依据是《吏部内侍转官法》：

> 昭宣使转宣政使，系碍止法。如以功转，即合回授。

他上疏质问冯益"有何功绩"，并且不惜忤旨，坚决抵制：

> 所有冯益词命，臣不敢撰行！[1]

例二：宋宁宗时，王德谦升任节度使不果。尽管制书已草成，但参知政事何澹"不押制书"，右谏议大夫刘德秀"闻之，率台谏交章言其不可"[2]。宰相京镗怒不可遏，请求将制书撕毁。宋宁宗问：

> 除德谦一人而止，可乎？

京镗断然拒绝：

> 此门不可启！节钺不已，必及三孤；三孤不已，必及三公。愿陛下以真宗不予刘承规为法，以大观、宣政间童贯等冒节钺为戒。[3]

---

[1] 胡寅：《斐然集》卷15《缴内侍冯益转官》。
[2] 《两朝纲目备要》卷5庆元三年三月丙申"窜内侍王德谦"。
[3] 《宋史》卷394《京镗传》。

结果，王德谦升官的企图化为泡影。

例三：宋理宗时，董宋臣任押班遭反对。反对得最激烈的是礼部侍郎牟子才，他上疏说：

> 董宋臣自小珰至于大官，二十年间，皆兼领此职。

这违背了"官品高则补外"[1]的原则。宋理宗将其奏疏出示宰辅大臣，宰辅大臣齐声称赞：

> 子才有忧君爱国之真，无要誉沽名之巧。[2]

宋理宗只得加以笼络，将他提升为礼部尚书。

其三，惩治不法宦官。从宋高宗开始，即"严前后省使臣与兵将官往来之禁，著内侍官不许出谒及接见宾客之令"[3]。此后总的趋势是法网越来越严密，这一情况在残存的《庆元条法事类》中有比较具体的反映。按照这部法典，宦官将受到流二千里惩处的不法行为有以下四种：

> 诸内侍官辄与外朝官非亲戚往还或出谒接见宾客者；
> 诸内侍官乞提领外朝官职事，干预朝政者；

---

[1]《历代名臣奏议》卷293《近习》"景定五年牟子才上奏"。
[2]《宋史》卷411《牟子才传》。
[3]《宋史》卷166《职官志六·入内内侍省、内侍省》。

> 诸内侍官辄与见任主兵官交通、假贷、馈送者；
>
> 诸内侍官非所管职务，擅行文移，取索贴占屋宇者。

宦官如"因使私贩物"，则处以"徒二年"[1]。有关规定还有很多，难以一一列举。

值得注意的是，上述规定并非纯属一纸空文。宋高宗不止一次地说，他是这样对待宦官的：

> 凡有小过失，或略而不问。至于故犯，则必痛惩之，未尝恕免。[2]

干办皇城司冯益尽管是宋高宗的亲信宦官，但宋高宗一听说冯益"关交外事"[3]，很快将他免职。宦官与统兵官交结，更是惩治的重点。绍兴十三年（1143）十一月，宋高宗得知宦官郑开与侍卫步军司统领张守忠交通并接受其贿赂，立即将郑开除名编管，而张守忠则被贬官。殿前都指挥使杨存中是宋高宗的爱将，他受到秘书郎兼建王府小学教授王十朋的控告：

> 三衙管军辈与北司深交固结，盗陛下之大权！[4]

---

[1]《庆元条法事类》卷4《职制门一·禁谒》《臣僚陈请》、卷9《职制门六·馈送》、卷10《职制门七·舍驿》、卷5《职制门二·奉使》。
[2]《宋会要》职官36之24。
[3]《系年要录》卷103绍兴六年七月庚辰。
[4]《梅溪集·奏议》卷2《轮对札子第二首》。

所谓"北司"者,宦官之别称也。宋高宗当机立断,"解杨存中兵权"[1]。他在位期间,先后受到惩处的不法宦官,还有李唐卿、王裕为、黄彦节、蒋尧辅等。宋高宗惩治不法宦官,确有一定成效,难怪他敢于炫耀:

> 朕待内侍加严,故比前犯法者少。[2]

宋孝宗认为,对不法宦官,不能有私心。他说:

> 人有一点私心,法便不可行。

乾道三年(1167)八月,宦官陈瑶、李宗回因交结镇江军帅戚方并接受其贿赂而受到严惩。宋孝宗因此下诏:

> 戒兵将官交纳内侍,公行苞苴。自今有违戾者,必罚无赦。[3]

所谓"苞苴",简单地说,就是塞包袱。宋孝宗以后,不法宦官受到惩处的事例仍然不少,恕不一一举证。

其四,不许宦官干政。宋高宗多次告诫宦官:

---

[1]《宋史》卷387《王十朋传》。
[2]《系年要录》卷179绍兴二十八年六月壬辰。
[3]《宋史全文》卷27上淳熙十年十月丁未、卷24下乾道三年八月乙未。

各恭乃职，勿预他事。[1]

宋光宗在绍熙三年（1192）根据宰执大臣的建议，下诏强调：

中官只令承受宫禁中事，不许预闻他事。[2]

南宋统治者在原则上不许宦官干政，具体说来，大致有三个不许。

一不许议政。入内内侍省押班邵成章是宋代宦官中难得的敢于直言极谏的"忠臣"，他在建炎二年（1128）正月，上疏斥责宰相黄潜善、知枢密院事汪伯彦"必误国"。尽管他"忠"心耿耿并言而有据，宋高宗仍勃然大怒。侍御史马伸替邵成章辩护：

成章缘上书得罪，今是何时，以言为讳。[3]

邵成章还是被除名，编管于南雄州（治今广东南雄），罪名是"不守本职，辄言大臣"。宋光宗时宰相留正居然对此加以肯定，其理由是：

---

[1]《宋会要》职官36之24。
[2]《宋史》卷166《职官志六·入内内侍省、内侍省》。
[3]《宋史》卷469《宦者传四·邵成章传》。

> 内侍毁大臣，固在所当责。[1]

建炎二年七月，宦官王嗣昌又因"好大言，议国政"[2]而被解职。绍兴五年（1135）七月，致仕于四川的宋钦宗朝宦官卢公裔本来可以按照规定返回临安，但宋高宗认为"此人极不平稳""若使归内侍省，必侵预外事"[3]，因而安排他在外地担任有职无权的宫观官。

二不许拟诏。建炎二年四月，宫中有个内侍向宋高宗禀报：

> 讲读官某人敷陈甚善，臣今拟奖谕诏书以进。

宋高宗"却内侍拟诏书"，并气愤地说：

> 此当出自朕意。若降诏书，自有学士。尔等小臣，岂宜不安分如此！[4]

三不许荐人。为了防止宦官与官员勾结，早在北宋时，宋仁宗在皇祐元年（1049）七月下诏明确规定：

---

[1]《系年要录》卷12建炎二年正月辛丑。
[2]《宋会要》职官36之24。
[3]《系年要录》卷91绍兴五年七月庚辰。
[4]《中兴两朝圣政》卷3建炎二年四月庚申。

臣僚毋得保荐要近内臣。[1]

宋高宗不止一次强调：

> 朕何尝容内侍荐人！
> 内侍引用人才，最害政之大者。此等人便当重置于刑！[2]

宦官郑谌因荐举官员、官员句龙庭实因系宦官所荐，分别在绍兴七年（1137）四月、十三年（1143）十一月被解职。

其五，不令宦官管军。如果说北宋宦官权势受到限制的关键在于宦官不掌机要，那么南宋宦官权势削弱的要害则在于宦官不管军。"不以内侍典兵权"，宋高宗继位之初，立下这条规定，此后很少违反。淳熙八年（1181）正月，宋孝宗的亲信宦官陈源被任命为添差浙西副总管，遭到权给事中赵汝愚反对：

> 内侍不可干预军事！

宋孝宗马上表态：

---

[1]《宋史》卷11《仁宗本纪三》。
[2]《系年要录》卷110绍兴七年四月戊戌、卷150绍兴十三年十一月戊寅。

其言极当，甚不易得。

他收回成命，并下诏规定：

> 内侍见带兵官者，可并将指挥与在内宫观，永为定制。[1]

南宋宦官不仅不领兵，而且不监军。走马承受公事这一官职的从有到无，尤其值得注意。

上节已经讲到，走马承受"虽名承受，其实监军"，地位虽低，权势却重。宋高宗接连两次下诏削弱其权势，强调走马承受隶属于帅司即安抚使司。建炎元年（1127）十二月诏称：

> 今后应走马承受公事职事并依祖宗法，如违以违制论，委帅臣奏劾。

建炎二年（1128）五月诏云：

> 走马承受公事应行移帅司文字合并用申状，其见帅臣亦合依属官制。[2]

---

[1]《中兴两朝圣政》卷59淳熙八年正月甲寅。
[2]《宋会要》职官41之135。

问题在于：这一职务究竟废罢于何时？柴德赓在《宋宦官参预军事考》中指出："大抵承受之罢，先宦官而后使臣。"这一论断颇精当。他又认为，从建炎四年（1130）十月开始，宦官不再担任走马承受。这个判断只怕有误会之嫌。其依据是李心传《系年要录》卷38的记载：

> 其后五路陷没，遂不复置。

但是不应当忽略李心传的注语：

> 若内批则绍兴初犹有之，非专有旨废罢，史臣未深考也。

何况《乾道中兴会要》注称：

> 废罢月日阙。[1]

柴德赓还认为："似至绍兴三年，则走马承受之官，于此告终。"根据的是《系年要录》卷70的一句断语：

> 自是走马承受遂不复除。

---

[1] 见《宋会要》职官41之136。

这句话在《中兴两朝圣政》卷14、刘时举《续宋编年资治通鉴》卷3中虽有，但在《宋史·高宗本纪》、熊克《中兴小纪》里却无。特别值得注意的是，此说与史实并不相符。如果说宦官黄彦节"尝为岳飞军中承受"[1]，具体时间难以考，那么此后宰执大臣仍"奏中官承受事"，校书郎王十朋更是大声疾呼：

> 诸军置承受，福威自恣，甚于唐之监军！[2]

宋高宗说得很明白：

> 今之承受，即祖宗走马承受，专令掌边将奏报。

他采纳大臣建议，在绍兴三十年（1160）十月下诏：

> 罢内侍官承受，今后诸军奏状，并于通进司投进。

宰相汤思退连忙表示拥护：

> 陛下英断，洞照今古，臣等谨遵圣训。[3]

---

[1]《系年要录》卷144绍兴十二年二月庚午。
[2]《梅溪集·廷试策并奏议》卷2《轮对札子第二首》。
[3] 熊克:《中兴小纪》卷39绍兴三十年十月。

类似记载又见于《宋史》卷31《高宗本纪八》、卷387《王十朋传》及《续宋编年资治通鉴》卷6。很清楚，宋高宗废罢宦官走马承受的时间既不是建炎四年（1130），也不是绍兴三年（1133），而是绍兴三十年十月。后来，在宋孝宗时，秘书省正字赵汝愚仍上奏"乞罢诸军承受"。他指出：

> 今日之弊，其最大者，无如诸军置承受。

并感叹：

> 于是将帅祸福轻重之权，阴受制于承受，而货赂之风、掊克之政行矣！[1]

不过通观全篇奏疏，并未涉及内侍监军。照此看来，宋孝宗时，使臣承受依旧横行，而宦官承受则不复存在。总之，从总体上说，南宋宦官既不领兵又不监军，更没有出现像李宪、童贯、谭稹那样的统兵大珰。这正是南宋宦官的权势在北宋的基础上又有所削弱的关键之所在。

三 宦官不管军但干政

但凡列入《宋史·宦者传》者，均有一定权势。入传宦

---

[1]《历代名臣奏议》卷144《用人》"宋孝宗时赵汝愚上奏"。

官，北宋多达43人，南宋仅10人。在入传宦官中，曾兼领外职者，北宋42人，南宋5人；曾参预军事者，北宋27人，南宋无一人。宦官节度使，北宋末年多达"十许人"[1]，南宋不仅无一人，官至承宣使者无非张去为、甘昇、王德谦、关礼、董宋臣等寥寥数人。董宋臣特转节度使，是在其死后。宦官死后赠官者，据《宋会要》仪制13《内侍追赠》统计，北宋50人，南宋15人。宦官死后赐谥者，据《宋史·宦者传》统计，北宋10人，南宋2人。隆兴二年（1164）九月，宦官李珂死后，赐谥靖恭，遭到右正言龚茂良反对：

> 中兴名相如赵鼎、勋臣如韩世忠，皆未有谥。如朝廷举行，亦足以慰忠义之心。今施于珂，为可惜。[2]

龚茂良言之有理，宋孝宗只得依随。《宋史》有缺失，《宋会要》系辑稿，上列数据在绝对意义上并不准确，但在相对意义上足资参考。

需要着重指出的是，对于南宋宦官权势削弱这个历史现象，既不能视而不见，也不能加以夸大。整个南宋时期不乏受到皇帝宠信的宦官，这是不容否认的事实。宋高宗时，除前面提到的康履、蓝珪、冯益而外，还有张去为。当时人说：

---

[1]《朝野杂记》甲集卷12《宦官节度使》。
[2]《宋史》卷385《龚茂良传》。

> 大抵主上以国事委之(秦)桧,以家事委之去为。[1]

张去为因此"恃恩干外朝谋议";宋孝宗时,甘昪"用事二十年,招权市贿";陈源侍候身为太上皇的宋高宗,"颇有宠""恃恩颛恣"。宋光宗时,陈源失势之后又东山再起,甚至"离间君亲"。宋宁宗时,王德谦之跋扈又非张去为等人可比,他"骄恣逾法,服食拟乘舆""为人求官,赃以巨万计"。[2] 南宋时期权势最为显赫的宦官,无疑要算宋理宗后期的董宋臣。他"声焰薰灼,其力能去台谏,排大臣"[3],外号人称"董阎罗",与宰相丁大全狼狈为奸,"有司奉行惟谨"。人们不禁哀叹:

> 方今事皆丁董!

直舍人院牟子才愤慨地说:

> 董宋臣辈引诱,坏陛下三十年自修之操!

并作《高力士脱靴图》。董宋臣见图大怒:

---

[1]《三朝北盟会编》卷230绍兴三十一年八月十一日"王继先依旧致仕"引《中兴遗史》。
[2]《宋史》卷469《宦者传四·张去为传·陈源传·甘昪传·王德谦传》。
[3]《历代名臣奏议》卷185《去邪》"宋理宗时汤汉上疏"。

> 口说尚可,乃画此死模活样乎?

他拿着图卷,向宋理宗告御状。宋理宗却说:

> 乃骂汝,非骂我也。

董宋臣解释道:

> 彼谓陛下为明皇,阎妃为太真,臣为力士,而以太白自居。

宋理宗因而"不悦"[1],牟子才被贬官。监察御史兼说书洪天锡也曾反复上疏弹劾董宋臣,并且不惜丢掉乌纱帽。他说:

> 臣留则宋臣去,宋臣留则臣当斥,愿早赐裁断。

但其言"不果行"。《宋史》卷424《洪天锡传》称:

> 终宋世阉人不能窃弄主威者,皆天锡之力,而天锡亦自是去朝廷矣。

"皆天锡之力"显然属于夸大之词,洪天锡"去朝廷"则是事实。

---

[1]《西湖游览志余》卷2《帝王都会》。

由上所述，不难看出，南宋宦官不令管军的制度执行得相当严格，而宦官不许干政的原则并未完全落实，以致南宋宦官领兵、监军者虽无，议政、干政者则有。其原因究竟何在？关键在于宦官干政是封建皇帝集权专制制度自身不可避免的痼疾，具体说来有以下三个缘故。

首先，皇帝离不开宦官。最突出的事例是苗、刘叛变，千钧一发，有官员劝告宋高宗：

> 中官之患，至此为极。若不悉除之，天下之患未已。

宋高宗的回答居然是：

> 朕左右岂可无给使！

他此后反复强调：

> 朕待此曹，未尝不尽恩意。

对宦官平时严格要求，在其违法时严加惩处，用意无非是"爱而全之"[1]。可见，皇帝与宦官主奴之间相依为命，感情何等深厚。至于宋宁宗尤其离不开宦官，自有其特殊缘故。

---

[1]《系年要录》卷21建炎三年三月癸未、卷103绍兴六年七月庚辰、卷179绍兴二十八年六月壬辰。

据说他"不慧而讷于言",每当金朝使者到来,只能"阴以宦者代答"[1]。岂止皇帝,就连猛烈抨击宦官干政的士大夫如李椿也承认宦官"不可无",并且一再声明他主张削弱宦官权势,目的之一在于"宦者亦保富贵"[2]。很清楚,宦官干政的现象在封建时代至多只能减少,根本无法根除。

其次,宦官善于逢迎。而士大夫则有架子,甚至还要"以道驭君"。朱熹就曾经指出:

> 士大夫以面折廷争为职……宦者以承顺为事。[3]

难怪人们要把对皇帝逢迎拍马称为宦官意识或行为了。由于在当时人看来,宦者即逢迎,两者是一回事,因此大将杨存中因"多髯而善逢迎",而获得了一个"髯阉"的外号。当时人解释道:

> 目存中为髯阉,谓形则髯,其所为则阉也。[4]

换而言之,所谓"髯阉",即具有宦官意识和行为的大胡子。有人曾对宋高宗说:

---

[1]《癸辛杂识》续集下《宁宗不慧》。
[2]《历代名臣奏议》卷293《近习》"宋孝宗时李椿上奏"。
[3]《朱子语类》卷132《本朝六·中兴至今日人物下》。
[4]《癸辛杂识》别集上《髯阉》。

> 陛下有仁宗之俭慈，而乏艺祖之英略。[1]

在某些南宋人看来，他并不算太荒淫。应当承认，宋高宗在口头上对宦官的惯用伎俩多少有所警惕：

> 仇士良劝后辈，戒人主不近儒生，不观书，可为鉴也。[2]

然而在建炎三年（1129）四月，宋高宗已决定将邵成章召回临安，一听到某些宦官的挑拨：

> 邵九伯来，陛下无欢乐矣！[3]

他立即反悔。至于董宋臣，则以"逢迎上意"而臭名远扬。他"引倡优入宫"[4]，"以奢侈导上"，因而博得宋理宗宠信，以致干政用事。董宋臣为了取悦于宋理宗，在宫中大设排当，通宵达旦地宴饮。宋度宗时，排当之风相沿不废，给事陈宗礼不禁感慨系之：

> 内侍用心，非借排当，以规羡余，则假秩筵，以奉

---

[1]《朱子语类》卷132《本朝六·中兴至今日人物下》。
[2]《系年要录》卷91绍兴五年七月庚辰。
[3]《三朝北盟会编》卷128建炎三年四月十日"召邵成章赴行在"。
[4]《宋季三朝政要》卷2宝祐三年六月。

殷勤。不知聚几州汗血之劳而供一夕笙歌之费![1]

再次,皇帝猜疑大臣。精明干练的帝王更是如此,宋孝宗就很典型。他"临御久,事皆上决,执政惟奉旨而行,群下多恐惧顾望"。太常丞徐谊上书说:

> 若是则人主日圣,人臣日愚,陛下谁与共功名乎?[2]

尚左郎官杨万里劝谏道:

> 人主不可以自用……人主自用,人臣不任责。[3]

这类劝谏虽多,但宋孝宗很难完全听进去,他依靠贴身宦官,甘昪因此狐假虎威。

只是由于南宋削弱宦官权势的制度比较严密,当时才避免了宦官权势的恶性持续膨胀。官僚集团正是以这套制度做武器,弹劾并击败了一个又一个用事的宦官。如张去为、陈源、甘昪便分别在侍御史杜莘老等、御史章颖等、江西提刑朱熹等的一再抨击下受到惩处。张去为虽然后来重新得到信

---

[1]《钱塘遗事》卷5《理宗政迹》《排当》。
[2]《宋史》卷397《徐谊传》。
[3]《诚斋集》卷62《上寿皇论天变地震书》。

用,但"至死不复涉朝廷事"[1]。

中国历史上有个带规律性的现象:但凡权臣当政,宦官很难专权。南宋时期,权臣不仅数量多,而且执政久。早在绍兴初年,宰相赵鼎便不把宦官放在眼里。一次,他发现宫中有修建苑囿的苗头,立即将宦官黄彦节叫来训斥了一道:

> 顷岁艮岳、花石之扰,皆出汝曹。今将复蹈前辙邪?

并叫他立下军令状,必须立即停止施工。黄彦节报告宋高宗,宋高宗反而夸奖赵鼎:

> 卿能防微杜渐如此,可谓尽忠尔。[2]

赵鼎究竟是"贤相",还是"一旦得志,骤为骄侈"[3]的权臣?当时人有争议。而秦桧、韩侂胄、史弥远、贾似道则是公认的南宋四大权臣。这些权臣虽然大多声名狼藉,但他们对宦官势力一般都加以钳制。权臣一旦与宦官发生冲突,宦官往往以失败而告终。如韩侂胄同王德谦"争用事",尽管王德谦起初"以计胜",但韩侂胄"挤之"[4],结果王德谦被

---

[1]《宋史》卷469《宦者传四·张去为传》。
[2]《挥麈录》余话卷1《赵元镇责黄彦节》。
[3]《系年要录》卷86绍兴五年闰二月丁未。
[4]《两朝纲目备要》卷5庆元三年三月丙申"窜内侍王德谦"。

贬黜，死于外地。又如贾似道拜相之初，将董宋臣逐出宫廷，以致宦官"不敢干政，人颇称其能"[1]。

总之，南宋帝王不得不吸取汉朝、唐代的经验，特别是接受靖康之祸与明受之变的教训，因而建立起一套削弱宦官权势的制度，并采取措施加以推行。两宋之际宦官势力接连遭到惨重打击，使得宦官人数锐减，在客观上为这套制度的推行提供了有利条件。而宦官势力受到官僚集团尤其是权臣的钳制，也是一个不容忽视的因素。南宋宦官的权势比北宋又有所削弱。对于南宋来说，什么宦官之祸、宦官内朝，更是无从谈起。

---

[1]《宋季三朝政要》卷3景定元年五月。

余 论

行文至此,导言里提出的宋代是否形成"内朝"、究竟有无"内乱"这两个问题,尽管答案已经比较明确,还得稍加归纳,并从总体上进一步探究其原因。至于"家天下"统治应当如何理解,前面尚未给予正面回答。这些均有待在余论里最后完成。

一 宋代既无内朝又无内乱

导言已经指出,所谓"内朝"是封建帝王用来分割外朝权力的工具,它由帝王的亲属或亲信组成,凌驾于外朝之上。按照这个标准,依据上述史实,不难得出结论:宋代大体无内朝。尽管宋代宦官往往被最高统治者用来作为分割外朝权力的工具,他们广泛参预政事,诸如率军作战、监视军队、侦探臣民、审理案件等等,但并未凌驾于外朝之上。关键在于宋代"貂珰不以典机密"[1]。梁师成在宋徽宗时,"凡御书号令皆出其手",是个较为特殊的例外。即便如此,其权势也未必比宰相蔡京、王黼更大。至于宗室、后妃、外

---

[1]《群书会元截江网》卷17《时政》。

戚，宋代最高统治者从来不曾打算把他们作为分割外朝权力的工具。韩侂胄、贾似道虽然一反惯例，成为外戚宰相，曾经大权在握，但是他们并非内朝的头目，而是外朝的首领。有少数后妃如宋哲宗刘皇后、宋高宗刘婉仪、宋光宗李皇后等尽管一度干预外朝政事，但其结果不是受到惩罚，便是遭到抵制。宋代垂帘太后相当多，只有两汉才能相比，然而她们是在特定的历史条件下代行皇权，与内朝风马牛不相及。正是依据这些事实，我们给予宋代是否形成内朝这个问题以否定的回答。

前面四章同时又证实，程颐等人的宋代"无内乱"之说与史实大致相符。所谓宗室之祸、母后之祸、外戚之祸、宦官之祸这些封建时代常见的政治祸患，在宋代基本上不存在。诚然，无内乱并不是说最高统治者的亲属、亲信之间无矛盾、无斗争。正如前面所说，在宋代，想当大官、想掌大权的皇亲国戚为数不少，其中还有觊觎皇位者。只是他们的愿望很难变为现实，并未酿成大乱。在宋代，权势显赫的宦官尽管不乏其人，但是他们在皇帝面前没有一个不是十足的奴才，只不过是狐假虎威，仗皇帝之势欺人而已。企图废立皇帝的宦官极其罕见，并且无不败露。应当承认，与某些朝代相比，宋代的皇位转移总的来说比较平稳。

皇亲国戚大多是些平庸辈，有的还是权势狂。他们作为封建统治阶级中的最腐朽部分，是封建时代政治动乱的重要根源之一。虽然他们之间的争权篡位一概属于封建统治阶级内部的斗争，从总体上说并无是非可言，只不过是狗咬狗。

可是一旦酿成内乱，结果社会遭殃、人民受害，因而这些斗争又并非与社会、同百姓丝毫不相干。如何抑止皇亲国戚、防止内乱发生，对于历代封建统治者来说，素来是个非常棘手的问题。难怪邵雍对于宋代既无内朝又无内乱，感到十分庆幸，写下了这样的诗句：

　　身经两世太平日，眼见四朝全盛时。

单从程度上讲，"太平""全盛"云云，实属过甚其词。谁都知道，在两宋历史上很难找到一个能够同"开元盛世"相提并论的鼎盛时期。单从时间上说，"两世""四朝"等等，显然又讲得不够。这是由于邵雍毕竟生命有限，只能就其亲身经历而言。其实，终两宋之世，社会内部均较为安定。较为安定的内部环境作为一个重要因素，促成了宋代社会经济的腾飞、文化的高涨。宋代既无内朝又无内乱的主要社会意义，正在于此。可见，宋代政治虽然弊端甚多，某些方面相当腐败甚至黑暗，但并非漆黑一团、一无是处。

二　观念的束缚与制度的约束

　　宋代既无内朝又无内乱，这在封建时代谈何容易。人们不免要问：原因何在？"权重处便有弊。"从这个意义上讲，无内朝与无内乱是一回事。其原因颇有相同之处，可以一并讨论。只要稍加思索，就会发现在多种多样的原因当中，少不了道德观念的束缚与规章制度的约束这两条。

先说道德观念。

在宋代士大夫眼里,唐代是个不讲封建道德的时代。他们摆出一副卫道士的架势,猛烈抨击唐太宗"为子不孝,为弟不弟,悖天理,灭人伦"[1]。进而指出唐太宗恶例一开,整个唐代社会道德沦丧:"三纲不正,无君臣、父子、夫妇。"[2] 并且认为玄武门之变、武则天"篡"唐一类的内乱,便是"三纲不正"的恶果。至于五代,照他们看来,更是"世道衰,人伦坏",以致子杀父、弟杀兄的争权事件接连发生。欧阳修因此惊呼,"五代之乱极矣""自古未之有也"[3]。而宋朝开国伊始,便大力提倡封建道德。用朱熹的话来说,即:

> 国初人便已崇礼义、尊经术,欲复二帝三王,已自胜如唐人。[4]

岂止朱熹一人而已,不少宋人津津乐道:"国朝立三纲以为纲,张四维以为维,护风俗如元气。"[5] "我朝立国,先正名

---

[1] 《唐鉴》卷2武德九年八月"臣祖禹曰"。
[2] 朱熹、吕祖谦编:《近思录》卷8。
[3] 欧阳修:《新五代史》卷36《义儿传序》、卷34《一行传序》、卷16《唐废帝家人传论》。
[4] 《朱子语类》卷129《本朝三·自国初至熙宁人物》。
[5] 林駉:《古今源流至论》前集卷8《士风》。

分。"并且竭力宣扬:"三纲五常,扶持宇宙之栋干,奠安生民之柱石。"[1]宋朝统治者号称"以孝治天下",他们特别提倡封建孝道,强调"行莫先于孝,书莫先于《孝经》"。《孝经》被抬高到了"群经之首,万行之宗"[2]的地步,被列为皇亲国戚,尤其是宗室子弟的必读书。

对于封建道德如孝道固然不能一概否定,但宋朝统治者如此大力提倡,其主要目的在于维护封建统治、防止发生"内乱"。如果说封建道德纲常观念在宋代社会生活领域中尚未普遍强化[3],那么在政治领域里已经相当强烈并且形成了一股强大的舆论力量。宋真宗刘皇后长期被士大夫们当作"武则天第二"来猜疑,刘皇后指责武则天有负祖宗,并斩钉截铁地表示:"吾不作此负祖宗事!"在一定程度上是由于舆论压力太大。宋英宗高皇后分明贪恋权位,至死不肯卷帘,她居然说:"母后临朝,非国家盛事。"原因在于无法摆脱伦常观念的束缚。宋光宗长期不去看望做了太上皇的父亲宋孝宗,"孝行既亏""人心已失",以致"道路流言,汹汹日甚"。宋孝宗死时,他拒不赴丧,更是"中外愤怨,众口一辞"[4]。由于士大夫普遍不满,他终于成为宋代历史上独一无二的被废黜的皇帝。宋光宗的儿子宋宁宗继位,并非抢班夺权,完全名正言顺,但他依然顾虑重重:"恐负不孝之

---

[1]《宋史》卷437《儒林传七·真德秀传》。
[2]《范太史集》卷14《进古文孝经说札子》。
[3] 可参看拙著《婚姻与社会·宋代》,四川人民出版社1989年版。
[4] 袁说友:《东塘集》卷13《独含再入奏乞过宫状》。

名。"枢密使赵汝愚苦口婆心:"天子当以安社稷、定国家为孝。"[1]他才勉强披上黄袍。足见,当时的道德舆论何等强烈。难怪程颐着眼于道德,把宋代无内乱的原因归结为:

> 以忠厚廉耻为之纲纪,故能如此。[2]

不过,我们不应当着重用道德来说明历史,相反应当主要用历史去解释道德。何况在权力支配一切的封建社会里,对道德观念的作用更不能估计过高。宋光宗的问题最后还是由宋高宗吴皇后凭借她那太皇太后的权威加以解决。这或许也可称为"批判的武器当然不能代替武器的批判,物质的力量只能用物质的力量来摧毁"[3]。

再说规章制度。

照宋人看来,"唐世人主无正家之法"[4]。他们同时又认为:"我朝家法最善。"[5]宋孝宗说:

> 我朝家法,远过汉唐。[6]

---

[1]《齐东野语》卷3《绍熙内禅》。
[2]《二程集·河南程氏遗书》卷15《伊川先生语一·入关语录》。
[3]《马克思恩格斯选集》第1卷第9页。
[4]《唐鉴》卷1隋大业十三年五月"臣祖禹曰"。
[5] 刘克庄:《后村先生大全集》卷86《进故事》。
[6]《宋史全文》卷26淳熙三年十月丙子。

不免有自吹自擂之嫌。可是,士大夫们也反复这样讲。早在北宋后期,范祖禹便说:

> 自三代以后,未有如本朝家法也。[1]

此后,如南宋人张栻认为:"自汉唐以来,家法之美,无如我宋。"[2]郑湜声称:"三代以还,本朝家法最正。"[3]石宗万炫耀:"圣朝家法,宏远深长,质诸三代而无愧。"[4]林駉则说:"我宋立国,大体兵力虽不及于汉唐,而家法实无愧于三代。"[5]诸如此类,不一而足。就连明人张溥也肯定:"宋代严家法。"[6]

"祖宗法度,乃是家法。"[7]宋代的所谓家法是个相当宽泛的概念,泛指包括法令在内的一切规章制度。宋哲宗朝宰相吕大防把"祖宗家法"区分为八大类,即"事亲之法""事长之法""治内之法""待外戚之法""尚俭之法""勤身之法""尚礼之法""宽仁之法",还言犹未尽,又把"虚己纳谏,不好畋猎"等等补充了一番。由于"祖宗家

---

[1]《范太史集》卷20《论立后上太皇太后疏》。
[2] 张栻:《南轩集》卷8《经筵讲义》。
[3]《两朝纲目备要》卷1淳熙十六年二月"诏职事官轮对"。
[4]《宋会要》帝系7之23。
[5]《古今源流至论》后集卷9《齐家》。
[6]《宋史纪事本末》卷8《礼乐议》"张溥曰"。
[7]《宋史全文》卷25下乾道七年二月丙辰。

法甚多"[1]，南宋中期曾任秘书郎的郑湜只得抓住关键进行概括：

> 一曰事亲，二曰齐家，三曰教子，此家法之大经也。

他还举例说：

> 后家待遇有节，故无恩宠盈溢之过；妃嫔进御有序，故无忌嫉专恣之行；宫禁不与事，故无斜封请谒之私。此三者，汉、唐所不及也。[2]

足见，宋代"家法"虽多，但限制包括后妃在内的一切皇亲国戚的权势无疑是其一大重要内容。

宋代最高统治者的"正家之法"，是在总结前代历史经验的基础上形成的。宋人罗从彦说：

> 人主读经则师其意，读史则师其迹。然读经以《尚书》为先，读史以《唐书》为首。盖《尚书》论人主善恶为多，《唐书》论朝廷变故最盛。[3]

---

[1]《长编》卷480元祐八年正月丁亥。
[2]《续宋编年资治通鉴》卷10淳熙十六年二月壬戌。
[3]《罗豫章集》卷9《议论要语》。

对于宋朝统治者来说,学习前朝历史之所以与学习儒家经典同样重要,目的在于总结历史经验即"师其迹",以便防避"朝廷变故"。朱熹读历史,读出一条重要体会:

> 权重处便有弊。宗室权重则宗室作乱,汉初及晋是也。外戚权重则外戚作乱,两汉是也。[1]

讲到这里,人们或许会想到18世纪法国启蒙学者孟德斯鸠的那段名言:"一切有权力的人们都容易滥用权力,这是万古不易的一条经验。""要防止滥用权力,就必须以权力约束权力。"[2]如果将朱熹"权重处便有弊"的看法等同于孟德斯鸠"以权力约束权力"的主张,不免把朱熹近代化了。何况孟德斯鸠的出发点在于反对封建君主专制,而朱熹的着眼点则在于限制皇亲国戚的权势。朱熹此说虽然出自一人之口,其实是有宋一代整个统治集团从历史中得到的共同教训。限制皇亲国戚的权势之所以成为宋代"祖宗家法"的一个重要内容,也就不难理解。

很清楚,宗室不参政、后妃不预政、外戚不任事等"祖宗家法",目的在于避免形成内朝。同时对防止内乱发生,其作用之大,显而易见。郑湜认为祖宗家法严是宋代无所谓母后之祸的原因:

---

[1]《朱子语类》卷134《历代一》。
[2] 孟德斯鸠:《论法的精神》上册第154页。

> 本朝历世以来未有不贤之后,盖祖宗家法最严、子孙持守最谨也。[1]

与郑湜大致同时的刘光祖以为这是宋代既无外戚之祸又无宦官之乱的原因:

> 国家二百余年无外戚预政之祸,亦由制之得其道故也……祖宗之良法美意,所以杜中常侍用事之渐。[2]

而吕大防则从总体上认为这是宋代无内乱的原因:

> 自三代以后,唯本朝百三十年中外无事,盖由祖宗所立家法最善。[3]

至于宋代是怎样限制皇亲国戚的,前面讲了不少,这里不必重复。

总之,宋代既无内朝又无内乱在很大程度上是由于规章制度与道德观念相结合,从而形成了一股巨大的约束力量,于是某些皇亲国戚习惯成自然,封建道德久而久之在他们身上变为道德习惯。如果一定要说宋代皇亲国戚"却是多贤",

---

[1]《续宋编年资治通鉴》卷10淳熙十六年二月壬戌。
[2]《历代名臣奏议》卷70《法祖》"宋光宗时刘光祖上圣范札子"。
[3]《长编》卷480元祐八年正月丁亥。

充其量不过如此而已。当然，这些规章制度从根本上说无非是用封建专制手段来维护封建专制制度。我们有保留地给以历史的肯定，主要是从客观效果上着眼。

三 士大夫——皇亲国戚的克星

要探究宋代既无内朝又无内乱的原因，不能不讲到士大夫这支不可小视的政治力量。谁都知道，制度固然重要，如果不能坚持，势必形同虚设。可是，宋代恰恰有一批勇于讲话、敢于坚持制度的士大夫。称他们为皇亲国戚的克星，只怕当之无愧。这也是宋代难以形成内朝、很难发生内乱的一个重要缘故，例证俯拾即是。拿宗室来说，要不是王曾、韩琦、何灌、夏震等官员分别在宋真宗死时、宋仁宗死时、宋徽宗退位时、宋宁宗死时挺身而出，赵元俨、赵允弼、赵楷、赵竑等宗室觊觎皇位的问题恐怕不会迎刃而解。就后妃而言，富弼在明道年间告诉宋仁宗：

> 庄献不敢行武后故事者，盖赖一二忠臣救护之，使庄献不得纵其欲。陛下可以保其位，实忠臣之力也。[1]

他把宋真宗刘皇后视为"武则天第二"并不准确，但王曾、吕夷简、鲁宗道、薛奎等宰执大臣的作用，也不能一笔抹

---

[1]《长编》卷113明道二年十二月丙辰。

杀。宋真宗刘皇后死后,杨太妃称制告吹,宋仁宗得以亲政,在很大程度上是由于蔡齐、范仲淹等人力争。至于宋仁宗曹皇后撤帘,宰相韩琦的作用显而易见。拿外戚来说,由于士大夫激烈反对,钱惟演、钱端礼等人窃据相位的企图终于化为泡影。就宦官而言,王继恩在宋太宗死时、周怀政在宋真宗晚年废立皇帝的图谋,是分别被宰相吕端、丁谓戳穿并粉碎的。无怪乎南宋学者黄震充分肯定这批士大夫的作用:

> 国有社稷臣,行法自贵近始,天下事尚何不可为者。[1]

士大夫敢于对贵近"行法"即坚持制度,胆量可谓大矣。不仅如此,就勇于讲话这一点来讲,在中国封建时代的历朝历代中,宋代的士大夫大概要数第一。其所以会如此,与宋太祖的两大举措有关。

举措之一是提倡"忠义之气"。《宋史·忠义传序》称:

> 士大夫忠义之气,至于五季,变化殆尽……艺祖(太祖)首褒韩通,次表卫融,足示意向。

韩通是后周的侍卫马步军副都指挥使,他得知陈桥兵变发

---

[1] 黄震:《黄氏日抄》卷50《读史》。

生，打算在开封率军抵抗。散员都指挥使王彦升眼疾手快，当即将韩通置于死地。王彦升无疑为北宋开国立下功劳，宋太祖却火冒三丈，认为他铸成大错，因此终身不受重用。相反，韩通分明是宋太祖的死对头，宋太祖居然专门下诏褒奖他临难不苟。卫融是北汉的宰相，他被宋军俘获后，非但不屈服，反而对宋太祖扬言："陛下纵不杀臣，臣亦不为陛下用。"宋太祖勃然大怒，下令斩首。卫融临危不惧，慷慨地说：

> 大丈夫死或重于泰山，或轻于鸿毛，今之死正得其所尔！

宋太祖态度立即改变，他连声称赞："此忠臣也！"[1]将卫融释放并给予重赏。宋太祖这样做，其"意向"在于提倡所谓"忠义之气"，要士大夫们像韩通忠于后周、卫融忠于北汉那样，忠于赵氏一家一姓。宋太祖如此竭力提倡，果然发生效果，以致有宋一代士大夫"忠节相望，班班可书"[2]。不过，我们不应当忘记，照宋代士大夫看来，"忠臣之事君"应当"造次不忘纳君于善"[3]，勇于直言极谏，敢于面折廷争。

举措之二是不杀大臣、言官。宋人曹勋称：

---

[1]《宋史》卷482《北汉刘氏世家》。
[2]《宋史》卷446《忠义传序》。
[3]《罗豫章集》卷1《遵尧录一·太祖》。

> 艺祖有约，藏于太庙，誓不诛大臣、言官，违者不祥。[1]

藏于太庙的宋太祖誓约未必存在，但宋太祖及其后继者确实比较严格地遵循着不杀大臣、言官这条原则[2]。因此，宋人反复炫耀：

> 祖宗以来，未尝轻杀一臣下，此盛德之事。[3]

宋代士大夫大多满怀所谓"忠义之气"，一般又无遭受杀戮之虞，于是他们发表意见胆量大、顾虑少，不仅敢于议论皇亲国戚，甚至敢于议论皇帝。

宋代的士大夫之所以是一支不可小视的政治力量，上面这些还只是浅层次的因素，深层次的原因在于赵宋王朝国家政权的根本性质。

恩格斯指出，国家"在中世纪是封建贵族的国家"。这主要是就欧洲的情况而言。在中国历史上，任何封建政权都概莫能外地属于封建地主阶级专政。封建社会是"由各种社会地位构成的多级的阶梯""在每一个阶级内部又有各种独特的等第"[4]，不同时期处于这个阶梯最高层的等级或阶层有

---

[1] 曹勋：《松隐集》卷26《前十事》。
[2] 参看徐规：《宋太祖誓约辨析》，载《历史研究》1986年第4期。
[3] 范仲淹：《范文正公集》附录《范文正公年谱》庆历三年。
[4]《马克思恩格斯选集》第3卷第486页、第1卷第251页。

所不同。大体说来,魏晋南北朝主要是由门阀士族地主等级专政,隋唐时期是士族地主等级与庶族地主阶层的联合政府,而两宋王朝则是以官僚地主即士大夫阶层为主的封建地主阶级专政。宋代"治狱必用士人""宰相必用读书人""典郡必用儒臣""堂后官亦必参之以士人之任",一言蔽之,皇帝"左右前后,无非儒学之选"[1]。宋太宗告诉士大夫:

> 天下广大,卿等与朕共理。[2]

所谓"共理",即共治。元老重臣文彦博对宋神宗讲:

> 为与士大夫治天下,非与百姓治天下也。[3]

这话可谓一语破的。南宋人风趣地说:

> 满朝朱紫贵,尽是读书人。[4]

是对宋朝政权性质的生动写照。难怪当时人把宋代社会叫作"官人世界"[5]。从这个意义上,确实可以说宋代的政治是典

---

[1] 《古今源流至论》前集卷8《才德》。
[2] 《长编》卷26雍熙二年十二月。
[3] 《长编》卷221熙宁四年三月戊子。
[4] 《贵耳集》卷下。
[5] 洪迈:《夷坚志》支庚卷5《辰州监押》。

型的官僚政治。正是被赵宋王朝国家政权这一根本性质所规定，宋代的士大夫岂止一般没有杀身之虞，而且在俸禄、荫补、赋役负担等各个方面享受着各种优待[1]。他们对此总的来说感到满意：

> 国朝待遇士大夫甚厚，皆前代所无。[2]

以致直到南宋行将灭亡时，宋理宗谢皇后还满有依据地公开声称：

> 我国家三百年，待士大夫不薄。[3]

宋代主要由科举出身的士大夫组成的官僚地主阶层，不同于从前的门阀地主等级。门阀地主等级具有排他性、世袭性，即所谓"士庶天隔"[4]、"胄有世官"[5]。而官僚地主阶层则具有开放性、非世袭性，即所谓"骤得富贵""其家不传"[6]。但因此就认为宋代士大夫的政治力量远非从前的门阀

---

[1] 参看朱家源、王曾瑜：《宋朝的官户》，载邓广铭等主编：《宋史研究论文集》（1980年第一届年会编刊）。
[2] 《燕翼诒谋录》卷5《优恤士大夫》。
[3] 《宋史》卷243《后妃传下·理宗谢皇后传》。
[4] 《宋书》卷42《王弘传》。
[5] 《新唐书》卷199《柳冲传》。
[6] 《张载集·经学理窟·宗法》。

士族可比，即使不完全是误解，至少失之笼统。鉴于这是宋代政治史上一个并不算小的问题，有必要趁此略抒己见。

就个体来说，宋代士大夫的政治力量确实远非从前的门阀士族可比。从前，一户门阀士族便是一个自成体系的独立王国，凭借其强大的实力，能够同皇帝分庭抗礼，东晋时期"王与马共天下"[1]的政治格局就很典型。他们对皇权，具有离心力，甚至取而代之。宫崎市定指出：他们的势力"一旦压倒皇室，就要发生篡夺。篡夺是中世政治史的一个特征"[2]。而宋代没有任何一个士大夫家庭的实力和根基能够同从前的门阀士族相比，其地位又不能世袭。他们对皇权，不仅很难构成威胁，而且具有向心力，越发需要皇帝来代表他们的利益。宫崎市定虽略带夸张，但大体不错地把宋代视为"看不见篡夺"的时代，究其原因，正在于此。[3]

就整体来说，宋代士大夫的政治力量不可小视，甚至并不小于从前的门阀士族。门阀地主等级具有排他性，第一层含义在于严士庶之别，不让庶族进入士族行列，以致门阀士族的圈子相当狭小。第二层含义在于各个门阀士族彼此对立、相互牵制，使得他们各自的实力难于拧成一股劲。而在宋代，由于官僚地主即士大夫阶层具有开放性、非世袭性，

---

[1] 房玄龄等：《晋书》卷98《王敦传》。
[2] 宫崎市定：《宋元的经济状况》，载《宫崎市定论文选集》上册。
[3] 刘子健教授的看法与宫崎市定相似，他在《宋太宗与宋初两次篡位》一文中指出："就整个中国政治史而言，自汉代到五代，（外戚篡位）屡见不鲜。但自宋以降，不再出现。显然，宋代是分水岭。"

他们的队伍在不断地更新、不断地充实。同时又随着士庶界限的打破、社会流动的增大、等级差别的缩小，士大夫阶层的整体性加强，因而其群体实力相当大。北宋的朋党之盛、南宋的太学之横，就充分地显示了其群体实力。新党、旧党交替左右北宋后期政局，早已人所熟知。而南宋的太学则有"无官御史台"之称。南宋后期人罗大经对当时太学生之勇于讲话，做了这样的描述：

> 国有大事，谠论间发，言侍从之所不敢言，攻台谏之所不敢攻，由昔迄今，伟节相望。[1]

他们"同声合党，孰敢撄其锋"，甚至能够"与人主抗衡"[2]。无怪乎近人柳诒徵如是说："宋之政治，士大夫之政治也，政治纯出士大夫之手。"[3]这个"纯"字或许强调过分，但宋代士大夫在政治生活的各个方面作用确实不小，包括钳制皇亲国戚，并且往往战而胜之。

四 皇权并非不受任何限制

如前所述，宋代的皇亲国戚在制度上受到各种限制。某

---

[1]《鹤林玉露》丙编卷2《无官御史》。
[2]《癸辛杂识》续集上《开庆六士》、后集《三学之横》。
[3]《中国文化史》中册第223页。他将宋代的朋党等同于近代的政党、将宋代的政治称为政党政治，显然不对。这里恕不节外生枝。

些皇帝有时出于某种考虑,试图突破制度限制,对皇亲国戚法外开恩,但碰壁的情况并不是个别事例。皇权本身并非不受任何限制是宋代既无内朝又无内乱的又一个重要原因。

讲到封建时代的皇权,人们常常用"前主所是著为律,后主所是疏为令"[1]来证明皇帝一个人完全说了算,他们的权力不受任何限制。其实,这是对封建主义的一种简单化认识。

从道理上说,封建皇帝无非是封建地主阶级利益本身的最高代表者,居然可以不受任何约束,这本身就不可理解。何况谁都知道不受约束的权力必然产生腐败,封建皇帝如果完全随心所欲,很难想象封建制度能够长期延续。更何况封建皇帝并不是绝对脱离社会的孤立的个人,可以不受任何客观条件和客观规律的制约。

就事实而言,人们确实可以从众多的封建皇帝当中举出为所欲为者如隋炀帝。隋炀帝公然在口头上如此武断地说:"我性不喜人谏""有谏我者,今不杀汝,后必杀之"[2];在行动上这样蛮横地做:"朝臣有不合意者,必构其罪而族灭之。"但他毕竟只能专横暴虐于一时,结果"普天之下,莫匪仇雠,左右之人,皆为敌国",他本人不久便"以万乘之尊,死于一夫之手"[3],隋朝也随之迅速覆灭。还值得注意,

---

[1] 司马迁:《史记》卷122《酷吏传·杜周传》。
[2] 《资治通鉴》卷182大业九年。
[3] 魏征等:《隋书》卷4《炀帝纪下》。

像隋炀帝这样为所欲为的皇帝在中国历史上并不多见。

拿宋代的情况来说，皇帝当中虽有昏君，但无"隋炀帝再世"。士大夫反复告诫皇上："人主不可自用""不可独断""不可骄纵"。如程颐对宋哲宗说：

> 人主之势，不患不尊，患人臣尊之过甚，至骄心生尔。[1]

陈傅良认为：

> 人主好要则百事详，人主好详则百事荒。

他强调人主"不为，然后可以有为"[2]。对于这类议论，宋朝历代皇帝一般表示赞同。如宋真宗向大臣表白："朕未尝专断。"[3]宋仁宗表示：法令"不欲自朕出"，而要"付之公议"[4]。当时人偶句云：

> 神宗内降，更令有司看详；
> 高宗御批，亦许给舍缴驳。[5]

---

[1] 朱熹：《伊川先生年谱》，见《河南程氏遗书》附录。
[2] 《永嘉先生八面锋》卷4。
[3] 《罗豫章集》卷3《遵尧录三·真宗》。
[4] 杨时：《龟山语录》卷3。
[5] 《群书会元截江网》卷18《诏令·偶句》。

反映了宋神宗、宋高宗对外朝官员的权力相当尊重。所谓看详，即审定。

需要着重指出的是，御批交外朝官员看详并不完全是皇帝个人的好恶，而是一项固定的制度。按照当时的制度，政令的形成要经过以下程序：先由皇帝与宰执大臣"平章"即商定，宰执大臣有权反对；再将"词头"即要点交由中书舍人起草，中书舍人有权封还；再将草稿交由给事中审议，给事中有权封驳；政令经皇帝"画可"即批准公布之后，台谏以至有关官员有权论列。因此，当时人写下这样的偶句：

宰相不平章，执政不参预，则无以维持是纲；
台谏不论列，给舍不缴驳，则无以振举是纲。[1]

应当说明，宋代的职官制度尽管复杂多变，然而政令的形成程序并无实质性的变化。如北宋前期，中书舍人常缺、给事中不任职，但中书舍人的职权由知制诰或翰林学士知制诰或其他官员知制诰行使，在淳化四年（993）六月又重新设置了专门负责封驳的官员或机构。

皇帝如果不按上述程序办事，敢于讲话的士大夫不会钳口结舌，他们往往如此大声疾呼：

不由凤阁（中书）、鸾台（门下），盖不谓之诏令。[2]

---

[1]《群书会元截江网》卷17《纪纲·偶句》。
[2]《宋会要》职官1之79。

> 凡不由三省施行者,名曰"斜封墨敕",不足效也。[1]

甚至采取行动,其中最著名的当推宋仁宗朝宰相杜衍封还内降:

> 凡内降与恩泽者,一切不与。每积至十数,则连封而还之。[2]

皇帝如果按照程序办理,胆大气粗的官员不会只知点头、不知摇头,轻易地放弃制度赋予自己的权力。如宋真宗打算把宋太祖的驸马石保吉提升为使相,并就此事与宰相李沆商议。李沆虽然外号人称"没嘴葫芦",其实倒有一股牛劲,他"三问不从"[3]。更为有名的事例是,宋仁宗叫知制诰富弼草拟制书,封外戚刘从德之妻王氏为遂国夫人,富弼根本不买账,他"缴还词头,封命遂寝"[4]。正是依据这类史实,林駉认为"我朝修复古制",同周代一样,内朝与外朝的关系是"外得以统内""内复属于外"[5]。此说既言过其实又未必确切。不过上述史实确实表明,皇帝要暗中关照皇亲国戚,并不十分容易。形成凌驾于外朝之上的内朝,可能性更小。

---

[1]《宋史》卷405《刘蔽传》。
[2]《欧阳文忠公集》卷31《杜公(衍)墓志铭》。
[3]《黄氏日抄》卷50《读史》。
[4]《龙川别志》卷下。
[5]《古今源流至论》后集卷5《内朝》。

由于皇权并非不受任何限制,连权力攥得较紧的宋神宗也曾经发出了"快意事更做不得一件"的感叹。事情是这样的:宋神宗打算杀掉一个职位不算太高的转运使,宰相蔡确反对,理由是:"祖宗以来,未尝杀士人。"宋神宗又准备把这个转运使刺配远恶州军,门下侍郎章惇认为:"如此,即不若杀之。"原因是:"士可杀,不可辱。"宋神宗于是感叹:

> 快意事更做不得一件!

章惇的回答居然是:

> 如此快意事,不做得也好。[1]

哪里仅限于宋神宗一个皇帝,在他之前的宋仁宗往往不能"从私请",只得"从公议",难以偏袒亲属和亲信,以致有的宦官企图挑拨离间:

> 万事只由中书,官家岂得自由行一事?[2]

此说当即遭到欧阳修批驳,但至今仍然给人们留下疑问:宋代究竟是皇权大,还是相权大?到底是皇权政治,还是官僚

---

[1] 侯延庆:《退斋笔录》,见《说郛》卷48。
[2] 《三朝名臣言行录》卷2之2《参政欧阳文公忠(修)》。

政治?

五　赵家天下乎官人世界乎

问题不止以上两个。在宋代，士大夫深受朝廷重用，皇亲国戚反而遭到种种限制。用右司谏刘随在天圣年间的话来说，即：

> 臣僚迁擢，多至尊官；皇族丝联，未登显位。

在士大夫当中，对此表示惋惜者毕竟较少，如知谏院范镇在至和年间叹息：

> 祖宗后裔，岂无贤才？而一概废而不用，深可惜也。[1]

对此大加称颂者为数甚多，如南宋著名学问家吕祖谦说：

> 宋朝之待宗室、戚属，其以大公之道守天下乎？虽三代未有及此！[2]

---

[1] 刘随：《上仁宗乞分王宗室壮观洪业》、范镇：《上仁宗乞宗子以次补外》，见《诸臣奏议》卷32《帝系门·宗室》。
[2] 《历代制度详说》卷14《宗室·详说》。

宋代对皇亲国戚的限制能否称为"大公之道",这本身就是个问题。而某些宗室子弟则牢骚满腹:

> 异姓反优于同姓,天子之子孙反不若公卿大夫之子孙。[1]

他们牢骚如此之盛,无非是认为这不符合"家天下"统治精神。照此说来,赵家天下乎官人世界乎,仿佛又是一个问题。

上述这些问题只是"仿佛"而已。它们之所以成为问题,主要不在史实认定上,而在思维方式上。"是就是,不是就不是;除此以外,都是鬼话。"恩格斯将这种非此即彼的思维方式称为"在绝对不相容的对立中思维"[2]。上述问题恐怕就出在这里,下面仅就此发表三点浅见。

一是不能把皇权政治与官僚政治绝对对立起来。

有学者从皇权政治与门阀政治两者相互排斥的观点出发,认为整个魏晋南北朝时期的政治不是门阀政治,而是皇权政治;东晋门阀政治只不过是皇权政治在特殊历史条件下的变态,并且具有暂时性和过渡性。也有学者将宋代的皇权政治与官僚政治绝对对立起来,以致难以解释某些历史现象,于是认为皇权虚化、象征化是封建社会发展的必然趋

---

[1]《齐东野语》卷19《嘉定宝玺》。
[2]《马克思恩格斯选集》第3卷第141页。

势，宋代的天子已接近于"虚位君主"，宋代的政治已接近于君主立宪。

照此看来，国体与政体这一基本理论有必要温习。按照这一理论，门阀政治、官僚政治是一回事，皇权政治又是一回事，前者属于国体范畴，后者属于政体范畴。门阀政治或官僚政治是指当时国家政权的根本性质是封建地主阶级专政，而门阀地主或官僚地主阶层又在封建地主阶级这个"等级的阶级"中居于主导地位。皇权政治则是指当时国家政权的构成形式是君主专制。君主专制的政体取决于并服务于封建地主阶级专政这一国体，两者不是相互排斥，而是基本适应，以致君主专制即皇权政治在整个中国封建时代长期延续。

宋光宗退位这一历史事件就生动地体现了国体与政体的关系。宋光宗实际上是被以赵汝愚等士大夫为代表的封建地主阶级，特别是其中的官僚地主阶层赶下台的。这说明封建皇帝作为封建地主阶级的总头目，不能不代表封建地主阶级的利益。如果不能代表，将被封建地主阶级更换。宋代的国体是十足的以官僚地主阶层为主体的封建地主阶级专政。除此之外，还有两点值得注意：第一，最后做出决定并出面当众宣布的是宋高宗吴皇后，她代行的是皇权；第二，接替宋光宗的是他的儿子宋宁宗，皇位依然世袭。这些都表明宋代的皇权并未虚化，从政体上说依然是皇权政治。如果把皇权的象征化作为封建社会发展的必然趋势，恐怕越发与明清时期的历史实际不符。

至于说宋代的政治已接近于君主立宪，须知君主立宪政体同资产阶级专政此一国体相适应，与封建地主阶级专政彼一国体则不相适应。何况宋代的皇权虽然并非不受任何限制，但皇权毕竟至高无上，皇帝对一切比较重要的朝廷政事都具有"画可"权，即最后决定权。如果忽视了这一点，恐怕又走向了另一个极端。

二是不能把皇权与相权绝对对立起来。

钱穆先生在50年前写下《论宋代相权》[1]，首先明确指出宋代相权减弱、皇权增强。此后，这个论点被学术界普遍采用。直到前些年，王瑞来先生接连发表《论宋代相权》《论宋代皇权》[2]，针锋相对地认为宋代相权增强、皇权减弱，钱氏之说才遇到了公开的挑战。钱、王两家都从不同角度揭示了一些值得重视的历史现象，其论点确有可取之处。他们尽管各执一词，可是其出发点均在于皇权与相权绝对对立，只能此强彼弱。人们不禁要问：难道就不可能此弱彼亦弱或此强彼亦强？

其实，宰相的职责无非是"佐天子"，相权从属于、服务于皇权，两者虽有矛盾，但从根本上说应当是一致的。南宋人林駉就并未将皇权与相权绝对地对立起来，他说：

> 权在人主则国势重，公论在朝廷则国势重……天子

---

[1] 钱穆：《论宋代相权》，见《宋史研究集》第1辑。
[2] 王瑞来：《论宋代相权》《论宋代皇权》，载《历史研究》1985年第2期、1989年第1期。

不必揽权，而权在君上矣……宰相、台谏主公论，而公论在朝廷矣。[1]

黄履翁讲得更明白：

> 以天下之责任大臣，以天下之平委台谏，以天下之论付士夫，则人主之权重矣……人主之所谓总权者，岂必屑屑然亲事务之细哉![2]

他们认为皇权与相权以一致性为主，应当说是正确的。宋代的皇帝确实采取过某些防范宰相的措施，但那不是为了妨碍宰相正常行使权力，而是为了防止相权变质，即宰相由"佐天子"变为取天子之位而代之。宋代包括宰相在内的大臣往往面折廷争，但那不是为了削弱皇帝的正当权力，而是为了防止皇权滥用，即从根本上维护皇权。宋代的皇帝对此一般是清楚的，因而他们常常肯定敢于直言极谏的大臣有爱君之心："卿言可谓爱朕。"[3]如宋真宗便把"慕魏征之为人"的左谏议大夫田锡盛赞为"朕之汲黯"[4]。汲黯者，汉武帝时大名鼎鼎之忠臣也。

"诏令不出城门""天下尽裂于方镇"的唐朝末年，似乎

---

[1]《古今源流至论》后集卷4《国势》。
[2] 黄履翁:《古今源流至论》别集卷2《君权》。
[3]《宋史全文》卷25乾道五年六月戊戌。
[4]《五朝名臣言行录》卷9之1《谏议大夫田公（锡）》。

应当说皇权与相权此弱彼亦弱。至于在宋代的300多年中，皇权与相权虽然变化多端，但总的说来都有所增强。这并非故作新奇之论，早在南宋时便有此一说。如照林驷看来，宋代的情况是：

> 君上有大权，朝廷有公论。

黄履翁在肯定宋代"宰相之任重"的同时，又断言"人主之权重"[1]。宋代皇权增强的主要表现是皇帝的地位相当稳固，没有谁能够同他分庭抗礼，更不可能凌驾于他之上以至于取而代之。淳熙年间，参知政事龚茂良说：

> 汉、唐之乱，或以母后专制，或以权臣擅命，或以诸侯强大、藩镇跋扈，本朝皆无此等。[2]

在他眼里，宋代皇权既未旁落于皇亲国戚之手，又没有出现危及皇权的权臣和藩镇。或许正是依据这些，宫崎市定将宋代视为"看不见篡夺"的时代。而宋代相权增强的主要表现则是宰相能够比较有效地防止皇帝滥用权力，特别是不能过分偏袒皇亲国戚。

三是不能把赵家天下与官人世界绝对对立起来。

---

[1]《古今源流至论》后集卷4《国势》、别集卷2《君权》。
[2]《宋史全文》卷26淳熙三年十月已卯。

吕祖谦把朝廷对皇亲国戚的限制称为"大公之道",皇上仿佛也能做到大公无私,赵家王朝似乎不是"家天下"统治,这显然不对。其实,吕祖谦本人已经讲到,朝廷对于皇亲国戚尽管"未尝任之以事",但将他们"列之高爵,置之重位"[1]。朝廷虽然要求皇亲国戚守法,但法律已经给予了他们足够的法定权利,对他们"事事优异,悉不与外官、匹庶同法"[2]。何况宋英宗时,枢密副使吴奎谈到应当如何对待宗室,已经指出:"朝廷必为无穷计,当有所裁损。"[3]很清楚,宋朝对皇亲国戚加以限制即"裁损",目的在于"为无穷计",即突出赵家天子的独裁地位,以保证赵家天下的万世一系。陈傅良说:

> 圣人以无私而成其私。[4]

这话可谓击中要害。我们不能因为分封早已名实不尽相符,就断言秦代以后只能称为"君天下",也不能因为宋代并未形成内朝,便怀疑当时是否可以称为"家天下"。关键在于"家以传子",皇位世袭这一"家天下"统治的基本特征始终未曾改变,应当肯定地说包括宋代在内的整个中国封建时代都是不折不扣的"家天下"统治。

---

[1]《历代制度详说》卷14《宗室·详说》。
[2]《宋会要》帝系4之36。
[3]《长编》卷201治平元年五月辛亥。
[4]《永嘉先生八面锋》卷12。

至于宋代的皇帝居然也说"天下是天下之天下",其中或许包含着这层意思,即他们表示要切实地承担起管理社会公共事务的责任,但主要是冒充"整个社会的代表"。文彦博那句大实话:皇帝"与士大夫治天下,非与百姓治天下",早已把皇帝是"整个社会的代表"这一假象戳穿。如果反过来说皇帝只能大私无公,他们嘴里的"公"字纯粹是为了骗人,那又未免简单了些。他们确实是私中有"公",甚至"公"大于私的,只不过他们的"公"绝不是全天下老百姓之"公",仅仅是封建地主阶级之"公"而已。原因在于皇帝既是皇族的家长,更是封建地主阶级的掌柜。他们甚至超然于皇族之外,在宋代封建地主阶级整体性加强的历史条件下,更多地代表整个封建地主阶级的总体利益,尤其是官僚地主即士大夫阶层的利益。于是,宋代出现了"臣僚迁擢,多至尊官;皇族丝联,未登显位"的局面。从这个角度将宋代社会称为"官人世界",可谓惟妙惟肖。但说到底,这无非是把更高度的封建专制建筑在更广泛的社会基础之上。如此而已,岂有他哉!

总之,如果对于食客来说,鱼乎熊掌乎,二者不可兼,那么对于宋代社会来说,官人世界乎赵家天下乎,两者则兼而有之。官人世界是其国体即封建地主阶级专政的具体体现,而赵家天下则是其政体即君主专制的必然产物。姑且以此作为我们对"家天下"统治应当如何理解这一问题的回答。

附录一 大事年表[1]

一 北宋

皇帝	年份	大事
宋太祖	建隆元年（960）	正月，陈桥兵变，北宋建立
	建隆二年（961）	六月，杜太后死。相传她临终前，叮嘱宋太祖，皇位传弟不传子，史称"金匮之盟"
	开宝九年（976）	十月，宋太祖死，赵光义即位，改名炅，是为宋太宗。太祖之死，疑窦甚多，素有"烛影斧声，千古之疑"之称

---

[1] 仅限于本书所涉及者。

续表

皇帝	年份	大事
宋太宗	太平兴国四年（979）	八月，宋太祖子赵德昭自刎而死
	太平兴国六年（981）	三月，宋太祖子赵德芳突然死去
	雍熙元年（984）	正月，宋太宗弟赵廷美死于贬所房州
	雍熙二年（985）	九月，宋太宗长子赵元佐被废为庶人
	至道元年（995）	四月，宋太祖宋皇后死，宋太宗决定不按皇后礼仪安葬
	至道三年（997）	三月，宋太宗死，宋真宗即位 五月，宦官王继恩、参知政事李昌龄等因在宋太宗死时，图谋另立他人为帝而受到惩处
宋真宗	天禧四年（1020）	七月，宦官周怀政因图谋奉宋真宗为太上皇，立太子为皇帝而被处死
	乾兴元年（1022）	二月，宋真宗死，宋仁宗即位，宋真宗刘皇后垂帘
宋仁宗	明道二年（1033）	三月，宋真宗刘皇后死，宋仁宗亲政 十一月，宋仁宗郭皇后被废，台谏官员与二府大臣相争
	嘉祐八年（1063）	三月，宋仁宗死 四月，宋英宗即位，宋仁宗曹皇后垂帘
宋英宗	治平元年（1064）	五月，宋仁宗曹皇后卷帘，宋英宗亲政
	治平四年（1067）	正月，宋英宗死，宋神宗即位

续表

皇帝	年份	大事
宋神宗	元丰五年（1082）	九月，宦官李宪率军攻打西夏，败北
	元丰八年（1085）	三月，宋神宗死，宋哲宗即位，宋英宗高皇后垂帘
宋哲宗	元祐八年（1093）	九月，宋英宗高皇后死，宋哲宗亲政
	绍圣三年（1096）	九月，宋哲宗孟皇后被废
	元符三年（1100）	正月，宋哲宗死，宋徽宗即位，宋神宗向皇后垂帘 四月，外戚韩忠彦拜相 五月，宋哲宗孟皇后复皇后位 七月，宋神宗向皇后卷帘，宋徽宗亲政
宋徽宗	崇宁元年（1102）	五月，外戚韩忠彦罢相 十月，宋哲宗孟皇后再度被废
	政和六年（1116）	五月，外戚郑居中拜相 十一月，宦官童贯签书枢密院事
	重和元年（1118）	九月，外戚郑居中罢相
	宣和七年（1125）	十月，宋徽宗传位于宋钦宗，史称"乙巳内禅"
宋钦宗	靖康元年（1126）	九月，斩宦官童贯于南雄州并枭首都市
	靖康二年（1127）	二月，宋徽宗、宋钦宗被金朝废为庶人，北宋灭亡 四月，金军俘虏宋徽宗、宋钦宗及后妃、宗室等大批人口北去 同月，宋哲宗孟皇后被伪楚傀儡皇帝张邦昌尊为宋太后，并垂帘

二 南宋

皇帝	年份	大事
宋高宗	建炎元年（1127）	五月，宋高宗即位，南宋建立
	建炎三年（1129）	三月，苗傅、刘正彦在杭州发动兵变，逼宋高宗退位，迫宋哲宗孟皇后垂帘，立皇子为皇帝，改元明受。史称"苗刘之变"，又称"明受之变" 四月，苗刘之变平定，宋哲宗孟皇后卷帘，宋高宗复辟
	绍兴三十二年（1162）	六月，宋高宗传位于宋孝宗，史称"壬午内禅"
宋孝宗	淳熙十六年（1189）	二月，宋孝宗传位于宋光宗，史称"己酉内禅"
宋光宗	绍熙五年（1194）	七月，宋高宗吴皇后垂帘，宣布宋光宗传位于宋宁宗，史称"绍熙内禅"。吴皇后旋即卷帘 八月，宗室赵汝愚拜相
宋宁宗	庆元元年（1195）	二月，宗室赵汝愚罢相，外戚韩侂胄专权
	开禧元年（1205）	七月，外戚韩侂胄拜平章军国事
	开禧三年（1207）	十一月，外戚韩侂胄在临安玉津园被杀，先枭首于两淮，再函首送往金朝
	嘉定十七年（1224）	闰八月，宋宁宗死。宰相史弥远串通宋宁宗杨皇后，封皇子赵竑为济王，另立宋理宗。杨皇后垂帘

续表

皇 帝	年 份	大 事
宋理宗	宝庆元年（1225）	正月，湖州百姓潘壬、潘丙起兵，拥立赵竑为皇帝，旋即被讨平，史称"霅川之变"。宰相史弥远派人将赵竑逼死于湖州 四月，宋宁宗杨皇后卷帘
	开庆元年（1259）	十月，外戚贾似道拜相
	景定五年（1264）	十月，宋理宗死，宋度宗即位
宋度宗	咸淳三年（1267）	正月，外戚贾似道特授平章军国重事
	咸淳十年（1274）	七月，宋度宗死，宋恭宗即位，宋理宗谢皇后垂帘
宋恭宗	德祐元年（1275）	九月，外戚贾似道被处死于漳州木绵庵
	德祐二年（1276）	三月，宋恭宗被元军俘虏北去，南宋灭亡 五月，宋端宗在福州即位，宋度宗杨淑妃垂帘
宋端宗	景炎三年（1278）	四月，宋端宗死，祥兴帝即位，宋度宗杨淑妃垂帘
祥兴帝	祥兴二年（1279）	二月，南宋残余势力在厓山被元军消灭，祥兴帝、宋度宗杨淑妃先后跳海而死

附录二 参考文献
（以引用先后为序）

一 古籍[1]

《东坡七集》 苏轼撰 四部备要本

《文献通考》 （元）马端临著 中华书局1986年影印本

《历代名臣奏议》 （明）黄淮、杨士奇编 上海古籍出版社1986年影印本

《朱子语类》 黎靖德编 王星贤点校 中华书局1986年版

《宋史》 （元）脱脱等撰 中华书局1977年点校本

《宋诗纪事》 （清）厉鹗辑撰 上海古籍出版社1981年点校本

---

[1] 目录中，撰人未注时代者均为宋人，未注撰人者系撰人不明或阙佚。

《日知录》（清）顾炎武著　万有文库本

《二程集》　程颢、程颐著　王孝鱼点校　中华书局1981年版

《宋刑统》　窦仪等撰　中华书局1984年点校本

《邵氏闻见录》　邵伯温撰　李剑雄、刘德权点校　中华书局1983年版

《宋史纪事本末》（明）陈邦瞻撰　国学基本丛书本

《汉书》（汉）班固撰　中华书局1962年点校本

《礼记集说》（元）陈澔注　上海古籍出版社1987年影印本

《三朝北盟会编》　徐梦莘撰　上海古籍出版社1987年影印本

《五朝名臣言行录》　朱熹撰　四部丛刊本

《慎子》（周）慎到著　墨海金壶本

《吕氏春秋》（秦）吕不韦著　四部备要本

《司马文正公集》　司马光著　四部丛刊本

《续宋宰辅编年录》（明）吕邦耀撰　王瑞来校补　中华书局1986年版

《中兴两朝圣政》　宛委别藏本

《四书集注》　朱熹章句　四部备要本

《论语》　四部备要本

《孟子》　四部备要本

《建炎以来系年要录》　李心传编撰　中华书局1988年点校本

《宋史全文》 台北文海出版社影印本

《罗豫章集》 罗从彦著 国学基本丛书本

《唐鉴》 范祖禹撰 上海古籍出版社1984年影印本

《续资治通鉴长编》 李焘撰 上海古籍出版社1986年影印本

《永嘉先生八面锋》 陈傅良撰 丛书集成初编本

《宋朝事实类苑》 江少虞编 上海古籍出版社1981年点校本

《永乐大典》 解缙、姚广孝等编 中华书局1986年影印残本

《贵耳集》 张端义著 学津讨原本

《玉海》 王应麟辑 上海书店、江苏古籍出版社1988年影印本

《春明退朝录》 宋敏求撰 诚刚点校 中华书局1980年版

《韩非子集释》 陈奇猷校注 中华书局1958年版

《止斋集》 陈傅良撰 四部丛刊本

《廿二史札记》 （清）赵翼撰 中华书局1963年点校本

《涑水记闻》 司马光撰 邓广铭、张希清点校 中华书局1989年版

《龙川别志》 苏辙撰 俞宗宪点校 中华书局1982年版

《资治通鉴》 司马光编著 中华书局1956年点校本

《三朝名臣言行录》 朱熹撰 四部丛刊本

《默记》 王铚撰 朱杰人点校 中华书局1981年版

《邵氏闻见后录》 邵博撰 刘德权、李剑雄点校 中华书局1983年版

《齐东野语》 周密撰 张茂鹏点校 中华书局1983年版

《容斋随笔》 洪迈著 上海古籍出版社1978年点校本

《四朝闻见录》 叶绍翁撰 沈锡麟、冯惠民点校 中华书局1989年版

《两朝纲目备要》 景印文渊阁四库全书本

《诸臣奏议》 赵汝愚编 台北文海出版社影印本

《挥麈录》 王明清撰 中华书局上海编辑所1961年点校本

《说郛》 （明）陶宗仪编 北京市中国书店1986年影印本

《西湖游览志余》 （明）田汝成辑撰 中华书局上海编辑所1958年点校本

《范太史集》 范祖禹著 景印文渊阁四库全书本

《曲洧旧闻》 朱弁撰 景印文渊阁四库全书本

《建炎以来朝野杂记》 李心传撰 聚珍版丛书本

《韩魏公集》 韩琦撰 国学基本丛书本

《历代制度详说》 吕祖谦撰 江苏广陵古籍刻印社1990年影印本

《宋会要辑稿》 （清）徐松辑 中华书局1957年影印本

《事物纪原》 高承撰 金圆、许沛藻点校 中华书局1989年版

《宋朝事实》 李攸撰 中华书局1955年点校本

《皇宋通鉴长编纪事本末》 杨仲良撰 宛委别藏本

《老学庵笔记》 陆游撰 李剑雄、刘德权点校 中华书局1979年版

《欧阳文忠公集》 欧阳修撰 四部丛刊本

《乐全集》 张方平撰 景印文渊阁四库全书本

《墨庄漫录》 张邦基撰 丛书集成初编

《嘉定赤城志》 陈耆卿撰 台州丛书本

《默堂文集》 陈渊撰 景印文渊阁四库全书本

《新唐书》 欧阳修、宋祁撰 中华书局1975年点校本

《困学纪闻》 王应麟著 四部丛刊本

《朝野类要》 赵升撰 知不足斋丛书本

《史纲评要》 （明）李贽[1]评纂 中华书局1974年点校本

《职官分纪》 孙逢吉撰 中华书局1988年影印本

《宋大诏令集》 中华书局1962年点校本

《太宗实录》 钱若水等撰 四部丛刊本

《读通鉴论》 （清）王夫之撰 中华书局1975年点校本

《唐六典》 （唐）张九龄等撰 景印文渊阁四库全书本

《旧唐书》 （后晋）刘昫等撰 中华书局1975年点校本

《梅溪集》 王十朋撰 四部丛刊本

《续宋编年资治通鉴》 刘时举撰 学津讨原本

《诚斋集》 杨万里撰 四部丛刊本

《鹤林玉露》 罗大经撰 王瑞来点校 中华书局1983年版

---

[1] 一说当作吴从先，一说系伪书。

《名公书判清明集》 中国社科院历史所宋辽金元史室点校 中华书局1987年版

《能改斋漫录》 吴曾撰 上海古籍出版社1979年点校本

《天中记》 （明）陈耀文纂 景印文渊阁四库全书本

《春秋三传》 （晋）杜预注 上海古籍出版社1979年版

《石林燕语》 叶梦得撰 侯忠义点校 中华书局1984年版

《后汉书》 （南朝宋）范晔撰 中华书局1965年点校本

《唐会要》 王溥撰 上海古籍出版社1991年点校本

《宋宰辅编年录校补》 徐自明撰 王瑞来校补 中华书局1986年版

《郑氏规范》 （元）郑太和撰 丛书集成初编本

《唐律疏议》 （唐）长孙无忌等撰 中华书局1983年点校本

《戒子通录》 刘清之撰 景印文渊阁四库全书本

《三国志》 （晋）陈寿撰 中华书局1959年点校本

《宋书》 （南朝梁）沈约撰 中华书局1972年点校本

《魏书》 （北齐）魏收撰 中华书局1974年点校本

《鸡肋编》 庄绰撰 萧鲁阳点校 中华书局1983年版

《画墁录》 张舜民撰 知不足斋丛书本

《少室山房笔丛》 （明）胡应麟撰 中华书局上海编辑所1964年点校本

《宋季三朝政要》 学津讨原本

《龙川略志》 苏辙撰 俞宗宪点校 中华书局1982年版

《过庭录》 范公偁撰 景印文渊阁四库全书本

《景文集》 宋祁撰 聚珍版丛书本

《湘山野录续录》 文莹撰 郑世刚、杨立扬点校 中华书局1984年版

《宋论》（清）王夫之著 舒士彦点校 中华书局1964年版

《太平治迹统类》 彭百川撰 江苏广陵古籍刻印社1990年影印本

《翰苑新书》 景印文渊阁四库全书本

《江邻几杂志》 江休复撰 学海类编本

《东轩笔录》 魏泰撰 李裕民点校 中华书局1983年版

《余襄公奏议》 余靖撰 广东丛书本

《包拯集》 张田编 中华书局1963年点校本

《西台集》 毕仲游撰 聚珍版丛书本

《攻媿集》 楼钥撰 四部丛刊本

《靖康要录》 十万卷楼丛书本

《癸辛杂识》 周密撰 吴企明点校 中华书局1988年版

《止堂集》 彭龟年撰 聚珍版丛书本

《钱塘遗事》（元）刘一清撰 上海古籍出版社1985年影印本

《桯史》 岳珂撰 吴企明点校 中华书局1981年版

《鹤山先生大全文集》 魏了翁撰 四部丛刊本

《翠微南征录》 华岳撰 四部丛刊本

《麈史》 王得臣撰 俞宗宪点校 上海古籍出版社1986年版

《耻堂存稿》 高斯得撰 聚珍版丛书本

《梅野集》 徐元杰撰 乾坤正气集本

《曾巩集》 曾巩撰 陈杏珍、晁继周点校 中华书局1984年版

《彭城集》 刘攽撰 聚珍版丛书本

《群书会元截江网》 景印文渊阁四库全书本

《明夷待访录》 （清）黄宗羲著 中华书局1981年点校本

《千百年眼》 （明）张燧撰 河北人民出版1987年点校本

《曲阜集》 曾肇撰 景印文渊阁四库全书本

《仇池笔记》 苏轼撰 华东师大古籍所点校注释 华东师范大学出版社1983年版

《清波别志》 周煇撰 知不足斋丛书本

《铁围山丛谈》 蔡絛撰 冯惠民、沈锡麟点校 中华书局1983年版

《宋大事纪讲义》 吕中撰 景印文渊阁四库全书本

《庆元条法事类》 谢深甫监修 燕京大学图书馆1948年影印本

《渑水燕谈录》 王辟之撰 吕友仁点校 中华书局1981年版

《名臣碑传琬琰集》 杜大珪编 景印文渊阁四库全书本

《青箱杂记》 吴处厚撰 李裕民点校 中华书局1985年版

《斐然集》 胡寅撰 景印文渊阁四库全书本

《中兴小纪》 熊克撰 国学基本丛书本

《近思录》 朱熹、吕祖谦编 景印文渊阁四库全书本

《新五代史》 欧阳修撰 中华书局1974年点校本

《古今源流至论》（前集、后集、续集） 林駉撰 景印文渊阁四库全书本

《古今源流至论》（别集） 黄履翁撰 景印文渊阁四库全书本

《东塘集》 袁说友撰 景印文渊阁四库全书本

《后村先生大全集》 刘克庄撰 四部丛刊本

《南轩集》 张栻撰 景印文渊阁四库全书本

《燕翼诒谋录》 王栐撰 诚刚点校 中华书局1981年版

《黄氏日抄》 黄震撰 景印文渊阁四库全书本

《范文正公集》 范仲淹撰 四部丛刊本

《夷坚志》 洪迈撰 何卓点校 中华书局1981年版

《张载集》 中华书局1987年点校本

《晋书》 （唐）房玄龄等撰 中华书局1974年点校本

《史记》 （汉）司马迁撰 中华书局1959年点校本

《隋书》 （唐）魏征等撰 中华书局1973年点校本

《龟山语录》 杨时撰 四部丛刊本

《松隐集》曹勋撰 景印文渊阁四库全书本

二 论著[1]

《马克思恩格斯选集》 人民出版社1972年版

---

[1] 目录中，作者未注国籍者均为中国学者。

《民约论》（法）卢梭著　法律出版社1958年版

《论宋代内库的地位和作用》　李伟国　《宋辽金史论丛》第1辑　中华书局1985年版

《宋代宗室士大夫在学术上和文艺上的成就》　倪士毅　1992年中国宋史研究会年会论文

《宋代的宗学》　宋晞　《宋史研究集》第9辑　台北中华丛书编审委员会1977年版

《宋元的经济状况》（日）宫崎市定　《宫崎市定论文选集》上册　商务印书馆1963年版

《两宋政治经济问题》　邓广铭、漆侠著　知识出版社1988年版

《中国历代政治得失》　钱穆著　北京生活·读书·新知三联书店2001年版

《宋史演义》　蔡东藩著　上海文化出版社1981年版

《中国文化史》　柳诒徵编著　正中书局1947年版

《中国政治制度史》第八章《宋朝政治制度》　白钢主编　朱瑞熙著　天津人民出版社、新西兰霍兰德出版有限公司1991年版

《皇权与绅权》　吴晗、费孝通等著　天津人民出版社1988年版

《宋代东京研究》　周宝珠著　河南大学出版社1992年版

《国史大纲》　钱穆著　商务印书馆1948年版

《宋太祖太宗皇位授受问题辨析》邓广铭　《真理杂志》第1卷第2期

《烛影斧声传疑》 吴天墀 《史学季刊》第1卷第2期

《宋代继承问题商榷》 谷霁光 《清华学报》第13卷第1期

《宋太祖酒癖考》 （日）荒木敏一 《史林》第38卷第5期

《从赵宋宗室的家族病释烛影斧声之谜》 刘洪涛 《南开学报》1989年第6期

《唐史论文集》 金宝祥著 甘肃人民出版社1982年版

《汪篯隋唐史论稿》 汪篯著 中国社会科学出版社1981年版

《绍熙废立初探》 袁征 《学林漫录》第10辑 中华书局1985年版

《赵宋宗室中之士大夫》 倪士毅 《杭州大学学报》1984年增刊

《宋朝宗室制度考略》 汪圣铎 《文史》第33辑

《宋朝宗室的历史意义》（美）贾志扬 邓广铭、漆侠主编《国际宋史研讨会论文选集》 河北大学出版社1992年版

《宋史职官志补正》 龚延明著 浙江古籍出版社1991年版

《宋史选举志补正》 何忠礼著 浙江古籍出版社1992年版

《唐代妇女》 高世瑜著 三秦出版社1988年版

《遵尧录史事疏证》 梁天锡 《宋史研究集》第13辑 台北中华丛书编审委员会1981年版

《唐代公主之婚姻》 王寿南 1982年台北第一届历史与中国社会变迁（中国社会史）研讨会论文

《宋代的皇帝制度》 龚延明 《河南大学学报》1992年第1期

《两宋时期的社会流动》 张邦炜 《四川师范大学学报》1989年第2期

《中国历史上的女主》 （美）杨联陞 《食货》复刊第1卷第11期

《宋代的后妃》 （日）千叶熙 1985年杭州宋史国际学术讨论会论文

《从皇后干政到太后摄政——北宋真仁之际女主政治权力试探》 刘静贞 1990年台北国际宋史研讨会论文

《宋真宗刘皇后其人其事》 张邦炜 邓广铭、王云海等主编《宋史研究论文集》（1992年年会编刊） 河南大学出版社1993年版

《北宋积弱的三种新分析》 林天蔚 《宋史研究集》第9辑 台北中华丛书编审委员会1977年版

《吾国与吾民》 林语堂著 中国戏剧出版社1990年版

《雾横帷墙——古代宦官群体的文化考察》 顾蓉、葛金芳著 陕西人民教育出版社1992年版

《记唐代之李武韦杨婚姻集团》 陈寅恪 《历史研究》1954年第1期

《士与中国文化》 （美）余英时著 上海人民出版社1987年版

《试论关于韩侂胄评价的若干问题》 郦家驹 《中国史研究》1981年第2期

《韩侂胄平议》 张邦炜 《四川师范大学学报》1991年第1期

《"蟋蟀宰相"贾似道》 朱瑞熙 《文史知识》1983年第9期

《宋太宗与宋初两次篡位》 （美）刘子健 《中国史研究》1990年第1期

《宋代之皇城司——君主独裁权研究之一》 （日）佐伯富 《东方杂志》复刊第11卷第2期

《宋朝的文武区分和文臣统兵》 王曾瑜 《中州学刊》1984年第2期

《宋宦官参预军事考》 柴德赓 《辅仁学志》第10卷第1、2期合刊

《宋辽金史论文稿》 王明荪著 台北明文书局1988年版

《宋太祖誓碑及政事堂刻石考》 张荫麟 《文史杂志》第10卷第7期

《宋代走马承受公事考》 阎沁恒 《宋史研究集》第11辑 台北中华丛书编审委员会1979年版

《宋代"走马承受"设置时间考》 魏志江 《中国史研究》1990年第4期

《婚姻与社会·宋代》 张邦炜著 四川人民出版社1989年版

《论法的精神》 （法）孟德斯鸠著 商务印书馆1961年版

《宋太祖誓约辨析》 徐规 《历史研究》1986年第4期

《宋朝的官户》 朱家源、王曾瑜 邓广铭等主编《宋史研究论文集》 上海古籍出版社1982年版

《论宋代相权》 钱穆 《宋史研究集》第1辑 台北中华丛书编审委员会1958年版

《论宋代相权》 王瑞来 《历史研究》1985年第2期

《论宋代皇权》 王瑞来 《历史研究》1989年第1期

初版后记

我们这辈读书人,学生时代三点一线:宿舍—教室—图书馆,学成之后又大多整天泡在书斋里,日子过得相当平淡。相比之下,我这个人虽不敢说养成了什么浩然之气,倒也算是游历了一些名山大川。书架上这套二十四史便是绝好的见证,她骑过西藏高原上的毛驴,坐过雅鲁藏布江里的牛皮船,还乘着汽车翻越了从米拉山、色齐拉山到雀儿山、二郎山等川藏线上的一座座高山。别的姑且不说,就拿我同宋史的缘份来讲,便是一部三部曲:结缘—绝缘—再结缘。

我生长在川江之畔、竹海之麓,但整整八年的大学生活却是在黄河之滨、皋兰山下度过的,并且在那里与宋史结下了终归不解之缘。大学本科阶段,授业师中有一位张孟伦教授,讲的尽管不是宋史,而是历史文选,但他早年曾研究宋史,并在20世纪40年代有《宋代兴亡史》一书由上海商务印书馆刊行于世,这对学生不能不有所影响。我们班的宋史居然学了两遍,头一遍是张雅韶老师上的,从课堂上看,他的心境并不佳妙。后来在"文革"中,才从小报上看到,他是什么"二十八个半",到底是怎么一回事不得而知。第二遍是陈守忠老师讲的,他当时还比较年轻,课上得让同学们兴趣盎然。研究生阶段,我的导师金宝祥教授不仅是某些微观问题的专家,而且是高屋建瓴的学者。他虽以治隋唐史著称,其实对整个中国古代史都有所研究并自成体系。在导师的悉心指导下,我的学业理当有所长进,从总体上把握宋代社会的愿望不禁萌发出来。我至今选择论题,仍围绕这个中心,不固定在某个方面,难免给人以东一榔头、西一棒子之感。

我一生中精力最旺盛的十五年,主要是在拉萨布达拉宫脚下,靠近龙王潭的那座林卡里度过的。在这十五年里,奔腾的雅鲁藏布江、美妙的羊卓雍湖,历历在目,我领略了大自然的多种风光;喜怒笑骂的激情、酸甜苦辣的经历,色色俱全,我品尝了人世间的诸种滋味。这段难忘岁月的价值或许正在于此。"人体解剖对于猴体解剖是一把钥匙。"据此,记不清是谁曾经强调:古今总归是相通的,史学工作者理应对社会现实生活多少有所体验。此说如果真有道理,则可聊以自慰矣。只是当时那里书籍太少,以至于当我置身于喜马拉雅山区的一间小屋之中,烤着牛粪火、坐在油灯前夜读之时,除二十四史之外,只能读读雨果的《悲惨世界》、巴尔扎克的《人间喜剧》之类。至于学业不免荒疏,我同宋史几乎绝缘。

星移斗转,冬去春来。十余年前,我到四川师大任教,实在是太偶然。这里总算又有了《长编》《宋会要》、宋人文集、宋元方志之类的书可看。不久,经友人朱瑞熙研究员介绍,我与几位同行一道在上海编审了一阵《中国历史大辞典·宋史卷》。这对我来说是一次重新学习的机会,获益着实良多。接着,郦家驹先生又提供方便,让我去北京在中国社科院历史所读书。时间尽管不到半年,毕竟开了眼界。没有这些机缘,我要重操旧业,只怕更加困难。

从前有此一说:以往的政治即当今的历史,当今的政治即未来的历史。其出发点无非在于抬高政治史的地位。如果照此办理,历史势必走入一条狭窄的死胡同。此说之不可取,显而易见。其实不用刻意拔高,在整体性历史研究中,政治史自有其适当的位置。宋代的政治特别是其制度,不用说也是我不时留心的一个重要方面。

提起宋代的政治制度,外朝即官僚制度,可谓热门话题,长期以来研究者云集于此。至于内朝即皇亲系统,则"门前冷落鞍马稀"。何以会如此,大概是由于研究者们早已下意识地察觉到宋代无内朝,只是尚未明确提出这一命题而已。本人考察宋代内朝问题,始于1987年春天。我校所在地——成都东郊狮子山,桃花红、梨花白,风景正好,游人如织。此时,我埋头为即将在石家庄召开的宋史研究会年会写了一篇题为《论宋代"无内乱"》的文稿。这篇文稿便是本书的基础,以后这些年又陆续加以补正、扩充和完善。这个课题并非没有进一步深入的余地,只因还有《辽宋西夏金社会生活史》这一新任务等待着我跟随学友,齐心协力地去加紧完成，不得不暂且告一段落。本书便是宋代内朝问题研究的小结。

本书的写作过程中，得到不少前辈师长和朋辈先进的帮助，代我复印或抄写资料者有之，当面或来信同我商讨问题者亦有之。如从前我对宋代外戚不管军的认识比较笼统，四川大学吴天墀老教授当面坦诚赐教，言词虽简洁，分量却很重。书中的宋代驸马任职状况一览表，是根据台北历史语言研究所黄宽重研究员1989年秋天在重庆国际南宋后期历史研讨会上提出的建议增加的。1991年暑期在北京国际宋史研讨会上，纽约州立大学贾志扬先生、武汉大学杨果女士都就北宋宦官问题，发表了一些值得我参考的高见。我的校友、湖北大学葛金芳教授曾专门来信，同我商讨宦官问题，信中不无精当的见解。杭州大学何忠礼先生忙里抽闲，替我抄录了《长编》所见"内朝""外朝"两个词语的索引。诸如此类不胜枚举，感激之情难以名状。

对于学术问题，我愿直陈已见，但又不敢自以为是。书中的看法是否确当，有什么错讹之处，恳请读者指教。至于各位师友，相信定会继续斧正。谨在此预先致谢！

张邦炜

1993年5月于成都近郊万年场

再版后记

20世纪初,梁启超倡导"史界革命",提出"君史"与"民史"两大概念,在我国近代史学史上意义重大。梁氏《新史学》引述了一句别人的话:"二十四史非史也,二十四姓之家谱而已。"这句话的偏颇之处在于有全盘否定二十四史之嫌。其正面效应则是警示治史者:历史不应当是帝王的家谱。或许与此有关,我青壮年时代的志趣不在王朝史与政治史,而在经济史和社会史。我转向王朝史、政治史,事出有因。20世纪80年代中期,中国社科院历史所周远廉、宋家钰两位研究员,邀约若干朋辈学人共同编撰《中国封建王朝兴亡史》。本人辗转进入被邀约者之列,分工撰写《两宋卷》。我起初不甚情愿,然而一旦投入,兴味渐浓,乐在其中。为完成任务,我重读有关基本史籍,查阅既有研究成果,对两宋王朝的历史演进脉络做了一番虽然欠深入,但较为全面系统的梳理。在梳理过程中,有一些新认识。很快发现从宋人程颐、叶适到近人柳诒徵、蔡东藩等历代不少重量级文化人都认为宋代"无内乱",但似乎谁也没有专门加以论证。于是我草就《论宋代"无内乱"》[1]一文。宋代何以基本"无内乱"？我个人以为关键在于宋代大体"无内朝",因而又有《两宋无内朝论》[2]一文发表。两篇万字左右的短文论证显然不充分,同时还留下一些问题,如宋代既然无内朝,是否依然是"家天下"统治之类。在学友的推动下,我以上述两文为基础,写下《宋代皇亲与政治》一书,由四川人民出版社于1993年出版。此书在很大程度上是《两宋王朝史》即《中国封建王朝兴亡史·两宋卷》[3]的副产品,书名或可另行取名为《两宋内朝研究》。

由文章扩展为专书,难免要冲些水。游彪教授大致因为早年就读于四川师大历史系,他的书评有替我辩解的嫌疑。书评说:"本书最大的特色是将政治制度史与政治史研究有机结合起来。"[4]其实还是道出了一些实情。我确实认为,如果离开人物与事件,单纯讲制度,无法显现制度的施行情况与实际效果。因此书里讲的缺乏学术性的故事性情节或许稍多。我素来以为宋代是治宋史者的研究对象,应尽力避免片面、偏颇与极端,既不"粉宋",也不"黑宋",要搞两点

---

[1] 张邦炜:《论宋代"无内乱"》,《四川师范大学学报》1988年第1期。
[2] 张邦炜:《两宋无内朝论》,《河北学刊》1994年第1期。
[3] 周远廉主编、张邦炜:《中国封建王朝兴亡史·两宋卷》,广西人民出版社1996年版。张邦炜:《两宋王朝史》,郑州大学出版社2021年版。
[4] 游彪:《〈宋代皇亲与政治〉评介》,《中国史研究动态》1995年第2期第27—29页。

论，不搞一点论。宋代限制皇亲国戚权势的措施较多，我在考察这些措施的实施情况时，既重视肯定性的正面证据，又搜寻否定性的反面例证，并力图给予合乎情理的阐释。从总体上看，这些措施既非货真价实，也非一纸空文，在不同程度上是兑现了的。反证很重要，其意义在于揭示帝制时代的法规往往弹性极大，不可能做到有法必依，令行禁止。

本书的主要论点是宋朝基本无内乱、大体无内朝。我见闻不广，近30年来似乎无反响，既无肯定者，也无反对者。几年前因住访北京大学文研院，有机会同擅长研究宋代政治制度史的邓小南教授个别聊学术。我忍不住询问：宋朝大体无内朝一说可否成立？如果没有记错，她的回答是：应当可以这样说。书中某些论点如南宋宦官权势有所削弱，是有反对者的。一位学术综述者很敏锐，他发现资深宋史研究者王曾瑜先生的看法与我"显著不同"。其实曾瑜先生许多年前就当面对我直言，他不赞同此说。这位综述者指出，我在论著中曾强调"不能夸大南宋宦官削弱的程度"[1]，变相替我做了辩护。南宋宦官的权势究竟如何，这类问题留待读者独自思索、自行判断，不必也很难做到众口一词。

对于本书，我一向以为无发行价值，不可能重印。感谢郑州大学出版社慨然为本书提供再版机会。与事前无任何准备有关，这次再版几乎一概保留初版旧貌。本书撰写于抄

---

[1] 秦克宏：《二十世纪以来海内外宋代宦官研究综述》，《中国史研究动态》2012年第2期第11页。

卡片时代，印刷于电脑排版初始阶段，加之我的粗心，初版错字不少，此次再版力求尽行改正。但要做到书中绝无一二错字，只怕可望而不可即。受本人工作环境与当时条件的局限，书中征引古籍采用了一些在当今看来不够理想的版本，如国学基本丛书、丛书集成初编、四部备要之类，再版一仍其旧，未做更换。如果一概改用近年出版的标点本，不仅工作量较大，而且所引文字与初版不会有多少差别，只是换了新装潢。这点敬请读者谅解。

最后需要说明，本书使用"封建"一词甚多，诸如"封建时代""封建社会""封建王朝""封建君主""封建家族""封建伦理"等等。最早建议我将"封建时代"改为"传统时代"的是我曾经的同事罗志田教授，当时他还在大洋彼岸读博。可惜我是个榆木脑袋，脑筋不会急转弯。后来在同行友人朱瑞熙、王曾瑜等先生的劝导下，我采纳了这一建议，不再使用"封建"一词，但始终心存疑问。近年才发现如此这般改动，其根源大抵出自钱穆先生。钱老1950年写成的《中国社会演变》一文开头第一句话便是："中国是不是一个封建社会？"[1]他自问自答，断然予以否定。钱老认为，中国史上的所谓封建不是一种社会形态，只是一种政治制度，仅存在于秦朝以前。在他看来，所谓封建专指封土建邦。我心想：为什么唯独封建只能一词一义，不能两义以

---

[1]《中国社会演变》，钱穆：《国史新论》，北京生活·读书·新知三联书店2001年版，第1—42页。

至多义？封建社会这一早已约定俗成的概念，为什么定要弃而不用？带着这个问题，我当面请教了学成美利坚、执教新加坡的萧启庆先生。他认为，封建社会一词听得懂，能领会，可以用。新近迟迟读到宁可先生《中国封建社会的历史道路》一书，他在《序》中指出，"小农社会"等词汇具有片面性，"不能包含这个社会形态的各个方面"。"封建社会"具有整合性，"带有一种综合各方的性质，可以容纳的内涵更宽广些"[1]，很难找到恰当的替换词。既然能领会，又无替代词，姑且使用只怕无大碍。抛开以上争议不论，本书再版，保持原貌，不做修改，如实反映20世纪90年代初我的认知水平。常言道："活到老，学到老。"还望读者不吝指教，让我的思维活泛一些。

张邦炜
2021年5月于成都外东青苔山村

---

[1] 宁可：《中国封建社会的历史道路·序》，北京师范大学出版社2014年版，第3页。